财政部规划教材
全国高等院校财经类教材

国际结算

张家胜 主编

中国财政经济出版社

图书在版编目（CIP）数据

国际结算／张家胜主编．—北京：中国财政经济出版社，2015.3
财政部规划教材　全国高等院校财经类教材
ISBN 978－7－5095－6024－2

Ⅰ.①国…　Ⅱ.①张…　Ⅲ.①国际结算－高等学校－教材　Ⅳ.①F830.73

中国版本图书馆 CIP 数据核字（2015）第 031008 号

责任编辑：樊　闽　　　　责任校对：黄亚青
封面设计：陈　瑶　　　　版式设计：兰　波

中国财政经济出版社出版
URL：http：//www.cfeph.cn
E－mail：cfeph@cfeph.cn

社址：北京市海淀区阜成路甲 28 号　邮政编码：100142
营销中心电话：88190406　北京财经书店电话：64033436　84041336
北京财经印刷厂印刷　各地新华书店经销
787×1092 毫米　16 开　14 印张　337 000 字
2015 年 6 月第 1 版　2015 年 6 月北京第 1 次印刷
定价：33.00 元
ISBN 978－7－5095－6024－2/F·4851
（图书出现印装问题，本社负责调换）
质量投诉电话：010－88190744
打击盗版举报热线：010－88190492、QQ：634579818

编写说明

Preface

本书是财政部规划教材、全国财政职业教育教学指导委员会推荐教材，由财政部教材编审委员会组织编写并审定，作为全国高等院校财经类教材使用。

本书立足于应用性本科人才培养目标的特点，紧密联系我国国际金融与国际结算发展的实际，以培养学生动手能力为主线，以“应用”为主旨和特征设计教材，编写大纲，搭建教材内容体系，力争在体系的科学性与内容的新颖性等方面有所创新，注重学生基本知识和实际操作能力的培养，并且以案例导入、应用训练、案例分析、课堂练习等形式贯穿绝大部分章节。为了与模拟实训教学的有机结合，本书着重突出了国际结算方式内容的介绍。

本书由武汉纺织大学经济学院张家胜主编，集美大学财经学院张玉凤、辽东学院关颖哲、安徽铜陵学院丁玉敏、武汉纺织大学经济学院周旋参编。具体编写任务分工情况如下：张家胜负责拟定编写提纲，编写第一章、第二章，对编写组成员的初稿提出修改意见并最后总纂定稿；周旋编写第三章、第四章，张玉凤编写第五章、第六章，张家胜与丁玉敏编写第七章、第八章，关颖哲编写第九章、第十章。

本教材的编写得到了财政部干部教育中心领导的指导，编写组成员所在学校给予了大力支持，在此一并表示感谢。

本教材在编写过程中借鉴了大量的参考文献，在此谨向所有文献的作者致谢。由于作者水平有限，书中如有不当和错误之处，敬请专家、学者和广大读者批评指正。

编　者

2015 年 1 月

目 录

Contents

第一章 国际结算导论

学习目的

□ 掌握国际结算的概念、基本内容和种类
□ 了解国际结算的发展趋势及特点、三大国际清算网络

【案例导入】

2011 年 5 月 27 日，中国工商银行国际结算单证中心成立 5 周年庆典在总行举行……

工商银行国际结算单证中心成立于 2006 年，总部设在北京，下设成都、合肥两家分中心，负责全行境内外国际结算和贸易融资业务的后台集中处理。单证中心成立 5 年来，已集中了全行 61 家境内外机构的业务，单月业务处理能力超过 3 万笔。这一举措使工商银行在国内同业中成为国际业务集约化改革的领军银行。杨凯生行长在讲话中总结了国际结算单证中心成立 5 年来的集约化成就：一是高效化，通过后台集中，极大地提高了业务处理效率和效果，并由于业务流程的缩短，增强了工商银行各方面优势向境外机构的传导能力；二是规范化，业务流程的规范化使管理能力和风险控制水平得到有效的提升；三是专业化，单证中心集中了大批国际业务专业人才，通过高效、优质的服务，不仅提高了一线分行和广大客户的满意程度，也成为工商银行继续推进国际化发展战略的坚强后盾和有力推手。

思考：

1. 什么是国际结算和国际结算单证？银行如何开展国际结算业务和贸易融资业务？
2. 银行的跨国经营与国际结算、贸易融资业务有什么关系？
3. 工行成立国际结算单证中心对工行的发展有什么意义？
4. 国际结算单证中心的“集约化改革”反映了国际结算的发展趋势吗？

（资料来源：国际结算单证中心：“严谨　高效　求实　创新——中国工商银行国际结算单证中心举行成立五周年庆典”［J］，《中国城市金融》，2011（6）。）

第一节 国际结算的基本概念

一、国际结算的含义与基本内容

（一）国际结算的含义

国际结算（International Settlements）是指为清偿国际间债权债务关系而发生在不同国家之间的货币收付活动。清偿国与国之间的债权债务关系是国际结算的直接目的，货币收付是其手段。

国与国之间之所以存在债权债务关系，是因为国际间存在着广泛的政治、经济、军事、文化等方面的交往。随着国际交往的增加，特别是国际贸易的不断发展，国际间的债权债务总量与日俱增。

从理论上讲，国际间债权债务关系的清偿，除国际结算以外，还有易货（Barter Trade）、以黄金偿还等多种手段。但在实际上，后两种手段的作用非常小。这是因为各国对黄金的进出口均施行管制政策，只有国家政府之间的债权债务清偿才能采用，而在民间很少使用。易货贸易即现代易货贸易，还被称为对销贸易、对等贸易、反向贸易、无汇贸易等。它不是某种单一的贸易方式，而是将进出口活动联合起来的各种贸易方式的总称。虽然第二次世界大战后，其使用范围在不断扩大，但它仍只是国际贸易的一种补充形式，并且现代易货贸易并非传统意义上的物物交换。贸易双方不仅要以同一货币计价，而且还要收付一定比例的外汇，为降低风险，保证合同顺利履行，贸易双方或一方还须向银行申请开立信用证（L/C）或银行保函（L/G），这就是说，现代易货贸易仍不能脱离国际结算。因此，国际结算是国际间债权债务关系清偿的最主要手段和最通行方式。目前，全球每天发生的国际结算业务都在千亿美元以上，业务范围遍及世界各个角落。在全球经济一体化的今天，国际结算已成为经济生活中不可缺少的一个方面。

（二）国际结算的基本内容

作为一门课程，国际结算主要包括国际结算工具、国际结算方式和国际结算单据等三个方面的内容。

1. 国际结算工具

国际结算工具，是指国际结算中使用的各种票据（Notes 或 Bills），票据是具有一定格式、载明确定金额、到期由付款人对持票人或其指定人无条件支付一定款项的信用凭证；或者说票据是以无条件支付一定金额为目的特定证券，主要包括汇票（Bill of Exchange）、本票（Promissory Note）和支票（Check）三种类型。国际结算工具主要是收付一定金额的货币。

2. 国际结算方式

国际结算方式，是指国际间货币收付的途径、手段和渠道，它主要是解决资金（外汇）如何从进口地转移到出口地的问题。这是国际结算的主要内容。

国内外常见的国际贸易结算方式主要包括汇款（Remittance）、托收（Collection）、信用证（Letter of Credit，L/C）、银行保函（Bank's Letter of Guarantee，L/G）、备用信用证（Standby L/C，SL/C）、国际保理服务（International Factoring）和包买票据业务（Forfeiting）七种方式。其中，信用证是使用最广泛的国际结算方式，全球国际贸易结算的一半左右是通过这一方式进行的。

常见的非贸易结算方式主要包括信用卡（Credit Card）、侨汇、外汇兑换、买汇和光票托收等。

3. 国际结算单据

国际结算单据，简称为单据（Documents）或商业单据，**是指国际结算中涉及的以反映和说明货物特征为目的的商业凭证**，主要包括运输单据（Transport Documents）、保险单（Insurance Policy）、商业发票（Commercial Invoice）和跟单汇票等基本单据以及如海关发票、领事发票、装箱单、重量单、商检证书、原产地证书等附属单据。其中海运提单（Marine Bill of Lading，B/L）和多式联运提单（Multimodal Transport Documents，MTD）代表了货物所有权，是最重要的商业单据。

二、国际结算的种类

国际结算主要包括贸易结算和非贸易结算两类。

- **贸易结算**是指由有形贸易（Visible Trade）引起的货币收付活动。有形贸易指商品或货物的进出口，它是国际贸易的基础和重要组成部分。
- **非贸易结算**是指由无形贸易引起的货币收付活动。非贸易主要指单方面转移和服务贸易等，包括侨民汇款、捐赠、国际资本流动、技术转让、国际旅游、运输、保险、银行业等业务活动的收支。据统计，在国际贸易中，无形贸易比有形贸易发展更快。无形贸易的主体是服务贸易。

国际贸易结算是国际结算的基础，它在国际结算中具有特殊地位。有形贸易或商品贸易是货物与金钱的相对给付，卖方交货、买方付款。但是要以买卖双方一手交钱、一手交货，银货当面两讫的方式来完成货物交易数量巨大、年交易额数以万亿美元计的国际货物贸易的交割（Delivery）几乎是不可能的。因此，在实际中，更多的情况是，卖方发货在先，买方付款在后，并且以单（据）（Documents）代货（物），还使用了信用证、银行保函等工具。卖方交货变成了先发货而后再交单收款，并且首先付款的可能不是进口商（如信用证下）而是银行，最后才是买方付款、赎单、提货。于是，单据成为货物的代表，信用证或银行保函成了进口方付款的保证，银行加入进来并承担了一定风险。这些都使得国际贸易结算包含的内容更加广泛，手续更加复杂。与贸易结算相比，非贸易结算较为简单，通常它只涉及一部分结算方式和内容。掌握了国际贸易结算，非贸易结算也就不难掌握了。因此，国际贸易结算是本书的重点。

第二节 国际结算的产生与发展

国际结算产生于国际贸易，并随着国际贸易和其他国际交往的扩大而不断发展和完善。不同时期的国际结算具有不同的特点。同时，国际结算的发展又反过来促进了国际贸易的进一步扩大。

一、国际结算的产生

国际结算以国际贸易的产生和发展为前提，但它们并不是同时产生的。国际贸易的产生早于国际结算。国际贸易产生和发展的基础是社会生产力的发展和社会分工的扩大。原始社会末期，随着生产力的不断发展，剩余产品的不断增加，产生了私有制、阶级和国家，商品流通超出国界便出现了国际贸易的萌芽。最初的国际贸易是以物物交换的形式进行的，随后又产生了充当一般等价物的实物货币。但从严格意义上讲，在黄金、白银充当一般等价物之前，还不存在国际结算，只有到了封建社会，金、银成为货币，充当统一的一般等价物，行使价值尺度、流通、支付和储藏手段职能，并充当世界货币后，国际结算才得以产生。

二、国际结算的发展

在国际结算产生初期及此后相当长的时期里，国际结算都是以传统的方式在进行。这就是贸易商人之间直接以现金支付进行结算，买卖双方一手交钱、一手交货，银货当面两讫。随着国际贸易的发展和银行职能的变化，传统的国际结算不断发生着变化。

（一）由现金结算发展到非现金结算

早期的国际结算是原始的现金结算，这时主要以金银铸币作为结算手段。买方直接将金银货币交付卖方，以清偿债务。远途传送金银不仅风险大、费用高，而且难以清点和辨别真伪，这些都给国际贸易商人带来很多不便。当交易量较大、交易活动频繁时，这种不便就更为突出。因此，现金结算也就不能适应国际贸易大规模发展的需要了。

逐步取代现金结算的是票据结算，即非现金结算。现代票据制度的发展和完善，大体上经过了三个阶段：

1. 兑换商票据时期

国际票据产生于公元 11、12 世纪的欧洲贸易中心——地中海沿岸城市。由于各城市国家之间的贸易往来的发展，产生了大量的不同货币兑换的需要，并由此产生了专门从事货币兑换业务的兑换商。为避免直接运输现金可能发生的风险，减少运输费用，于是出现了为代替现金运送，而由兑换商在本地收取现金，再向异地的兑换商发出书面证明，由异地的兑换商进行支付的办法。这种由兑换商签发的书面证明即是早期的票据。票据兑换的过程如下：

（1）交易商在本地将一定金额的现金交兑换商 A，兑换商 A 收取现金后开出兑换证明给交易商；

（2）交易商持兑换证明到另一地点向指定的兑换商 B 出示兑换证明，要求兑换成现金；

（3）兑换商 B 受兑换商 A 的委托并在验明兑换证明的真实性以后，即向交易商支付现金。

2. 市场票据时期

到了公元 13 世纪前后，在欧洲的一些主要城市，定期的集市交易发达起来，票据开始了最初的交易。交易商可用由兑换商发出的、以市场交易日为到期日的票据代替现金进行支付。如交易商 A 欠交易商 B 500 元，A 便可以用到期的票据向 B 进行支付。不过 A 向 B 支付的票据必须是到期票据，并且票据到期日必须是市场交易日，余额部分则以现金支付。

3. 流通票据时期

公元 16、17 世纪，欧洲的票据使用已相当普遍，票据制度也渐趋完善，特别是最初背书制度的出现，使票据能够以简便的方法实现转让，票据便从先前的证据性证券演变成流动性证券。到 18 世纪以后，票据就开始成为现代意义上的票据。

（二）单据的证券化使付款方式从“凭货”付款发展到“凭单”付款

在票据发展的同时，国际贸易也大幅度地增长，商人们已不再亲自驾船出海，而是委托船东运送货物，船东们为了减少海运风险，又向保险商投保，这样，商业、航行业、保险业就分化成为三个独立的行业，并出现了提单、保险单。这些单据不仅是收据，而且还可以转让，成为买卖和抵押的对象。18 世纪，单据证券化的概念被普遍接受。到了 19 世纪末 20 世纪初，凭单付款的结算方式已相当完善。

（三）银行的加入使国际贸易结算由直接结算变成了转账结算

早期的银行是高利贷性质的银行，发放高利贷是其主要业务，当时尚未开展中介服务业务，也未能完全加入国际贸易和国际结算体系中。到了 18 世纪 50 年代，在最主要的资本主义国家相继完成产业革命的同时，银行业发生了深刻的变化，即由高利贷性质的封建银行转变为担任信用和支付中介的资本主义银行。它们不仅从事国内的存放款业务，还开展了国际结算和国际借贷业务。贸易商人便可委托银行收付货款。

银行的加入极大地促进了国际贸易和国际结算的发展。这是因为：

（1）银行拥有高效率的资金转移网络。为了国际结算的方便，银行在海外广设分支机构，并在全球范围内建立了广泛的代理关系、账户关系，这样货币的收付就变成了银行内部，或账户行之间的资金划拨或账务转换，而一般不发生实际的货币运行。

（2）银行有安全的保障系统。为保证货币的安全收付，银行之间形成了一套完善的用以识别真伪的印鉴、密押系统。

（3）银行资金雄厚、信用卓著。在贸易双方互不了解、互不信任的情况下，银行为双方或一方作保，可以促进贸易活动的顺利进行。

（4）为贸易融资。在贸易活动中，卖方总希望尽快收回货款和融通周转资金，而买方则希望迟付货款，对此，银行常常以贴现、抵押等形式向买卖双方融资。以银行为中枢和贸易结算与融资相结合是现代国际结算的最重要特点之一。

（四）国际贸易和结算的国际惯例的产生使国际结算更加规范

国际贸易和结算国际惯例是指在长期的国际贸易和结算实践中逐渐形成的一些通用的习惯做法和普遍规则。国际惯例的形成必须具备这样一些条件：经过长期反复的实践而形成；内容比较明确和规范；与现行法律没有冲突；不违背公共秩序和良好风俗，有赖国际认可等等。早在13世纪，地中海沿岸各商人团体为维护自身利益就开始总结实践中的习惯做法，制定贸易规则。到目前为止，国际经济贸易领域已有很多惯例。

相关链接

为各国对外贸易、运输、保险、银行、仲裁等各界人士所熟知的、有代表性的国际贸易和结算惯例主要有：

《联合国国际货物销售合同公约》（United Nations Convention On Contracts for International Sale of Goods）；

《国际贸易术语解释通则》（International Rules for Interpretation of Trade Terms）；

《托收统一规则》（Uniform Rules for Collection）；

《跟单信用证统一惯例》（Uniform Customs and Practice for Documentary Credits）；

《海牙规则》（Hague Rules）；

《汉堡规则》（Hamburg Rules）；

《国际铁路货物运送公约》（International Convention Concerning the Transport of Goods by Rail）；

《国际铁路货物联运协定》（Agreement On International Rail - Road Through Transport of Goods）；

《统一国际航空运输某些规则的公约》（Convention for the Unification of Certain Rules Relating to International Carriage by Air）；

《联合运输单证统一规则》（Uniform Rules for a Combined Transport Documents）；

《伦敦保险协会货物保险条款》（Institute Cargo Clauses, I. C. C.）；

《约克—安特卫普规则》（York - Antwerp Rules）；

《联合国国际贸易法委员会仲裁规则》（UNCITRAL Arbitration Rules）；

《承认和执行外国仲裁裁决的公约》（Convention on the Recognition and Enforcement of Foreign Arbitral Award）等。

国际惯例确定了一定时期内国际贸易方式和规则的相对稳定性，维护了当事人各方的权益；同时，运用国际惯例，有助于减少环节，提高效率；国际惯例的形成和发展还有助于在自由、公平、合理的基础上建立国际经济新秩序。

从国际结算的发展可以看出，**现代国际结算是以票据为基础、单据为条件、银行为中枢、结算与融资相结合的非现金结算体系。**

三、国际结算的发展趋势

（一）结算单据多样化和 EDI

随着凭单付款方式的广泛应用，单据在国际贸易结算中的地位越来越重要，而国际贸易条件的复杂化对单据又提出了更多的要求。结算中的单据已不局限于可以转让的代表货物所有权的提单、代表保险权益的保险单和作为卖方证明文件的发票，还扩展至各种不可转让的运单（waybill）、多式联运单据（MTD）、普惠制产地证（GSP Certificate of Origin Form A），以及诸如检验证书、装箱单、重量单、电传或传真副本、费用清单、海关发票等等，整个结算中的单据群体越来越庞大。单据多样化反映了贸易条件的诸多要求，使各种结算方式更为可靠、安全。

单据多样化是国际贸易发展到特定阶段的产物。由于制单、审单、传递单证等一系列工作消耗了大量的人力、物力和时间，于是，随着计算机和通信事业的发展，EDI 应运而生。

EDI 是电子数据交换的简称，由于它取代了以纸张为载体的贸易文件，所以又称为“无纸贸易”。采用 EDI 是将标准化后的贸易单证和文件转换成电脑语言，利用电脑通讯技术进行处理和传递，接受方再把其还原成各种贸易单证和文件，从而替代了原来纸面文书的缮制、审核、传送、再审核、处理等一系列费时费力的过程，而且不会在重复内容上出现差错。采用 EDI 技术，简化了贸易的中间环节，降低了成本。EDI 以其迅速、准确、安全的特点，创造了巨大的经济效益。

我国在经贸领域开发、实施 EDI 技术应用的范围正迅速扩大。EDI 的开发和应用，将使国际结算的方式和手段更为准确和有效。

（二）推广采用新技术

随着电子技术的日新月异，国际结算正朝着电子化的方向发展。早在 1970 年，美国就成立了“交换银行相互收付系统”，这是由一百多个设在纽约的美国和外国银行机构自愿组织的协会团体，其目的是通过计算机联网来办理银行收付业务。这实际上就是一个国际美元收付的计算机网络。1981 年，纽约联邦储备银行开立了一个特别的清算账户，纽约的美国清算银行通过这个账户利用联邦储备银行的计算机网络，当日即可完成结算。

1984 年，英国设立了“交换银行自动收付系统”（Clearing House Automated Payment System，CHAPS）。

1977 年，成立了环球银行金融电讯协会（Society for Worldwide Interbank Financial Telecommunication，SWIFT）。

这些机构使得国际结算将朝票据、单据乃至货币电子化的方向发展，一切业务都由计算机处理，一笔结算业务瞬间即可完成。

（三）采用简便而可靠的支付方式

信用证结算虽然是全球使用最广泛的一种方式，但并不是在所有的国家和地区都如此。目前在一些发达国家之间，60% 以上的结算业务是赊账方式（Open Account，O/A），因为这种方式处理单据的业务量比较小，结算效率较高。因此，较多地采用手续比较简单的 O/A、D/P（付款交单）、D/A（承兑交单）等支付方式是国际结算发展的趋势。不过，这些方式的基础是商业信用，对卖方而言风险较大，必须辅之以其他方式，如要求买方提供银行保函等，才能保障卖方收回货款的权益。

四、国际结算的特点

（一）国际结算以国际贸易为基础

国际贸易实务是指包括国际货物买卖合同的洽谈、签订与履行在内的全过程，货款收付是合同最重要的条款之一。货款收回是卖方的根本目的和最主要的权利，货款支付是买方最主要的义务。于是卖方就成为债权方，买方便是债务方，国际结算也就有了基础。此外，国际结算还涉及货物运输、保险等环节，因为在凭单付款结算方式中，运输单据和保险单等都是重要的单据，是进口方及银行付款必不可少的条件。因此，国际结算从产生之日起就以服务于国际贸易为宗旨。在信用证方式下，国际结算几乎包括了国际贸易的全过程。

（二）国际结算受国际惯例的约束

国际贸易惯例是指国际贸易在长期实践中，在某一地区或某一行业逐渐形成的为该地区或该行业所普遍认知、通用的商业做法或贸易习惯，作为确立当事人权利义务的规则，对适用的当事人有约束力，这其中除去很多是专门涉及结算的国际惯例外，贸易、运输、保险等方面的惯例也与国际结算有着密切的关系。

（三）国际结算是一种非现金结算

贸易中使用现金结算，无论在国内还是在国际上，其缺陷是显而易见的。现金结算不仅运送风险大、费用高，需要清点和鉴别真伪，而且结算费时，积压资金。于是以当事人的信用作担保的票据应运而生。利用这种信用工具，对国际间的债权债务，通过转账划拨资金或者互相抵消的办法进行结算，既减少了结算的费用，又节省了时间。尤其是银行的信用保证和融资作用，通过票据的使用得到了进一步的发挥。而票据本身功能的逐渐扩展，汇票、本票、支票的立法不断完善，使票据成为贸易结算的主要工具。

在高度发达的市场经济中，各国政府为了制止非法交易以及伪钞流入市场和逃税等行为，采取了各种法律和经济手段来限制现金结算；而随着电子信息技术的发展，金融系统的电算化和电子货币的出现，进一步促使现金退出了流通领域。

目前，在银行以上属于转账结算。在国际贸易结算业务中，得到广泛使用的结算方式：汇款、托收和信用证，均为非现金结算。

（四）国际结算是一项以银行为中介业务

银行是国际结算不可缺少的主体。在国际结算中，不同国家间的债权债务关系的清偿都是通过银行实现的。在清偿债权债务的活动中，银行提供服务、承担风险的根本目的是为了获得一定利润。银行在开展国际结算业务时，有权选择是否接受客户的委托和申请，有权采用某些保障措施以降低所承担的风险并决定收取一定的费用。总之，银行是按照其经营原则来办理国际结算业务的，有利可图是其基本要求。

（五）国际结算采取“凭单付款”方式

近代航运业和保险业的发展，出现了作为货物所有权凭证的海运提单和代表保险权益的保险单。卖方提交单据，代表了交付货物。买方付款赎单，意味着取得货物的所有权。

提单可以流通转让，在货物买卖中，不但方便了货物所有权的转让，也可以作为质押品以获得银行的资金融通，有助于交易的顺利完成。于是，这类单据渐渐成为交货和付款的依据。

在长期的国际贸易实践中，凭单付款的方式得到不断完善。国际商会制定的《国际贸易术语解释通则》，对不同贸易术语中有关买卖双方的义务做了明确的界定，从而进一步确立了凭单付款的原则。其中最典型的是 CIF 贸易术语，卖方的责任是提交包括已装船海运提单在内的货运单据，一旦交单，即完成了交货义务。买方的责任则是接受符合合同要求的单据并支付货款。而跟单信用证和跟单托收的结算方式，又具体地规定了卖方交单和买方凭单付款的操作规则，使凭单付款得以有效地实现。

在此基础上，《国际贸易术语解释通则》在其 1990 年版中，对 6 种贸易术语：FOB、CFR、CIF、FCA、CPT、CIP 都明确规定了卖方只需在装运地把货物装至船上或交给承运人监管以运交买方，并向买方提交全部合格单据，无需保证到货；又规定了电子单证（EDI 方式）可以代替纸单证，从而淡化了物权凭证的概念。于是，不具有物权凭证性质的铁路运单、航空运单、海运运单等，作为卖方的履约证书也加入到凭单付款的结算方式中。跟单信用证和跟单托收的结算方式被广泛地采用，“凭单付款”成为当代国际贸易结算的主要特征。

五、规范国际结算的法律与惯例

国际结算和法律密切相关，涉及有关的国际法、国内法和国际惯例。

（一）国际法

（1）《联合国国际货物买卖合同公约》。该公约规范了国际货物贸易合同双方当事人的权利和义务，一般地也适用于当事人在结算业务中的行为。

（2）联合国《国际汇票和国际本票公约草案》、《国际支票公约草案》。该两草案至今尚未经联合国成员国签署成为正式的国际公约。

（3）《日内瓦统一汇票、本票法公约》和《日内瓦统一支票法公约》。上述两个公约统称《日内瓦统一法》，有法国、瑞士、德国等大多数欧陆国家，以及日本、巴西等共 20 余国参加。该公约主要依据大陆法系的学理制定，故英美等国未参加。

（二）国内法

各国的民法和商法，特别是票据法、银行法等单项商事法律法规，是调整国际结算当事人关系的主要依据。

我国有关国际结算的法律和法规有：

（1）《中华人民共和国票据法》（1995 年 5 月 10 日）。

（2）《中华人民共和国外汇管理条例》（1996 年 1 月 8 日）。该条例规定了人民币在经常项目下的有条件可兑换；对资本项目则采取严格的管理措施。

（3）中国人民银行制定的《结汇、售汇及付汇管理规定》。该规定对出口结汇和进口售汇等有关事项做了具体的管理规定。

（三）国际惯例

（1）《跟单信用证统一惯例》（UCP600）。

（2）《托收统一规则》（URC522）。

（3）《见索即付保函统一规则》（URDG458）。

以上国际惯例均由国际商会制定，并得到世界各国和有关当事人的普遍承认和采纳，成为国际结算最重要的行为规范和法律基础。

（4）《国际保付代理惯例》（CIFC，1994），由“国际保理商联合会”制定。

第三节
国际清算与结算网络

现代国际结算是由参与结算的银行和各种清算系统组成的一个网络。国际结算通过银行进行，银行通过国际汇兑，即跨国的两地资金划拨，了结债务债权。在国际经济交易和其他非贸易往来中，不管当事人约定以何种方式进行结算，资金必须在银行间划拨，即由汇出行将一定货币金额转移至汇入行，以最后完成结算。各种清算系统为银行间的清算提供服务。

一、国际清算及主要清算货币

（一）国际清算的含义

清算（Clearing）**是指不同银行之间因资金的代收、代付而引起的债权债务，通过票据清算所或清算网络进行清偿的活动**。其目的是通过两国银行在货币清偿地的往来账户的增减变化来结算每笔国际结算业务。

国际结算与国际清算是紧密联系和不可分割的，结算是清算的前提，清算是结算的继续和完成。**结算**主要是指债权人和债务人通过银行清偿债权债务关系。而银行之间的债权债务关系又主要是由结算引起的。

银行间债权债务的清算是通过票据清算撮合自动清算系统完成的。

票据清算所（Clearing House）或清算网络是指由许多银行参与的、彼此进行资金清算的场所。参加票据清算所的银行叫“清算银行”。在票据清算所里，清算银行之间的债权债务大部分可以相互抵消，实际清算的只是彼此之间的差额。

清算系统（Clearing System）**是指由结算和清算过程中诸要素组成的有机整体**。它包括一笔款项从付款人账上付出，中间经过清算，到收入收款人账户；或从收入收款人账户，中间经过清算，到付款人付账的全过程。

（二）主要清算货币

在国际结算和清算中，一切货币的收付最终必须在该货币的清算中心进行结算。国际贸易和结算中，使用的主要是发达国家的可兑换货币，如美元（USD）、欧元（EUR）、英镑（GBP）、日元（JPY）、加元（CAD）等。这些货币具有相应的清算中心，美元、英镑、欧元、日元的清算中心分别在纽约、伦敦、法兰克福和东京。

为了结算和清算的方便，从事国际业务的银行一般都要在主要货币的清算中心设立联行，并在当地银行开立当地货币账户以及加入该货币清算网络。

美元是最主要的结算货币，很多的外国银行都在纽约的银行开立美元账户，以利于美元结算。

美元账户可分为三类：

（1）一级账户。指属于联邦储备货币系统成员的美籍银行在联邦储备银行（Federal Reserve）开设的美元账户，它联通全美国各州金融网。凡是票据交换和跨州调拨，均需通过一级账户结算。

（2）二级账户。指外国银行在美籍银行开立的美元账户。外国银行不能在联邦储备银行开立账户，只能在美籍银行开户，这样，美籍银行就会同时成为很多外国银行的账户行。如果在同一美籍银行如花旗银行开户的两家外国银行要转移资金，花旗银行只要进行内部转账即可，划拨十分方便和迅速。

（3）三级账户。指外国银行在美国的外籍银行开立的美元账户。当美国某银行为偿付行时，委托外籍银行（账户行）索汇收款必须通过纽约的清算系统进行。显然，通过三级账户收汇不如二级账户收汇方便。

二、主要的国际清算系统

目前，美元、英镑等主要货币都是实行计算机自动清算，自动清算所使用的是电子货币电子资金。电子货币是指用计算机存储和转移的资金，在清算时，计算机会将交易额自动地分别借记和贷记到双方在银行开立的账户上。电子资金划转系统具有迅速、节约、安全等优点，大大节省了银行处理现金、支票和凭证的时间，是向“三无”（即无现金、无支票、无凭证）社会迈进的重要步骤。

电子转账是一个庞大的有机系统，是许多不同要素的组合。电子转账系统一般由四个要素组成：输入指令和接收信息的终端、执行指令和运行程序的计算机、连接终端与计算机的通信线路或网络、指挥系统运行的软件与程序。

（一）环球银行金融电讯协会

环球银行金融电讯协会（Society for Worldwide Interbank Financial Telecommunication, SWIFT），简称“环球电协”，是一个国际银行间的非营利合作组织，实质上是世界各国银行间的高速电信网络。经过20世纪60年代的酝酿，于1973年初开始筹建，1977年正式在布鲁塞尔成了SWIFT机构。一个国际银行业专用的高速电信系统从此应运而生。

SWIFT由各个会员银行组成，入会银行应缴纳入会费，提供通信设备装置费和有关费用。SWIFT不以营利为主要目的，而是为了向会员银行提供专门的通信服务。它每周7天、每天24小时连续运行，具有自动存储信息、自动加押或核押、以密码处理电文、自动将文件分类等多种功能。它对收发电文规定了一整套标准化统一格式，使用统一的货币符号。

SWIFT本身不包括结算和清算，只是通信网络，但很多银行将本行计算机与SWIFT联机，这样很多业务都可由SWIFT和计算机自动处理了。

（二）国际美元清算系统

美元的清算网络主要有四个：1853年成立的美国票据交换所、1918年建立的联储电划系统（FEDWIRE）、1970 年开始运行的交换银行相互收付系统（CHIPS）、1975 年开始运行的自动清算所（NYACH）。其中，美国票据交换所和纽约自动清算所主要是清算美国境内的美元，清算境外美元的有 CHIPS 和 FEDWIRE。CHIPS 是清算境外美元的最主要场所，主要处理在纽约的美元收付；FEDWIRE 在清算境内美元的同时，也清算境外美元，负责纽约以外的境外美元收付。

CHIPS 是属于纽约清算所协会所有并由其经营的一个私营支付清算系统，主要由美国 12 家联邦储备银行和一系列数量众多的联系成员银行（Associate Member Bank）组成，现有来自 40 多个国家的成员银行 150 多家，其中外国银行占 2/3，成员包括纽约清算所协会成员、国外银行在纽约的分支机构、纽约商业银行、美国银行在纽约的艾奇法公司以及纽约州银行法规定的投资公司。中国银行也是成员之一。在清算时，联系成员银行必须通过某一家联邦银行来进行。

CHIPS 系统是一个规模计算机网络，在每个营业日，各个成员银行通过与 CHIPS 相连接的计算机终端接收、发出各种信息，并把相应的项目分别借记或贷记入自己客户账户中。这样，发生在世界各地的使用美元结算的各种债权债务关系，就通过各地银行设在纽约的分支机构（联系成员银行）和 12 家联邦储备银行构成的 CHIPS 进入了系统；然后各家联系成员银行通过联邦银行相互之间进行最终清算。

CHIPS 的每个营业日分两段：从早上 7：00 至下午 4：30 进行初步清算（假日后第一个营业日为早上 5：00 至下午 5：00）；下午 6：00 开始同联储进行最后清算，即进行当天收付差额清算。

（三）国际英镑清算系统

伦敦是最早的国际金融中心，也是英镑的清算中心。英镑的清算主要依靠交换银行自动收付系统（Clearing House Automated Payment System，CHAPS）来完成。

英国的 11 家清算银行加上英格兰银行（英国中央银行）共 12 家银行集中进行票据交换，其他商业银行则通过其往来的交换银行交换票据。非交换银行需在交换银行开立账户，以便划拨差额，而交换银行之间交换的最后差额则通过它们在英格兰银行的账户划拨。

三、国际结算的往来银行

根据与本行的关系，可将往来银行分为两种类型：

（一）联行

一般来说，经营外汇和国际结算业务的商业银行都在海外设有分支机构。**联行是指银行根据业务发展的需要，在国内、国外设置的分支机构。**总行与分、支行之间，分行与支行之间及其相互间都是联行关系。

商业银行在国内外设置的分支机构一般有以下几种形式：

1. 代表处

代表处是商业银行设立的非营业性机构。它不能经营真正的银行业务，其主要职能是探询新的业务前景，寻找新的营利机会，开辟当地信息新来源。代表处是分支机构的最低级和最简单形式，它通常是设立更高形式机构的一种过渡形式。

2. 代理处

代理处（办事处、经理处）是商业银行设立的、能够转移资金和发放贷款，但不能在东道国吸收当地存款的金融机构。代理处是母行的一个组成部分，不具备法人资格。它是介于代表处和分行之间的机构。代理处可以从事一系列非存款银行业务，如发放工商贷款、提供贸易融资、签发信用证、办理承兑、票据买卖和票据交换等业务。代理处由于不能吸引当地居民存款，所以其资金主要来源于总行和其他有关机构，或从东道国银行同业市场拆入。

3. 分行

分行是商业银行设立的营业性机构，无论是在法律上，还是在业务上，它都是母行的有机组成部分。它不是独立的法律实体，没有独立的法人地位，它要同时受到总行所在国与东道国双方的法律及规章的制约；其业务范围及经营政策要与总行保持完全一致，并且分行的业务活动限制以总行的资本、资产及负债为基础来衡量，与此相适应，总行对分行的活动负有完全的责任。一般来说，分行可以经营完全的银行业务，但不能经营非银行业务。

分行下设的营业机构即支行。支行的地位类似于分行，只是它直接属分行管辖，规模比分行小，层次比分行低。

4. 子银行

子银行（附属银行）是商业银行设立的间接营业机构，是在东道国登记注册而成立的公司性质的银行机构，在法律上是一个完全独立的经营实体，它对自身的债务仅以其注册资本为限负有限责任。

子银行是属总行拥有的合法注册公司，其股权的全部或大部分为总行所控制。子银行的经营范围较广，通常它能从事东道国国内银行所能经营的全部银行业务活动，在某些情况下，还能经营东道国银行不能经营的某些银行业务。子银行除可经营银行业务外，还可经营非银行业务，如证券、投资、信托、保险业务等。

5. 联营银行

联营银行在法律地位、性质和经营特点上同子银行类似，其区别是在联营银行中，任何一家外国投资者拥有的股权都在50%以下，即拥有少数股权，其余股权可以为东道国所有，或由几家外国投资者共有。联营银行可以是两国或多国投资者合资所建的，也可以是外国投资者通过购买当地银行部分股权而形成的。其业务依注册规定或被参股银行的性质而定。联营银行的最大优势是可以集中两家或多家参股者的优势。

6. 银团银行

银团银行通常是由两个以上不同国籍的跨国银行共同投资注册而组成的公司性质的合营银行。任何一个投资者所持有的股份都不超过50%。

作为一个法律实体，银团银行有自己的名称和特殊功能。它既接受母行委托的业务，也开展自己的活动。其业务范围一般包括：对超过母行能力或愿意发放的大额、长期贷款做出全球性辛迪加安排，承销公司证券，经营欧洲货币市场业务，安排国际间的企业合并和兼并，提供项目融资和公司财务咨询等。

与其他形式的银行相比，银团银行具有这样一些特点：第一，组成银团银行的母行大多是世界著名的跨国银行；第二，银团银行的注册地多为一些国际金融中心或离岸金融中心；第三，它所经营的业务大多是单个银行不能或不愿经营的成本高、风险大、专业技术性强、规模和难度较大的业务；第四，其业务对象主要是各国政府和跨国公司，它很少向消费者经营小额零售业务。

在以上六种形式中，代表处、代理处和分行不是独立的法人，母行完全可以对其进行控制；子银行、联营银行、银团银行是独立的法人，母行只能根据控股的多少对其产生不同程度的影响，从严格意义上讲，它们不是完全的联行。从业务范围来看，代表处、代理处的业务有限，银团银行一般不经营小额零售业务，只有分支行、子银行、联营银行的经营范围较广。

通常所说的联行是指总行、分支行相互间的关系。

根据设立的地点不同，联行可分为国内联行和海外联行。国内联行是指设立在国内不同城市和地区的分、支行，它们是国际结算中不可缺少的组成部分。海外联行是指设置在海外的分、支行。

（二）代理银行

银行的国际汇兑，必须依靠分布在世界各地的商业银行之间的合作来完成。国际上的大银行，往往有数以千计的海外分行、代表处、子银行，它们的国际银行服务大多是通过其海外分行和子银行提供的。但不管它们拥有多大数量的海外机构，仍必须和世界各地的当地银行建立代理关系，因为如无当地银行的合作，它们将难以开展许多银行业务，至于在它们未设立分支机构的国家或金融市场，则必须利用代理行提供的服务来开展相关的银行业务。对于规模不是很大的银行来说，在国外开设分行需要大量资本基金和许多经验丰富的银行主管人员，相比之下，银行间建立国外代理关系就容易得多。国外代理行能像银行的分行一样，很好地完成委办的国际银行业务。

随着国际金融合作的进一步发展，代理行之间的合作领域迅速扩大，代理行关系是国际银行业务的基石。

代理行又可分为账户代理行和非账户代理行。

1. 账户代理行

账户代理行（Depository Bank）是指代理行之间单方或双方相互在对方银行开立了账户的银行。账户代理行是在建立代理行关系的基础上，为了解决双方在结算过程中的收付而建立的特殊关系。账户代理行间的支付，大都通过开立的账户进行结算。

代理行之间，在代理关系之外，还可能开立存款账户，这类账户通常是活期存款账户，又称往来账户。

本国银行在外国银行开立的往来账户，在本国银行看来，称为“往账”（nestro），通常是用外国货币开立的。比如，中国银行在花旗银行开立的美元账户，在中国银行看来，是开立了往账。本国银行可以用这笔往账的货币，在国外直接进行支付。外国银行在本国银行开立的往来账户，在本国银行看来，称为“来账”（vostro），通常是用本国货币开立的。比如，大通银行在中国银行开立的人民币账户。但来账也可用外国货币开立，比如，大通银行可在中国银行开立美元账户。外国银行可以用这笔来账的货币，在当地直接进行支付。

事实上，本国银行的往账，就是外国银行的来账，例如，上面提到的中国银行在花旗银行的美元账户，是中国银行以外币开立的往账，也是花旗银行接受的以本币开立的来账。银行总是按国际经济交易的需要，选择代理行开立往来账户以完成国际收支业务的，具有往来账户关系的银行，称为“账户行”。

2. 非账户代理行

非账户行（Non－depository Correspondent）是指除账户行以外的其他代理银行，或者说是没有建立账户行关系的代理行。非账户行之间的货币收付需要通过第三家银行办理。

（三）往来银行的选择

虽然联行与代理行都可办理国际结算的有关业务，但它们对己方银行的影响是不同的。在办理结算和外汇业务时，联行是最优选择。这是因为本行与联行是一个不可分割的整体，同在一个总行的领导下，不仅相互之间非常熟悉和了解，而且从根本上说是利益共享、风险共担的。因此让海外联行开展有关业务，海外联行必然会尽最大努力圆满地完成所委托的业务，保证服务质量，减少风险，而且能将业务留在本行系统。

但联行数量毕竟有限，因此在绝大多数没有联行的地区还需依靠代理行来进行。与建立联行关系相比，代理行关系的建立成本更低、更灵活、更普遍，在国际结算中具有相当重要的地位。在代理关系中，账户行的关系更密切、更方便。因此，账户行选择的优先地位仅次于联行。与账户行之间的业务委托也十分方便，只要通过账务往来即可完成委托。在同一城市或地区有多个账户行的情况下，要选择资信最佳的银行办理业务。

在没有联行和账户行的少数地区，要开展业务只能委托非账户行的代理行。因为建立了代理关系的银行还是相互比较了解的，只不过资金的收付不太方便，需要通过其他银行办理，手续复杂些，所需时间也要相对延长。

如果以上关系行都没有，将很难开展国际结算业务。

（四）往来银行间的汇付

国际汇兑，是将资金从一家银行调拨到国外的另一家银行。汇出资金的银行，称为“汇出行”；接受资金的银行，称为“汇入行”。按照汇入行和汇出行开设账户的情况，可将汇兑方式分为以下三种：

1. 由账户行直接入账

如果汇出行在汇入行开立了往来账户，即汇出行在汇入行开立了往账，汇出行可向汇入行发出授权借记的偿付指示：“请将汇款金额借记我行在你行账户”（Please debit the sum to our account with you）。

如果汇入行在汇出行开立了往来账户，即汇出行有汇入行开立的来账，汇出行在委托汇入行付款时，应先贷记汇入行的来账，在偿付指示中应写明：“作为偿付，我行已将汇款金额贷记你行在我行的账户”（In cover，we have credited the sum to your account with us），汇入行在收到贷记通知后，即按照委托解付汇款。由账户行直接入账的业务程序如图1－1所示。

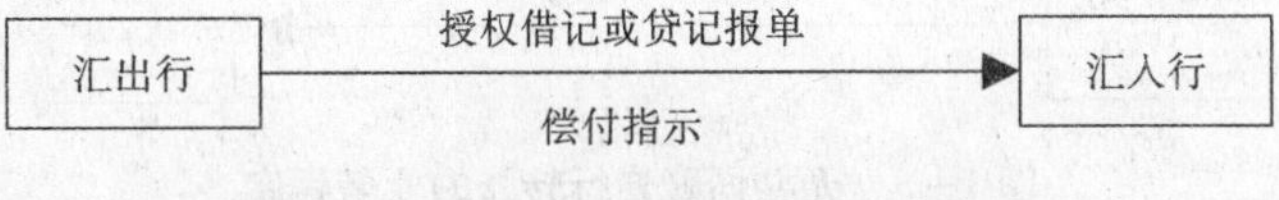

图1－1 由账户行直接入账的业务程序

2. 由共同账户行转账

世界各地的银行，通常都在各国货币清算中心地的银行开立中心货币账户，如在纽约的银行开立美元账户，在东京的银行开立日元账户等。

如果汇出行和汇入行之间并无往来账户，但它们在有关货币清算中心地的同一银行开有账户，该银行即为汇出行和汇入行的“共同账户行”，则汇出行可以通过共同账户行将资金划拨汇入行，偿付指示中应写明：“作为偿付行，我行已授权××银行借记我方账户并贷记你行在该行的账户”（In cover，we have authorized ×× bank to debit our account and credit your account with them），汇入行收到偿付指示并收到共同账户行发出的贷记报单后，即按照委托解付汇款。由共同账户行转账的业务程序如图 1-2 所示。

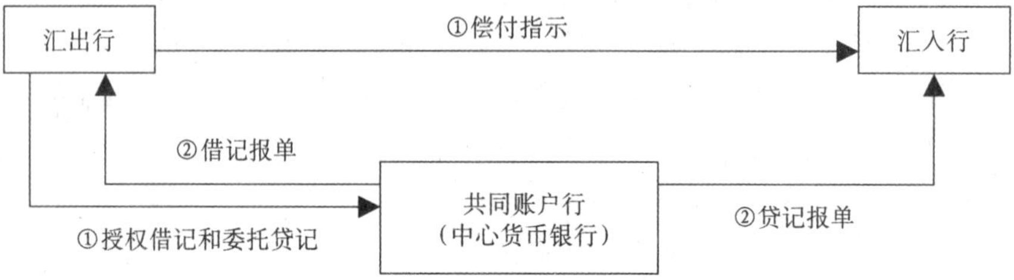

图 1-2 由共同账户行转账的业务程序

3. 无共同账户行时的转账

尽管经营国际结算业务的银行，均在货币清算中心地的银行开有账户，但汇出行和汇入行所开立的账户可能在不同的中心货币银行，没有共同账户行，此时资金的划拨就会牵涉到 4 家以上的银行。由于经营国际业务的银行在货币清算中心地的账户行往往是大银行，这些中心货币银行之间，往往有账户行关系或至少也有共同账户行，此时汇出行必须掌握汇入行的账户行关系，进行查询核实，确定资金转移路线，偿付指示中应说明偿付路线，比如：“作为偿付，我行已指示 A 银行将汇款金额付给你行在 B 银行的账户”（In cover，we have authorized A bank to pay the sum to your account with B bank）。典型的业务程序如图 1-3 所示。

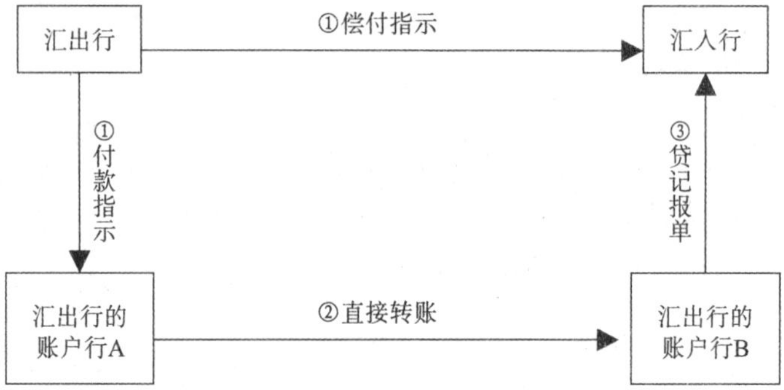

图 1-3 无共同账户行转账的业务程序

国际资金转移体系在不断完善，比如通过汇款时，已不需要汇出行查核并确定资金转移路线，汇出行可径直委托其在货币清算中心的账户行，经过计算机网络以最合理和快捷的方式转入汇入行账户。

应用训练

【案例】

我国某出口商出口货物，结算货币为美元，结算方式为托收。货物出运后，出口商将全套单据送到A银行，委托其办理托收。在托收指示中，出口商指定B银行为代收行。A银行在接受了托收指令后，发现其与B银行没有账户关系，但A银行的纽约分行与B银行同为CHIPS的参加行。于是A银行在给B银行的托收委托书中写明如下指示："When collected, please remit the sum to our New York Branch via CHIPS（ABA:　　）for credit of our account（UID:　　）with them."

请分析，CHIPS是怎样运作的？什么是ABA号码？什么是UID号码？

【分析】

清算所同业支付系统（Clearing House Interbank Payment System，CHIPS）建立于1970年，是一个由纽约清算协会拥有并运行的私营支付系统。CHIPS是当前最重要的国际美元支付系统。CHIPS是一个贷记清算系统，它累计多笔支付业务的发生额，并且在日终进行净额结算。CHIPS的会员行可以是商业银行，国际条例公司和纽约州银行法所定义的投资公司或者在纽约设有办事处的商业金融机构的附属机构。CHIPS网络现有140个会员行，分为每个营业日末的CHIPS结算的会员行和非结算会员行。在非结算会员行中，绝大部分是外国银行在美国的分行或代理机构。结算会员行必须在纽约联邦银行开设资金和簿记证券账户。

参加CHIPS的银行均有一个美国银行公会号码（American Bankers Association Number），即ABA号码，作为参加CHIPS清算所的代号。每个CHIPS会员银行所属客户在该行开立的账户，由清算所发给通用认证号码（Universal Identification Number），即UID号码，作为收款人或收款行的代号。凡通过CHIPS支付和收款的双方必须都是CHIPS会员银行，才能通过CHIPS直接清算。通过CHIPS的每笔收付均由付款一方开始进行，即由付款一方的CHIPS会员银行主动通过其CHIPS终端机发出付款指示，注明账户行ABA号码和收款行UID号码，经CHIPS电脑中心传递给另一家CHIPS会员银行，收在其客户的账户上。

本案中，B银行收妥款项，通过CHIPS发出付款指示，注明账户行的ABA号码和收款行的UID号码，汇交A银行纽约分行贷记款项，A银行得知款已收妥，即可贷记出口商账户。通过CHIPS传递的支付通常是具有国际性的、与跨行业务有关的支付。CHIPS处理着目前国际间绝大部分美元的支付清算。

思考与练习

1. 简述国际结算的概念及主要内容。
2. 在国际结算中，凭单付款是如何有效实现的?
3. 简述国际结算的特点。
4. 国际清算系统主要有哪几种?
5. 简述国际结算的发展趋势。
6. 国际结算中的往来银行有哪些?
7. 案例分析题:

李先生原来是从事国内经营的一家企业的小老板，经过几年的打拼已积累了一定的资金和经验，很想在国外市场再显身手。于是，李老板办理了对外贸易经营者备案登记手续，开始从事对外贸易经营。第一次与外商谈判出口业务，当谈判货款支付方式时，对方提出付款方式：20%的货款采用前T/T，80%的货款采用D/P after sight，若出现争议或纠纷采用DOCDEX规则解决。对于这些贸易专业术语，李老板在此之前不仅闻所未闻，更不明白其含义，恍然间他明白了原来国内经营与国际经营不完全是一回事。

要求：结合该案例，简要说明国际结算与国内结算的差异。

第二章 国际结算中的票据

学习目的

- □ 掌握汇票的概念、必要记载内容、票据行为和汇票种类
- □ 了解本票与支票的概念、记载内容和种类等相关知识

【案例导入】

某年11月，S省医药器具公司业务人员持两张从香港商人那里得到的出口项下的汇票到国内某银行要求鉴别其真伪。两张汇票的出票人为美国新泽西州 FIRST FIDELITY BANK，付款人是哥斯达黎加的 AMERICAN CREDIT AND INVEST CORP.，金额分别为32 761.00美元和61 624.00美元，付款期限为出票后5个月。从票面上看，两张汇票显然不符合银行汇票的特点，疑点很大，其中可能有诈。于是该行一边告诫医药器具公司不要急于向国外进口商发货，一边致电出票行查询。不久，美国新泽西州 FIRST FIDELITY BANK 回电，证实自己从未签发过上述两张汇票。

思考：

1. 什么是（银行）汇票？
2. 汇票上必须记载哪些项目？
3. （银行）汇票有什么特点？国内某银行凭什么怀疑该汇票有诈？

第一节 票据概述

一、票据的含义、特征及作用

（一）票据的含义

票据是指具备一定格式的货币债权凭证，是由出票人签名于上、承诺由本人或指定他

人于一定的时间、无条件地向持票人支付规定金额的证券。

票据权利以出票人的出票行为来设定。该权利为给付一定金额的货币，而且不以任何原因为其有效的前提条件，只以票据所记载的文义来确定。

出票人的出票行为，实质上是以其自身的信用为票据所体现的债权提供担保，而债权人之所以愿意接受以票据形式所代表的债权，是因为信任出票人的信用。所以，票据究其本质是一种信用工具。

（二）票据的特征

1. 票据的设权性

票据所设立的权利和义务，是由出票人写成经签署并交付后确立的，即是由出票人在票据上设定的。在票据做成以前，不存在票据权利，一旦票据做成，票据权利完全由票据上所记载的文义确定。即：票据是创设一定权利的证券。

2. 票据的要式性

所谓要式性，是指票据必须按法定方式做成，票据上记载的必要项目必须齐全，且符合票据法的规定。各国的票据法对票据的要式都有详细规定，使票据文义简单明了。票据当事人的责任和权利，完全根据票据上所记载的文义来解释。除了票据的形式和记载方式外，票据的出票、背书、提示、承兑、付款、追索和保证等行为方式均应符合法定要式。票据的要式性能尽可能地减少了票据纠纷，保障了票据的顺利流通。

3. 票据的无因性

票据的有效性不受票据原因的影响，这里所说的原因是指产生票据上的权利义务关系的原因。票据的原因是票据的基本关系，票据当事人间的权利和义务完全独立于其他因素，不会因票据基本关系是否有缺陷而受影响。对于票据受让人来说，他无需调查出票和票据转让的原因，只要票据记载合格，符合法定要式，他就能取得票据文义载明的权利。在票据到期时，付款人必须无条件支付。票据的这种特性称为“无因性”。无因性使票据得以广为流通。

4. 票据的流通转让性

流通转让是票据的基本特征。票据转让不同于一般债权和书面凭证的转让。票据的流通转让性具有以下几个特征：

（1）票据转让不必通知债务人。根据民法规定，一般债权的债权人在转让其债权时，必须及时通知债务人。否则，债务人仍应只向原债权人清偿债务，而不会向受让人付款。而票据的转让，可以仅凭交付或背书后交付即可完成，不必通知债务人。票据债务人不得以不知晓为理由拒绝承担义务而仍向原债权人清偿。

（2）善意并付对价的受让人的权利不因前手票据权利的缺陷而受影响。票据转让的原则就是使票据受让人（Transferee）能得到十足的或完全的票据文义载明的权利，甚至是得到让与人（Transferor）没有的权利。

（3）受让人得到票据时必须是付对价的。即向让与人直接或间接地支付了一定代价。这些代价可以是一定价值的货物、服务及货币，并且不要求是十足的对价。付对价后的受让人称为付对价持票人（Holder for Value）。

（4）受让人必须是善意取得的票据。指受让人是在支付对价后，才取得的表面完整、合格并且未过期的票据的，他并未发现票据本身或票据转让人的权利有缺陷或有任何可疑之处。这样的受让人称为正当持票人（Holder in due Course）。

5. 票据的可追索性

票据的可追索性是指票据的付款人或承兑人如果对合格票据拒绝承兑或拒绝付款，正当持票人为维护其票据权利，有权通过法定程序向所有票据债务人起诉、追索，要求得到票据权利。

（三）票据的作用

1. 信用作用

在国际贸易中，买卖双方同时一手交钱一手交货的情形很少发生，可能是一方先交货，也可能是一方先付款。这种权利和义务不能同时实现的交易是国际贸易及其他国际经济交易的主要特征。首先履行义务的一方是债权人，而另一方则成为债务人。这种债务债权关系，在未发生之前，通过双方签订合同来加以规定和保障；一旦发生，则可以通过票据予以体现。我们把这种关系称为“授受信用”的关系，债权人向债务人提供了信用，而债务人则可以通过票据向债权人作担保。由于票据的无因性和流通转让性，票据上所体现的债权债务关系稳定而且单纯，因而它就成了一种相当好的信用保障凭证。

持票人如果需要资金，还可以把所持有的未到期票据以背书转让的方式换取现金，称之为“贴现”。贴现中持票人利用了承兑人和出票人的信用保证，再加上自己的信用，得到了资金融通。

票据的信用作用，是其最基本的作用，是其他各种作用的基础。

2. 支付作用

用票据（包括汇票、本票和支票）代替现金支付，有着明显的省时、省力和安全的作用。

个人之间的借贷、贸易双方之间的延期偿付，都可利用票据这个信用工具。例如，若买方向卖方请求延期付款一个月，如果卖方同意，可用两种方法：或由买方向卖方签发一张远期本票，一个月后付款；或由卖方向买方签发一张远期汇票，经买方承兑，一个月后付款。这时票据所表现的不仅是价款，还表现了一个月的信用关系。

此外，票据作为支付工具，还在一定程度上可以像现金一样流通，即只要债权人愿意接受，债务人可以将其所持有的票据转让给债权人以清偿其债务。

二、票据法及其调整的对象

（一）票据法调整对象

票据法是一种规范票据的种类、形式、内容、票据行为和当事人的权利和义务的专门的法律。票据法具有强制性，票据的形式内容和票据行为都必须严格遵照票据法的规定，当事人不能另行约定，这也就是前述票据特性中的要式性。而按照民商法的规定，一般的合同是不要式的。

各国票据法对票据当事人的权利和义务的界定、票据内容和行为的规范，采取了基本一致的立场，还出现了《日内瓦统一票据法》这样既适用于国际票据关系，又适用于国内票据关系的立法。

票据法调整的对象是票据当事人之间的债务债权关系。票据当事人包括：出票人、收款人、付款人、背书人、被背书人、承兑人、持票人和保证人。其中出票人、收款人和付款人是基本当事人。

票据法调整票据当事人之间的法律关系，是通过对票据的内容和行为构成及其法律效力的规定来得以实施的。

（二）各国的票据法

1.《英国票据法》

《英国票据法》是英美法系国家票据法的代表，该法将汇票、本票、支票纳入同一项法律，前英国殖民地的国家采用了相同的立法，如美国、澳大利亚、加拿大、印度、巴基斯坦等。

《英国票据法》对票据的要式采取了比较宽松的态度；秉承英美法的一贯立场，要求票据的取得必须支付对价，并且强调了保护票据真正所有人的权利。

2.《日内瓦统一票据法》

《日内瓦统一票据法》包括两个文件：1930 年签订的《汇票和本票统一法公约》（Convention Providing a Uniform Law of Bills of Exchange and Promissory Notes）和 1931 年签订的《支票统一法公约》（Convention Providing a Uniform Law of Cheques）。该法为欧洲大陆国家、日本以及部分拉丁美洲国家所采用。由于该法秉承了大陆法系的传统，在某些规定上和英美法系的传统有所冲突，比如不要求支付对价，对伪造背书采取了保护善意受让人的立场等，所以英美等国均拒绝参加该公约。

《日内瓦统一票据法》不仅适用于不同缔约国当事人的国际票据关系，也适用于缔约国的国内票据关系。

3. 我国《票据法》

我国于 1995 年 5 月 10 日正式公布了《中华人民共和国票据法》，该法于 1996 年 1 月 1 日起施行。我国《票据法》采纳了国内外立法中行之有效又被普遍接受的准则，总结了我国票据使用的实践经验，制定了既符合国际标准，又适合中国国情的条款。

我国《票据法》在票据必须记载内容的规定上，和《日内瓦统一票据法》相一致；有关票据权利的取得，则采纳了英美法的立场，规定了应支付对价；并规定背书转让必须使用记名方式，提示期限大大缩短；不规定做成拒绝证书的时限；只允许银行出具本票等等。这一系列规定均符合当代票据使用的实际情况，可操作，易管理，有利于规范结算秩序。

第二节 汇票

一、汇票的含义及其当事人

（一）汇票的含义

我国《票据法》对汇票的定义是：“汇票是出票人签发的，委托付款人在见票时或者在指定日期无条件支付确定金额给收款人或持票人的票据。”

《英国票据法》对汇票定义的中译文为：“汇票是由一人向另一人签发的，要求其即期或于一定日期或于可以确定的将来时间，向特定的人或其指定的人或来人无条件地支付一定金额的书面命令。”

《英国票据法》定义中使用了“order”，中文译成“命令”；而我国《票据法》则使用了“委托”，这两者所体现的当事人的法律关系并无区别。

上述两种票据法的定义或规定表明：

（1）汇票是由出票人签署的书面文件；

（2）汇票是一种委托他人付款的票据；

（3）汇票的付款必须是无条件的；

（4）汇票的金额必须是确定的；

（5）汇票应在见票时或在指定的日期得到兑现。

汇票的具体式样（见图2-1）。

No. 4567　　　　　　　　　　　　Beijing，21th July.，2006

Exchange for GBP 5，000.00

At 90 days after sight of this First of Exchange（Second of the same tenor and date unpaid），pay to C Co. or order the sum of five thousand pounds only.

Drawn under Bank of Europe Letter of Credit No. 1234 dated 21th May，2006.

To：Bank of Europe

London

For A Company

×××，Director

Beijing

图2-1　汇票式样

（二）汇票的当事人

1. 汇票的基本当事人

（1）出票人。出票人是写成并交付汇票的人。出票人第一个在汇票上签名，是汇票的债务人。

（2）付款人。付款人为出票人委托其付款的人。付款人是否接受出票人的委托，需视付款人和出票人的资金关系而定。就汇票上所体现的法律关系而论，付款人在汇票上签名之前，不是汇票的债务人。

（3）收款人。收款人为汇票上指定收取票款的人。他是汇票的第一个债权人，即是第一个持票人。

2. 汇票上可能出现的其他当事人

（1）背书人。汇票持票人拟转让汇票，须背书后将汇票交付给受让人，原持票人即成为背书人，由债权人变成债务人，而受让人成为新的债权人，即持票人。这种背书转让可以继续下去，在汇票上出现新的背书人。发生背书转让，汇票上的收款人当然是第一背书人，继续转让，则依次出现第二背书人、第三背书人……

（2）被背书人。背书人在背书转让时，通常写上受让人的名称，该受让人称为“被背书人”，即新的持票人。如果背书转让继续下去，原来的被背书人成为新一轮转让的背书人，并出现新的受让人，即新的被背书人。但应该指出，国外的票据法允许作空白背书转让，即背书人在背书转让时，并不记载受让人的名称，尽管如此，仍把受让人称作被背书人，只是在这种情况下，其名称并不记载在汇票上面。

（3）保证人。汇票当事人以外的第三人，对汇票债务人的债务作签字保证的人。

（4）承兑人。远期汇票的付款人在汇票上签字承诺到期付款的责任，即承兑后的付款人，称为承兑人，是汇票的主债务人。

二、汇票的记载项目

（一）必要记载项目

1. 表明“汇票”字样

汇票上必须写明“汇票”字样，以便与本票、支票等其他支付工具区别开来。如：Bill of Exchange；Exchange；Draft 等。例：“Exchange for GBP 1000”或“Draft for USD 5000”。

《日内瓦统一票据法》第 1 条、第 2 条规定：汇票应有记载其为汇票之文句，否则汇票无效。但《英国票据法》无此要求。

2. 无条件支付的委托

汇票是一项付款委托书，《英国票据法》称之为“无条件的书面命令”（an unconditional order in writing）。

（1）必须使用“祈使句”，作为命令式语句。例如：“Pay to A Co. or order the sum of five thousand US dollars”（支付给 A 公司或其指定人 5000 美元）。

可以使用礼貌用语，如加上 please，但绝对不能使用虚拟语气，如“Would you please pay to ……”“I shall be please if you would pay ……”，否则汇票失效。

（2）必须是无条件的。凡是附有条件的命令将使汇票无效。如“Pay to …… providing the goods they supply are complied with contract”（如果他们供应的货物符合合同，则支付……），或如“Pay to the order of …… on the condition that they submit certificate of quality …”（如果他们提交质量书……，则付给……指定之人）。

凡要求从某一特定资金中付款的命令，仍是带有条件的支付命令，不能被接受。如“Pay to A Co. out of the proceeds in our No. 1 account the sum of one thousand US dollars”（从我们的 1 号账户存款中支付给 A 公司 1000 美元）。

但若指明特定资金是付款人用以偿还自己的，或指明将其金额借记某账户的，仍属无条件命令。如“Pay to A Bank or order the sum of five thousand US dollars and charge/debit same to applicant's account maintained with you”（支付给 A 银行或其指定人 5000 美元，并将此金额借记申请人开设在你行的账户）。

支付命令连接着发生汇票交易的陈述也是无条件的，可以接受。如：“Pay to A Bank or order the sum of Five thousand US dollars. Drawn under L/C NO. 12345 issued by XYZ Bank, New York dated on 15th Aug. 2015”（支付给 A 银行或其指定人 5000 美元，本汇票是按照纽约 XYZ 银行于 2015 年 8 月 15 日开立的第 12345 号信用证开立的）。

汇票大写金额后面是否写上“对价已收”（for value received）也不影响汇票的有效性，可以看作是出票条件。

3. 确定的金额

汇票金额必须用文字大写和数字小写同时记载，在汇票上“Exchange for”后填写小写金额，在“the sum of”后填写大写金额。如果用两种方式记载出现差错，各国的处理方式如下：我国规定，二者必须一致，否则汇票无效；《英国票据法》、《日内瓦统一票据法》规定，按文字大写支付；德国、意大利、瑞士规定，以数额较少者为付款金额。

4. 付款人

付款人（Payer）也称为“受票人”（Drawee），是接受付款命令的人。

付款人应与出票人是两个不同当事人。但《日内瓦统一票据法》和《英国票据法》都规定，汇票的付款人可以是出票人自己。《英国票据法》还规定，如汇票上的付款人就是出票人本人或者付款人是虚构的或无行为能力者，持票人可自行决定，视该票为汇票或本票。日本和我国台湾的《票据法》则将付款人作为相对记载事项，并规定未载明付款人的，则以出票人为付款人。

付款人一般只能有一个。但《英国票据法》允许汇票付款人有两个或两个以上，但排列不能有先后顺序之分，也不能留有选择机会。如：可记载付款人为“A and B”，但不可记载为“A or B”或“First A than B”。

5. 收款人

收款人（Payee）是票据最初的权利人，应该记载。我国习惯称汇票的收款人为“抬头”。抬头有不同的记载方法：

（1）限制性抬头（Restrictive Order）。如：

Pay to A Co. only（仅付给 A 公司）；

Pay to A Co. not transferable（支付给 A 公司，不可转让）；

Pay to A Co.（支付给 A 公司），在汇票的其他地方有“not transferable”（不可转让）字样。

限制性抬头的汇票不得转让他人。

（2）指示性抬头（Demonstrative Order）。如：

Pay to A Co. or order（支付给 A 公司或其指定人）；

Pay to the order of A Co.（支付给 A 公司的指定人）；

Pay to A Co.（支付给 A 公司），在汇票的其他地方无“not transferable”（不可转让）字样。

指示性抬头的汇票经过持票人背书后可以转让给第三者。

（3）来人抬头（Payable to Bearer）。按照《英国票据法》的规定，票据还可以做成来人抬头，这种汇票不指定收款人名称，而只写明付给持票人或来人。如：

Pay to bearer/holder（支付给来人或持票人）；

Pay to A Co. or bearer（支付给 A 公司或来人）。

来人抬头的汇票无需由持票人背书，仅凭交付就可以转让。

但是，《日内瓦统一票据法》和我国《票据法》不允许汇票做成来人抬头。我国《票据法》第二十二条明确规定，汇票必须记载收款人名称，否则汇票无效。

6. 出票日期

各国《票据法》都将出票日期作为汇票必要记载项目。出票日期的记载具有三个重要作用：

（1）决定票据的有效期。虽然各国规定不尽相同，但按《票据法》的一般规则，票据都有一定的有效期，即必须在有效期内向付款人提示要求付款或承兑。出票日期就是有效期的起算日期。《日内瓦统一票据法》第 23 条、第 34 条分别规定，见票后固定日期付款汇票或见票即期付款汇票，必须在出票日以后一年内提示要求承兑或提示要求付款。

（2）决定到期日。若汇票为出票后定期付款的，就从出票日起算，决定其付款到期日。

（3）决定出票人的行为能力。出票人在出票时有无行为能力是判断汇票是否有效的重要依据。

《英国票据法》认为，汇票未注明出票日期仍然有效，当它交付后，收款人应补加出票日期。

7. 出票人签章

出票人是出具汇票、创设票据债权的人，票据必须经过出票人签字才能成立。出票人签字是承认自己的债务，以示承担汇票的责任，收款人因此有了债权，因而票据成为债权凭证。如果汇票上的签字是伪造的，或是未经授权的人签字，则汇票无效。

出票人如果是受人委托而签字，应该在签名之前做出说明，如：加上“For”，或“On behalf”，或“For and on behalf of”，或“Per pro.”字样，并在个人签名后写上他的职务名称。如：

For A Co. Ltd., London

John Smith Manager

这样，A 公司受到 John Smith 签字的约束，而 John Smith 不是个人开出汇票，而是代理 A 公司开出汇票。

我国《票据法》第七条对票据签章形式有具体的规定：票据上的签章，为签名、盖章或者签名加盖章。法人和其他使用票据的单位在票据上的签章，为该法人或者该单位的盖章加其法定代表人或者其授权的代理人的签章。

8. 付款日期

付款日期又称“汇票到期日”。我国《票据法》规定，付款日期是相对应记载事项，凡是汇票上明确记载付款日期的，以票载日期为准；未记载付款日期的，为见票即付。

付款日期的记载有下列方式：

（1）见票即付（at sight /on demand）；

（2）定日付款（at a fixed date）；

（3）出票后定期（at a fixed period after date）；

（4）见票后定期（at a fixed period after sight）。

对于后两种付款日期的记载，应按以下规则计算汇票到期日：

- 起算日期。出票后定期从出票日起算；见票后定期从付款人承兑日起算，若付款人拒绝承兑，则从做成拒绝证书之日起算。

• 按日计算。算尾不算头。

• 按月计算。月为日历月，即在相同日期到期，若到期无相同日，则以该月最后一天为到期日。如1月31日后3个月到期，应为4月30日。半月以15日计算。

• 计算程序。先算月，再算半月或日数，假日顺延至假日后第一个营业日。

我国《票据法》和《日内瓦统一票据法》的规定相同，但《英国票据法》还允许以某一必定发生的事件作为汇票到期日的计算依据。比如：某人死亡1年后。在贸易实务中，还有规定在海运提单出单日以后若干天付款的汇票（at ×× days after the date of bill of lading)，采用这种写法，应注意是否违反出票地的法律。

9. 付款地

我国《票据法》规定，汇票上若记载付款地，应当清楚明确。未记载付款地的，则付款人的营业场所、住所或经常居住地为付款地。付款地为相对应记载事项。《日内瓦统一票据法》则规定，未记载付款地的，以汇票付款人后面的地址为付款地。这一规定与我国《票据法》的规定原则上是一致的，因为汇票记载的付款人后面的地址，通常即为付款人的营业场所（若是企业法人)、住所或经常居住地（若为个人)。《英国票据法》有相同的规定。

付款地有重要的法律意义，票据行为适用行为地法律，故票据的承兑、付款和提示期限等，都适用付款地法律。

10. 出票地

我国《票据法》规定，汇票上若记载出票地，应当清楚明确；未记载出票地点的，出票人的营业场所、住所或经常居住地为出票地。出票地也是一种相对应记载事项。应当指出，实际写成汇票或交付汇票的地点，并不一定是出票地点，出票地点应按上述规定确定。《日内瓦统一票据法》规定，未记载出票地点的，以出票人后面的地址为出票地。英美法也有类似规定。出票地点的法律意义在于：汇票出票时所记载的事项适用出票地法律，以此来判断票据的必要项目是否齐全，汇票是否有效。

需要说明的是，行为地法律原则不但适用于汇票，也适用于本票和支票，但支票出票，经支票当事人协议后，也可适用付款地法律。

（二）其他记载项目

1. 担当付款人

为了方便付款起见，出票人可以根据与付款人的约定，在汇票上记载付款人之后再说明由第三人执行付款，第三人就是担当付款人。如果汇票上原无担当付款人记载，付款人在承兑时也可加上担当付款人。

2. 预备付款人

汇票上可记载一个付款当地的第三人为需要时的受托处理人。如果汇票不获承兑，或不获付款而退票时，持票人可向需要时的受托处理人请求参加承兑或参加付款。

3. 免作拒绝证书

票据上可以有免作拒绝证书和拒付通知的记载，持票人在票据拒付时无需做拒绝证书和拒付通知，追索时也不需出示拒绝证书。

4. 付一不付二

为防止汇票在向海外寄送中丢失，汇票往往同时开出数张内容相同的一组。成套汇票各张汇票面额和内容是完全相同的，为避免重复付款，每张必须有编号，各张要交叉注明全套张数，其中任何一张付款后，其余各张即不再付。例如：通常一套两张的汇票，第一张为“First of Exchange”，或在汇票正面上写有“Original”字样；第二张为“Second of Exchange”，或在汇票正面上写有“Duplicate”字样。在第一张汇票上记载“Pay this first bill of exchange (second of the same tenor and date being unpaid) to ……”[凭此第一张汇票支付（第二张相同内容和日期者不付）给……]，说明付一不付二。而在第二张上面记载“Pay this second bill of exchange（first of the same tenor and date being unpaid）to ……”，说明付二不付一。

三、票据行为及含义

（一）票据行为的含义

票据行为有狭义和广义之分。

狭义票据行为，即票据法律行为，它是以行为人在票据上进行必要事项的记载，完成签名并予以交付为条件，以发生或转移票据上的权利，负担票据上的债务为目的的要式法律行为。简单地说，狭义票据行为就是围绕票据所发生的、以确立或转移票据权利义务关系为目的的法律行为。下文中我们将票据的法律行为简称为“票据行为”。

狭义票据行为是基于当事人的意思表示而发生的相应法律效力的行为，被称为票据的法律行为，包括出票、背书、承兑、保证、保付、参加六种行为。

广义的票据行为，统指一切能够引起票据法律关系的发生、变更、消灭的各种行为。广义票据行为除包括狭义票据行为外，还包括提示、付款、划线、涂销等行为。广义票据行为的各种行为大多是基于法律的直接规定而发生相应法律效力的，被称为准法律行为，简称准票据行为。

狭义票据行为是票据行为的基础。

（二）汇票的票据行为

由于汇票的票据行为最为典型，下面以汇票为例介绍票据行为。

1. 出票

出票是产生票据关系的基础。出票包括两个动作：一是出票人写成汇票并加以签章；二是将汇票交付给收款人。

出票后，票据关系成立，出票人成为汇票的主债务人，收款人成为汇票的债权人，即持票人。

出票人对收款人或持票人担保汇票将得到付款人的承兑和付款，如果汇票得不到承兑或付款，出票人应接受持票人的追索，清偿票款。

收款人作为债权人，拥有付款请求权和追索权。收款人（持票人）可以通过背书转让这一权利。

出票是出票人单方面设定债权的行为，是对付款人的一种委托（或称命令），至于付款人是否接受出票人的委托向持票人付款，则由付款人根据他和出票人之间的资金关系自行决定。付款人因为没有在汇票上签过字，所以在承兑之前对汇票不承担法律责任，但基于出票人的付款委托而使其取得可以承兑的地位。一旦付款人在汇票上承兑，即成为承兑人，是汇票的主债务人，出票人成为从债务人。

2. 背书

背书是指在票据背面或者粘单上记载有关事项并签章的票据行为。背书包括两个动作：一是背书人在汇票背面签字或再加上被背书人（受让人）名称；二是交付给被背书人。写成背书只是表明背书人有转让票据权利的意图，交付之后才算完成票据权利的转让。

背书具有不可分性。即转让的汇票金额必须是汇票上的全部金额并且受让人是唯一的。将汇票金额的一部分转让的背书或者将汇票金额分别转让给两人以上的背书无效。背书还不得附有条件。我国《票据法》第三十三条规定，背书时附有条件的，所附条件不具有汇票上的效力。

背书有以下几种方式：

（1）特别背书。又称记名背书或完全背书。需要记载“支付给被背书人的指定人”，并经背书人签字。例如：

“Pay to the order of
B Co.，New York
For A Co.，New York
Signature”

特别背书后的汇票，其持票人再转让时，必须再以背书方式进行。背书的次数在法律上是没有限制的，汇票可以经过连续背书而多次转让，因此就有了第二背书人和第二被背书人等等。

（2）空白背书。又称无记名背书或略式背书。这种背书，不记载被背书人名称，只有背书人的签字。

空白背书后的汇票持有人，其再转让方法有以下几种：

①仅凭交付而转让。即持票人可以不加一字，甚至可以不签名而将汇票交付给受让人。由于没有签名，背书人可以不承担担保承兑和担保付款的责任。

②再依空白背书而转让。即可以空白背书的形式连续转让。

③依特殊背书而转让。即在空白背书转让之后转变背书形式为记名背书再转让。

④变更为记名背书而转让。即在空白背书的“被背书人”处填上受让人名字，从而使该空白背书变为记名背书而再次转让。采取这种方法时，由于该持票人没有在汇票上留下签名，当汇票被拒付时，就可以不承担票据责任。

以背书转让的汇票，背书应当连续。所谓背书连续，是指在票据转让中，转让汇票的背书人与受让汇票的被背书人在汇票上的签章依次前后衔接。持票人以背书的连续，证明其汇票权利。汇票权利主要是指付款请求权和追索权。付款请求权和追索权都将经背书由背书人一并转让给被背书人。背书人与出票人的责任相同，对其后手有担保票据被付款人承兑及付款的责任。因此，票据上的背书人越多，持票人的债券的担保就越多。

（3）限制性背书。是指支付给被背书人的指示中带有限制性词语。例如：

“Pay to A Co. only”（仅付给A公司）；

“Pay to A Bank for account of X Co.”（支付给A银行记入X公司账户）；

"Pay to A Co. not negotiable"（支付给 A 公司不可流通）；

"Pay to A Co. not transferable"（支付给 A 公司不可转让）；

"Pay to A Co. not to order"（支付给 A 公司不得付给指定人）。

凡做成限制性背书的汇票是不可转让和流通的，汇票持有人只能凭票取款。

（4）托收背书。是背书人委托被背书人代收票款而对票据所作的一种背书。这种背书，实际上仅仅授予被背书人代理权，代理背书人收款。被背书人虽然持有汇票，但没有获得汇票所有权。托收背书的记载文句一般为："value in collection"，"for collection"，"by procuration"，"for deposit"等。例如：

For collection pay to the order of B Bank;

Pay to the order of B Bank for collection only, prior endorsement guaranteed;

Pay to the order of B Bank for deposit;

Pay to the order of B Bank value in collection;

Pay to the order of B Bank by procuration。

3. 提示

（1）提示的含义。提示是指持票人将汇票提交付款人要求付款或承兑的行为。提示分为提示承兑和提示付款。汇票是一种书面的权利凭证，故而当持票人在行使票据权利时必须向付款人出示汇票，否则付款人无从确定是否承兑或付款。持票人还必须在规定的时效内提示。

（2）提示的种类。一是提示承兑。提示承兑是指持票人在汇票到期日之前，向付款人出示汇票，并要求付款人承诺付款的行为。汇票的承兑是对远期汇票而言的。

我国《票据法》对提示承兑有如下规定：

①定日付款和出票后定期付款的汇票，持票人可以在到期日前提示承兑，也可以不提示承兑而于到期日直接请求付款。

②见票后定期付款的汇票，持票人应当自出票日起一个月之内向付款人提示承兑。

③见票即付的汇票，无需提示承兑。

《日内瓦统一票据法》对见票后定期付款汇票规定的提示承兑期限为出票日起一年；《英国票据法》则规定为"合理时间"，通常理解为半年左右。

二是提示付款。提示付款是指持票人向即期汇票的付款人或远期汇票的承兑人出示汇票，要求付款人或承兑人付款的行为。通过委托收款银行或者通过票据交换系统向付款人提示付款的，视同持票人提示付款。

我国《票据法》对提示付款有如下规定：

①见票即付的汇票，持票人应在出票日起一个月内向付款人提示付款。

②定日付款、出票后定期付款或已承兑的见票后定期付款的汇款，持票人应在到期日起 10 日内向付款人提示付款。

《日内瓦统一票据法》对见票即付的汇票规定的提示付款期限为自出票日起一年；《英国票据法》则规定为"合理时间"。《日内瓦统一票据法》对三种远期汇票的付款提示规定为到期日及后两个营业日；《英国票据法》则规定为必须在到期日当天提示付款。

持票人如未按上述期限提示承兑（仅指必须提示承兑的汇票）或提示付款，即丧失对包括出票人在内的前手的追索权，但承兑人或付款人仍应当继续对持票人承担付款责任。该种责任的时效，我国《票据法》规定为远期汇票自到期日起两年；见票即付的汇票自出票日起两年。《日内瓦统一票据法》规定自到期日起三年，《英国票据法》规定自到期日起六年。

提示应在汇票的付款地进行，也可以通过银行或票据交换所向付款人提示。

4. 承兑

(1) 承兑的含义。承兑是指汇票付款人承诺在汇票到期日支付汇票金额的票据行为。承兑包括两个动作：一是付款人写明“已承兑”（Accepted）字样和承兑日期，并签章；二是交还已承兑汇票给持票人。

承兑的交付有两种：一种是**实际交付**，即付款人在承兑后将汇票退还给持票人；另一种是**推定交付**，付款人在承兑后将所承兑的汇票留下，而以其他方式通知持票人汇票已承兑并告知承兑日期。通知一般以书面形式为主。

(2) 承兑的影响。付款人在作承兑后，便成为承兑人，他要对票据的文义负责，到期履行付款责任。并且汇票承兑以后，付款人（承兑人）便处于汇票主债务人的地位，出票人则由承兑前的主债务人变为从债务人，假如到期日承兑人拒付，持票人可以直接对承兑人起诉。

对持票人而言，汇票承兑以后，其收款就有了保障，并且还有利于汇票的转让。因为，一般的受让人都不愿意接受未承兑的汇票。

(3) 承兑汇票的种类。承兑行为是针对汇票而言的，并且只是远期汇票才可能有承兑。本票、支票和即期汇票都不可能发生承兑。

根据是否需要承兑，远期汇票可以分为三类：

第一类是必须提示承兑的汇票。包括三种汇票：

①见票后定期汇票。只有作承兑提示（见票）后，才可以确定见票日期，并以此为起点确定汇票到期日。

②由不在付款人同地的第三人付款的汇票。办理承兑便于承兑人安排外地付款人做好到期付款准备。

③有“必须提示承兑”字样的汇票。

第二类是不必提示承兑的汇票。指注明“不得提示承兑”的汇票。该种汇票不必办理承兑，并且付款人的拒绝承兑不构成拒付。该汇票持票人只需到期作付款提示。

第三类是其他远期汇票。指介于以上两者之间的汇票。持票人都可以作承兑提示，如果付款人予以承兑，则收款有了保障；如果付款人不予承兑，持票人就可立即追索。但这类汇票的持票人可以不作承兑提示，到期作付款提示即可。

(4) 承兑的种类。汇票的承兑有两种，即普通承兑和限制承兑。

- 普通承兑。付款人承兑时，没有加注任何条件或保留。这是正常的承兑。
- 限制承兑。付款人承兑时，加注了一些限制性的条件以改变原来的票据文义。主要有四种情况：

①有条件承兑。即加注付款条件，如货物良好、提交某种单据等。

②部分承兑。只对汇票金额的一部分承担付款责任。

③修改付款期限的承兑。

④地方性承兑。承兑时注明只能在某特定地点付款。

汇票的持票人可以拒绝或接受限制性承兑。我国《票据法》规定："付款人承兑汇票，不得附有条件；承兑附有条件的，视为拒绝承兑。"

5. 保证

（1）保证的含义。**保证通常是指非票据债务人为票据债务承担保证的行为**。其目的是为了增强票据的可接受性，使之便于流通和融资。在汇票、本票和支票的使用中，都可以存在保证。《日内瓦统一票据法》和我国《票据法》允许这一行为，《英国票据法》无此规定。

作保证时，保证人应在票据或粘单上记载保证字样、保证人名称和住所、被保证人名称、保证日期并由保证人签名。如果未记载被保证人，对于已承兑的汇票，应以承兑人为被保证人；对于其他票据，则以出票人为保证人。如果未记载保证日期，出票期即为保证日期。

保证不得附带条件。附有保证条件的，不影响对票据的保证责任，但保证条件无效。

（2）保证人的责任与权利。保证人一般由票据债务人以外的其他人担当，我国的规定即是如此。但《日内瓦统一票据法》却允许任何人作保证人，包括本来已在票据上签过名的债务人。

汇票被保证后，保证人所负的票据责任与被保证人相同。但是被保证人的债务因票据记载事项欠缺而无效的例外。我国《票据法》规定，两个或两个以上的保证人之间、保证人与被保证人之间对持票人要承担连带责任。保证人清偿票据债务后，取得持票人地位，有权对被保证人及其前手进行追索。在实务中，对票据债务直接进行担保的保证行为很少发生。如果需要对票据债务进行担保，则多采用背书、承兑、共同出票、共同背书等方法，对票据债务进行间接担保。

6. 付款

付款是指由持票人提示，付款人或担当付款人支付票款以消灭票据关系的行为。付款同出票、背书和承兑不同的是，行为人不必以在票据上作一定的意思表示为行为要素，所以它不是一种票据行为；但付款人付足全部票款后，票据上的一切债权债务也即结束，所以付款能产生消灭一定的法律关系的效果，它是一种法律行为。

付款货币应以票载货币的种类支付。但如果票载货币在付款地不通用，除了当事人特别约定必须以票载货币付款外，付款人有权依付款日行市以付款地通用货币支付。

付款人付款时有要求持票人在收款时在票据上记载"Paid"（收讫）字样并签名后将票据交给自己的权利。这样，付款人能得到一个证明自己已付款的凭证。如果持票人拒绝办理此种手续，付款人则可拒绝付款，此时，持票人的付款提示不构成合法提示，持票人不得以此种拒绝付款为由而行使追索权。

7. 拒付

（1）拒付的含义。**拒付又叫"退票"，是指付款人在持票人按《票据法》规定作提示时，拒绝承兑和拒绝付款的行为**。汇票、本票和支票都有可能发生拒付。如果即期汇票和承兑前远期汇票和支票发生拒付，持票人可依法行使追索权；承兑后的远期汇票和本票发生拒付，持票人可分别对直接承兑人和出票人起诉。

（2）拒付的情形。持票人到期不获承兑或付款包括下面几种情形：

①付款人明确表示拒付；

②虽未明确拒付，但在规定时效内未予承兑或付款；

③承兑人或付款人避而不见；

④作部分承兑或付款。

持票人未到期不获承兑或付款包括下面几种情形：

- 承兑人或付款人死亡、破产或因违法被责令终止业务活动；
- 在非承兑票据的出票人破产时，付款人大多会拒付。

（3）拒绝证书。

①拒绝证书的内容。拒绝证书通常包括以下内容：拒绝者和被拒绝者双方名称、拒付原因、拒绝证书做成时间和地点、拒绝证书制作者签名等。

②拒绝证书制作过程及制作人。国内外拒绝证书的制作方式有所不同。

• 国外的一般做法是在票据拒付时，持票人应立即将票据交当地公证人，由其再向付款人提示，若付款人仍拒付，则公证人立即做成书面证明交持票人。在当地没有公证人时，可由银行、法院等有权公证的机构或者由两位有影响的人做成。

• 我国的规定是，在票据拒付时，由承兑人或付款人出具拒绝证明或退票理由书。未出具的应承担由此产生的民事责任；如果因承兑人或者付款人死亡、逃匿或者其他原因，不能取得拒绝证明时，持票人可依法取得其他有关证明；承兑人或付款人被依法宣告破产的，由法院出具的司法文书证明；承兑人或付款人因违法被责令终止业务活动的，由有关行政主管部门的处罚决定证明。

③拒绝证书的制作时间。拒绝证书只有在规定的时效内做成，持票人才能保证其利益。

如果持票人没有或不能在规定时间内做成拒绝证书及有关证明文件，那么他将因此失去对前手的追索权。但承兑人或付款人仍应对持票人承担责任。

做成拒绝证书后应及时通知前手。我国规定做成后 3 天内、《日内瓦统一票据法》规定做成后 4 天内、《英国票据法》规定做成后 2 天内通知前手，否则后果同上。

（4）拒付通知。拒付通知通常由持票人或背书人制作，并在规定时间内通知前手。《英国票据法》规定，如果前手在同地，持票人收到通知后必须在第二天通知到；如果前手在异地，持票人必须在第二天发出通知。《日内瓦统一票据法》规定，必须在 2 天内通知前手。我国规定应在 3 天内通知前手，在规定期限内将通知按法定或约定地址邮寄的，视为已发出通知。

如果未能及时通知前手，《英国票据法》规定，持票人或背书人将丧失对前手的追索权；《日内瓦统一票据法》和我国《票据法》规定，持票人或背书人仍有追索权，但应赔偿前手因此而发生的损失。我国还规定，赔偿金额以票据金额为限。

8. 追索

追索是持票人在票据被拒付时，向其前手请求偿还票据金额及其他法定款项的行为。持票人的这种权利在法律上称为“追索权”，又称“偿还请求权”。追索的票款包括：汇票金额、利息、做成拒绝证书、拒付通知和其他必要的费用。

（1）行使追索的条件：

①持票人必须在法定期限内，向付款人提示承兑或付款，未经提示，持票人不得向其前手追索；

②持票人必须在法定期限内做成拒绝证书；

③持票人必须在法定期限内将拒付事实通知前手。

（2）追索的权利人。追索的权利人有两种：

①最后的持票人。他是票据债权人，由于法定原因，他可以行使追索权，这是最初的追索。所以最后持票人又称为最初追索权人。但持票人为出票人的，对其前手无追索权；持票人为背书人的，对其后手无追索权；回头背书的被背书人对原来的后手无追索权。

例如一张汇票由收款人A起分别以记名背书作转让又至B：

A→B→C→D→B

此时中间的C和D虽然是B现在的前手，但原系B的后手，B不得向他们追索。因此，B现在只能向A一人追索。

②已为清偿的票据债务人。因清偿而取得票据的人，可以向前手进行追索，这就是再追索。保证人清偿债务后可以对被保证人及其前手追索。保证人清偿债务后可以对被保证人及其前手追索。

行使追索权的对象是背书人、出票人、承兑人以及其他债务人，因为他们要对持票人负连带的偿付责任。

追索人行使追索权可以向其前手请求偿还票款，也可以实行选择追索或跳跃追索，即追索人可以不按票据前后手关系，而对票据债务人中任何一人行使追索权。受追索的人数也没有限制，追索人可以向票据债务人中之一人、数人或全体行使追索权。追索人向票据债务人中之一人、数人进行追索时，并不因此丧失对其他票据债务人的追索权。

9. 参加

（1）参加的含义。**参加是付款人以外的当事人在票据被拒付后，可能发生追索时，为防止特定的债务人受到追索而介入票据关系的行为。**参加可分为参加承兑和参加付款。

参加行为只存在于汇票和本票，支票中无参加行为。我国《票据法》中没有参加的规定。

（2）参加承兑。**参加承兑是指在汇票不获承兑，持票人尚未追索时，其他人要求承兑汇票的行为。**只是在远期汇票中才可能有参加承兑行为。作参加承兑时，参加承兑人应在汇票正面记载被参加承兑人名称、参加承兑日期及参加承兑人签名。如果没有记明被参加承兑人是谁，则以出票人为被参加承兑人。

参加承兑的目的是为了阻止持票人追索，维持特定债务人的信誉。

参加承兑人即作参加承兑的行为人。根据《日内瓦统一票据法》，他可以是除承兑人和预备付款人以外的任何人，包括出票人、背书人、保证人、预备付款人等。《英国票据法》认为，参加承兑人应是票据债务人以外的其他当事人。

根据《日内瓦统一票据法》规定，参加承兑人必须在作参加承兑后的两个营业日内通知被参加承兑人，否则应赔偿被参加承兑人由此造成的损失。

作参加承兑后，参加承兑人要对被参加承兑人的后手包括持票人负责。如果持票人到期向付款人或预备付款人作付款提示遭拒付，他便可在作拒绝证书后向参加承兑人请求付款。参加承兑人付款后，即取得向被参加承兑人的前手追索的权利，汇票也不注销。

被参加承兑人是指由于参加承兑人的参加行为而免受追索的票据债务人。参加承兑人付款后，有权要求被参加承兑人偿还所付款项。

持票人有权决定是否接受参加承兑。但如果是预备付款人参加承兑，根据《日内瓦统一票据法》的规定，持票人非接受不可。

（3）参加付款。**参加付款是指在票据不获付款，持票人尚未追索时，其他人要求付款的行为**。参加付款与参加承兑的目的和作用相同。作参加付款时，参加付款人应在票据上记载被参加付款人、付款目的以及付款事实的说明，《英国票据法》规定还要由公证人作“参加付款公证”。如果没有记载谁是被参加付款人，则以出票人为被参加付款人。

《日内瓦统一票据法》规定，参加付款人（Payer for Honour）可以是付款人与担当付款人以外的任何人；《英国票据法》允许任何人作参加付款。二者没有实质性差别，因为如果付款人与担当付款人拒付，一般情况下，他们是不会再要求作参加付款的。在两人或两人以上竞相参加付款时，能免除债务人最多者有优先权。

根据《日内瓦统一票据法》规定，参加付款人必须在两个营业日内，将参加付款的事实通知被参加付款人，否则须赔偿由此而造成的损失。

参加付款人付款后，即免除被参加付款人后手的债务，同时取得向被参加付款人及其前手追索的权利。持票人必须接受参加付款，接受参加付款后应向参加付款人交出票据和拒绝证书，并出具收据。

课堂练习 2－1

8 月，A 公司向 B 公司销售价值 500 万美元的商品，8 月 15 日 B 公司作为出票人向 A 公司开出以 C 银行为付款人、A 公司为收款人的指示性抬头、出票 2 个月付款的汇票，金额 500 万美元。8 月 25 日 C 银行对该汇票进行了承兑。9 月 10 日，收款人 A 公司将汇票背书转让给 F 公司。9 月 20 日 F 公司向 E 银行办理贴现，贴现率为 5%。E 银行于到期日向 C 银行做付款提示遭拒付。E 银行及时做成拒绝证书并通知了全体前手后，向 B 公司行使追索权。但 B 公司以收到的货物与合同不符为由拒绝偿付票款。

要求：

（1）计算汇票的到期日。

（2）按要求对汇票进行承兑。

（3）按要求对汇票进行背书。

（4）计算贴现利息以及净款。

（5）请问 B 公司的做法是否合理？为什么？如果不合理，其正确的处理方法是什么？

四、汇票的种类

（一）商业汇票和银行汇票

这是按出票人身份的不同来分类的。

银行汇票（Banker's Bill/Draft）是一家银行向另一家银行签发的书面支付命令，其出票人和付款人都是银行。银行汇票由银行签发后交汇款人，由汇款人带往或寄往收款人，收款人持汇票向付款行请求付款，付款人在审核无误后即予付款。银行汇票的信用基础是银行信用。

商业汇票（Trade Bill/Draft）是由公司、企业或个人签发的汇票，其付款人可以是公司、企业、个人，也可以是银行。商业汇票的信用基础是商业信用，其收款人或持票人承担的风险较大。不过，对商业汇票进行承兑，可在一定程度上降低收款人的风险。

（三）即期汇票和远期汇票

这是按付款时间的不同来分类的。

即期汇票（Sight Bill/Draft，Demand Bill/Draft）是注明付款人在见票或持票人提示时，立即付款的汇票。未载明具体付款日期的汇票也是即期汇票。

远期汇票（Usance Bill/Draft）是载明一定期间或特定日期付款的汇票。根据付款期限的表示或确定方法不同，远期汇票有定日付款、出票后定期、见票后定期汇票三种形式。

（四）光票和跟单汇票

这是根据是否附有单据来分类的。

光票（Clean Bill）是指无需附带任何单据即可收付票款的汇票。这类汇票全凭票面信用在市面上流通而无物资（货权单据）作保证。银行汇票多为光票。

跟单汇票（Documentary Bill）是指附带有关单据的汇票。跟单汇票一般为商业汇票。跟单汇票的流通转让及资金融通，除与当事人的信用有关外，更取决于附属单据所代表货物的价值及单据质量。

商业汇票和银行汇票在实际中采用的较普遍，其格式见图 2－2 和图 2－3。

BILL OF EXCHANGE

No. __①__

Exchange for __②__ __③__

At __④__ sight of this First of Exchange

(Second of the same tenor and date unpaid), Pay to the order of

__⑤__ The sum of

__⑥__

Drawn under __⑦__

To: __⑧__

__⑨__

说明：①商业汇票编号；②汇票金额（小写）；③出票时间和地点；
④付款期限；⑤收款人名称；⑥汇票金额（大写）；
⑦取款依据；⑧付款人名称、地址；⑨出票人签名。

图 2－2 商业汇票

BANK OF CHINA

No. ①

This draft is valid for one
year from the date of issue

AMOUNT ②

PAY TO ③

BEIJING ④

THE SUM OF ⑤

TO: ⑥

BANK OF CHINA，HEAD OFFICE
BANKING DEPARTMENT

说明：①银行汇票编号；　②汇票金额（小写）；　③收款人名称；
④出票日期；　⑤汇票金额（大写）；　⑥付款人名称、地址。

图2－3　银行汇票

第三节　本　票

一、本票的含义及其特征

（一）本票的含义

我国《票据法》第七十三条对本票的定义是：**本票是出票人签发的、承诺自己在见票时无条件支付确定的金额给收款人或者持票人的票据。**

《英国票据法》关于本票的定义是：本票是一人向另一人签发的、保证于见票时或定期或在可以确定的将来时间、对某人或其指定人或持票人支付一定金额的无条件的书面承诺。

（二）本票的特点

本票和汇票在基本内容上有很多相似之处：都是以货币表示的、金额是一定的；都必须以无条件的书面形式做成；付款期限都可以是即期或远期的；收款人可以是指定某人或来人。与汇票相比，本票具有以下两个特点：

1. 本票是无条件的支付承诺

本票的出票人在完成出票行为后即负绝对的付款责任。而汇票的付款人只有在承兑之后才负绝对的付款责任。由于出票人本来就保证付款，所以本票不需要承兑行为。本票就像承兑过的汇票，只需要出一张，不像汇票那样要一式几张。

2. 在名称和性质上不同

本票的基本当事人只有两个：出票人和收款人。本票的出票人就是付款人，它是出票人保证自己付款的一种承诺。正是由于这一特性，本票称之为 Note（付款承诺），而不是 Bill（债权凭证），出票人称之为 Maker（制成人），而不是 Drawer（开票人）。而汇票的基本当事人有三个，即出票人、付款人和收款人。

二、本票的必要记载内容

本票的必须记载事项是：表明“本票”的字样；无条件支付的承诺；确定的金额；收款人或其指定人；出票日期；出票人签名。

本票的对应记载事项有：到期日；出票地；付款地。本票未记载到期日的，视为见票即付；未记载出票地的，是出票人的营业场所为出票地；未记载付款地的，视出票人的营业场所为付款地。

本票的任意记载事项有：担当付款人；利息及利率；不能转让的记载；关于见票和提示付款期限延长或缩短的特约记载；免做拒绝证书的记载；免做拒付通知的记载。

三、本票的种类

根据出票人是否为银行，本票可以分为商业本票和银行本票两种。不过，根据我国《票据法》的规定，本票仅指银行本票。

（一）商业本票

商业本票（Trader's Notes）是由企业或个人签发的。由于商业本票是建立在商业信用的基础上，除非是有很好声誉的大公司，一般企业较少发行本票。商业本票多为远期本票，即期商业本票的实用价值更小。

常见商业本票的格式见图 2－4。

PROMISSORY NOTE

US $500.00　　　　HONGKONG 5th March, 2014

At ninety days after date I promise to pay John Smith or order the sum of Five Hundred United States dollars.

Frank Scott

图 2－4　商业本票

（二）银行本票

银行本票（Banker's Notes）的出票人是银行。它是应客户的要求，当客户将款项存交银行，由银行签发给其凭以办理转账结算或支取先进的票据。

第四节 支　票

一、支票的含义及其特征

（一）支票的含义

我国《票据法》对支票的定义是：“**支票是出票人签发的，委托办理支票存款业务的银行或者其他金融机构在见票时无条件支付确定的金额给收款人或者持票人的票据。**”

《英国票据法》对支票的定义是：“支票是以银行为付款人的即期汇票。”

我国《票据法》规定：“支票出票时记载事项，适用出票地法律，经当事人协议，也可适用付款地法律。”它确认了银行在支票业务中的主导地位。支票总是由开户银行设计成统一的格式，印刷精良。

支票式样见图 2－5。

Cheque for USD 2000	London, 12th Jun., 2014
Pay to the order of China National Textile Corp. the sum of two thousand US dollars.	
To: National Westminster Bank Ltd.	
London	For London Export Co.
	London
	signed

图 2－5　支票式样

（二）支票的特征

支票是一种特殊的汇票，因此，它在许多方面都同汇票类似。如都是无条件的付款命令，都有三个基本关系人，主要条款的规定都较类似等。但支票又与汇票有重要差别。

1. 支票的出票人必须具备一定条件

支票的出票人首先必须是银行的存款户。即在银行要有存款，在银行没有存款的人绝不可能成为支票的出票人。其次，要与存款银行订有使用支票的协定，即存款银行要同意存款人使用支票。最后，支票的出票人必须使用存款银行统一印制的支票。支票不能像汇票和本票一样由出票人自制。

2. 支票为见票即付的银行票据

支票都是即期付款，所以付款银行必须见票即付。由于支票没有远期，因而也不需办理承兑手续。支票的付款人仅限于银行，而汇票的付款人可以是银行、企业或个人。

二、支票的必要记载内容

我国《票据法》规定，支票必须记载下列事项：表明“支票”的字样；无条件支付的委托；确定的金额；付款人名称；出票日期；出票人签章。

我国《票据法》又规定：“支票上的金额可以由出票人授权补记，未补记前的支票，不准使用。”此外又规定：收款人名称、付款地、出票地为相对应记载事项。

《日内瓦统一票据法》规定，支票应包括的条款有：“支票”字样、无条件支付一定金额的命令、付款人、付款地、出票日期与地点、出票人签名。

三、支票当事人的责任及支票的提示期

（一）支票当事人的责任

1. 出票人的责任

出票人必须按照签发的支票承担保证向该持票人付款的责任；所签发的支票金额不得超过其付款时在付款人处实有的存款金额；出票人不得签发与其预留本名的签名式样或者印鉴不符的支票。我国《票据法》规定，凡签发空头支票或故意签发印鉴不符支票骗取财物的应依法追究刑事责任。

2. 付款银行的责任

出票人在付款人处的存款足以支付支票金额时，付款人应当在当日足额付款。付款人付款时，有责任核对出票人签字的真实性，但对于支票的背书，银行只检查是否连续，而不管真伪。付款人依法付款后，即解除其对出票人和持票人的责任。

按《英国票据法》的规定，付款银行应按下列程序审查：①审查持票人签名；②审查金额；③审查日期；④审查背书；⑤审查出票人签字或印鉴；⑥审查出票人的存款余额；⑦审查所提示的支票有无止付通知和其他意外情况；⑧审查持票人的所有权。

付款人在付款时，还应严格按照支票附加记载所表达的出票人指示办事，如果这些附加记载和票据法的规定并无抵触。比如划线支票，付款人应按照划线内容转账，否则，付款人将承担过失责任。

（二）支票的提示期

我国《票据法》只对按行政区划在同一城市范围内使用的支票规定了提示期：持票人应当自出票日起 10 日内提示付款；异地使用的支票，提示期限由中国人民银行另行规定。

《日内瓦统一票据法》规定支票的提示期限为：若出票与付款在同一国家，自出票日起 8 天；若出票与付款在不同国家但在同一洲的，自出票日起 20 天；不同国又不同洲的则是 70 天。

《英国票据法》仅规定合理时间。

超过提示期限的，付款人可以不予付款，持票人丧失对其前手的追索权，但出票人仍应当对持票人承担支付票款的责任。

四、支票的种类

（一）记名支票和无记名支票

这是根据有无收款人姓名记载来分类的。

1. 记名支票

记名支票是在支票的收款人一栏，写明收款人姓名的支票，如“限付 A 公司”（Pay to A Co. only）或“指定人”（Pay to A Co. or order）。记名支票取款时须由收款人签章，方可支取。

2. 无记名支票

不记名支票又称“空白支票”，支票上不记载收款人姓名，只写“付来人”（Pay to bearer）的支票。不记名支票取款时持票人无须在支票背后签章，即可支取。此项支票仅凭交付而转让。

（二）划线支票和保付支票

这是根据附加的付款保障方式不同来分类的。

1. 划线支票

划线支票是在支票正面划两道平行线的支票。划线支票与一般支票不同，划线支票非由银行不得领取票款，故只能委托银行代收票款入账。使用划线支票的目的是为了在支票遗失或被人冒领时，还有可能通过银行代收的线索追回票款。

划线支票有两种：一种是普通划线，即在支票上仅划两条平行线，这种划线支票收款人可以委托任何银行向付款行收取票款；如在划线中加列“不可流通”（not negotiable），则出票人只对收款人负责，收款人虽仍可转让该支票，但受让人的权利不优于收款人；如在划线中加列“记入收款人账户”，则收款行只能将收到的票款记入收款人账户而不得直接付现。另一种划线支票称特殊划线，在平行线中记有收款银行的名字，有这种划线的支票只能通过该指定收款银行向付款行提示付款。支票划线类型见图 2－6。

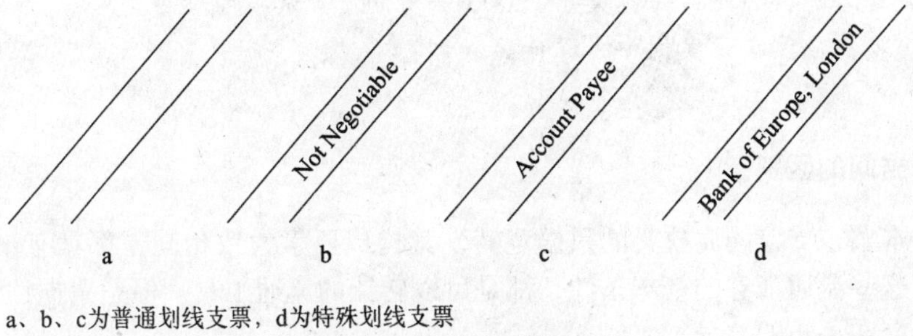

图 2－6　支票划线类型

我国《票据法》中没有支票划线制度的规定，但有对现金支票和转账支票的规定。实务中，在支票左上角加两条平行斜线可作为转账支票使用。

2. 保付支票

保付支票是指为了避免出票人开出空头支票，保证支票提示时付款，支票的收款人或持票人可要求银行对支票“保付”。保付是由付款银行在支票上加盖“保付”戳记，以表明在支票提示时一定付款。支票一经保付，付款责任即由银行承担。出票人、背书人都可免于追索。付款银行对支票保付后，即将票款从出票人的账户转入一个专门账户，以备付款，所以保付支票提示时，不会退票。支票保付后，持票人可以不受提示期限的约束，只要是在一个“合理”的期限内，随时都可以提示付款，保付人不得拒绝。但保付支票万一丢失，则不能挂失止付。

（三）现金支票与转账支票

根据支票对付款有无特殊限制，在我国分为现金支票和转账支票。我国的现金支票相当于国外的普通支票。转账支票是由发票人或持票人在普通支票上载明“转账支付”的支票。在支票标有转账支付的记载时，付款银行只能通过银行转账收款，不能提取现金。

课堂练习 2-2

国内M外贸公司2月份与加纳商人成交出口一批货物，货款计12000美元。支付方式为预付货款，运输方式是空运。当时该商人开出该公司以加纳C银行为付款人的美元支票1张。

2月16日，M公司将支票委托国内甲银行（托收行）向外收款，采用立即托收方式，委托香港乙银行（代收行）托收。根据这种托收方式，支票托收之款可先收账，如果票款遭付款人退票拒付，代收行可主动将垫付的票款从委托人的账户划回。

3月2日，甲银行接香港乙银行收账报单，即给M公司结汇，但此系乙银行（代收行）垫款，并非真正收受了票款。M公司却认为货款已收受，便将货物用空运发出。

4月27日香港乙银行将托收的支票退回，并主动从我托收行账户划回其垫付的票款，原因是支票的付款行拒付票款，拒付理由是该张支票是空头支票。甲银行（托收行）只能将支票退还M公司，并从M公司账内的票款冲回。由于货物是空运，国外不法商人已提货潜逃，公司白白损失了12000美元的货款和航空运费。

思考：我们应该从该案例中吸取什么教训？

五、票据间的区别

汇票、本票、支票同属狭义的票据范畴，其构成要素大致相同，都具有出票、背书、承兑、付款这些流通证券的基本条件，都是可以转让的流通工具。但是票据性质与内容以及使用上都存在一定的差异。

（一）票据性质与内容上的区别

1. 性质不同

汇票和支票都是无条件的支付命令，本票是无条件的支付承诺。汇票和支票是出票人命令他人付款，本票是出票人承诺自己付款。

2. 当事人及相互间的关系不同

汇票和支票各有三个基本当事人，即出票人、付款人和收款人；本票只有两个当事人，只有出票人和收款人，付款人就是出票人。

签发支票时，其出票人与付款人之间必先有资金关系；汇票则没有要求；本票是自己付款，无所谓资金关系。

3. 主债务人不同

本票和支票的主债务人一直是出票人；汇票则有两种情况，即期汇票和承兑前的远期汇票的主债务人是出票人，承兑后的主债务人是承兑人。

4. 出票份数不同

汇票的出票一般是一式两份，正副本各一份；本票和支票则是一式一份，没有副本。

5. 记载的必要项目不同

汇票必须记载的项目较全，包括汇票名称、无条件支付的委托、确定的金额、付款人、收款人、出票日期、出票签章七项。本票、支票的必须记载内容分别不包括付款人名称、收款人名称。

6. 付款人的性质不同

支票的付款人必须是银行，而汇票和本票的付款人可以是银行，也可以是企业或个人。

7. 付款期限种类不同

支票是见票即付，无到期日的记载，汇票和本票有即期和远期付款之分，一般应记载到期日。

8. 票据行为不同

本票无承兑、参加承兑；支票无承兑、参加承兑、参加付款行为；汇票无承兑、参加承兑、参加付款行为。

（二）票据使用上的区别

1. 作用不同

汇票既是结算工具，又是信贷工具。汇票作为结算工具主要是用于国际汇款，即通过签发银行汇票来转移资金；作为信贷工具主要是指厂商以进出口贸易为背景而出具商业汇票，这种汇票很容易贴现，是进出口融资的重要工具。

本票基本上是信贷工具。信誉较好的大企业可以通过发行商业本票筹措资金，银行也可以通过签发银行本票筹资或吸收存款。

支票基本上是结算工具。支票是理想的结算工具，对资金收付很方便。出票人要付款只需签发支票，不必逐笔到银行去办理，收款人收款只需将支票交银行即可。

2. 适用范围不同

汇票是国际结算普遍使用的工具。这是因为：

（1）使用汇票对收款人来说最可靠。银行汇票的基础是银行信用，可靠性高；商业汇票多是跟单汇票，虽然付款人可能拒付，但收款人持有单据即拥有货物，拒付带来的损失可以降到最低限度。因此使用汇票对收款人而言，风险较小。

（2）使用汇票融资方便。一般融资对筹资人而言都有严格的条件限制，融资难度较大，即便是银行贷款也不例外。而采用跟单汇票融资只要单据合格即可。

支票主要用于国内结算。在西方国家的国内结算中，个人、厂商之间的收付，大多使用支票结算。但由于支票是见票即付，很难通过它融资，而且私人支票退票可能性较大，国外银行不会买汇，因而在很大程度上限制了支票在国际结算中的使用。

本票无论是在国内还是国际结算中使用都较少。因为商业本票经常会发生拒付，人们一般不愿接受；而且，一般国家又不同程度地加以限制，有些甚至禁止使用银行本票。

应用训练

【案例】

我国北方某城市的一家企业于1993年底到银行询问，能否以持有的由美国加利福尼亚州东海银行出具的一张银行外汇本票为质押办理人民币贷款。经了解，原来是美国的××贸易公司愿意将这张银行本票出借给该市的某企业，作为该企业向当地银行贷款1000万元人民币的质押，一旦成功，该企业应向××贸易公司支付价值40万美元的人民币供其使用，双方并订有经律师事务所见证的协议影印件。银行工作人员鉴于该本票金额巨大，且双方当事人对该项协议感到疑点颇多，于是按照银行惯例致电东海银行查询，很快出票行东海银行回电称该行从未签发过该项本票，并建议向警方报案。本案中银行业务人员凭借自己的工作经验，发现了较多的疑点，之后严格按照操作规程进行电查，避免了虚假的银行外汇本票可能给银行造成的损失。

【分析】

诈骗分子美国的××贸易公司冒充美国加利福尼亚州东海银行出具银行本票，并将其借给我国某企业，企业以此为质押办理人民币贷款业务，美国的××贸易公司从中渔利。这类诈骗活动具有一定的普遍性，通常作案人员都有较高的文化素质，熟悉银行业务和国际贸易流程，了解不同银行的银行本票样式。本案中，为了增强可信度，诈骗分子还专门出示了律师事务所见证协议书影印件，但这份经见证的协议书很可能也是假的。因此，对银行的工作人员来说，凡是涉及金额较大的票据，必须严格把关，向海外出票行进行查证，不能因提供律师事务所见证协议书影印件而放松警惕，通融接受，一时的疏忽大意可能遭致惨重的损失。本案中银行业务人员凭借自己的工作经验，发现了较多的疑点，之后严格按照操作规程进行电查，避免了虚假的银行外汇本票可能给银行造成的损失。

根据我国《外汇管理条例》的规定，在中国境内的一切中外机构或个人所持有的外国货币不得在我国境内自由流通使用，所有汇入或携入的外币或外币票据，除另有规定外，均须结售或存入经营外汇业务的银行。银行对凡属外汇收兑牌价表内的各种外国货币均予收兑。国家因公或因私对个人或单位批准供给的外汇，都应按外汇牌价持等值的人民币，交指定的外汇银行兑换成外汇。外国人、华侨、入境后凭护照或身份证将其外币兑换成人民币在境内使用，离境时，未用完的人民币，凭护照或身份证及原外币兑换水单，交指定的外汇银行兑成外币携出国境。非法换取外汇，攫取国家应收的外汇，都属于非法的套汇行为。

思考与练习

1. 简述票据的特性。
2. 简述汇票的含义及记载的必要内容。
3. 简述汇票的票据行为。
4. 简述本票、支票的含义及特点。
5. 简述票据间的区别。
6. 案例分析题：

某年8月，我国某市A公司与新加坡B商签订了一份进口胶合板的合同。合同总金额为700万美元，支付方式为托收项下付款交单。合同写明，允许分批装运胶合板。按照合同规定，第一批价值为60万美元的胶合板准时到货。经检验A公司认为质量良好，对双方合作很满意。但在第二批交货期前，新加坡B商向A公司提出：鉴于公司资金周转困难，允许A公司对B商开出汇票远期付款。汇票的支付条款为：见票后一年付款700万美元。但要求该汇票要请中国某国有商业银行济南分行承兑。承兑后，B商保证将700万美元的胶合板在一年内交货。A公司全部收货后，再付B商700万美元货款。A公司对此建议欣然接受。A公司认为只要承兑了一张远期汇票，就可以得到货物，并在国内市场销售。这是一笔无本生意，而且货款还可以投资。但A公司始料不及的是，B商将这张由中国某国有商业银行济南市分行承兑的远期汇票在新加坡一家美国银行贴现了600万美元，从此一张胶合板都不交给A公司了。事实上，B商将这笔巨款骗到手后就无影无踪了。一年后，新加坡美国银行将这张承兑了的远期票据请中国某国有商业银行某市分行付款。尽管B商没有交货，承兑银行却不得以此为理由拒绝向善意持票人美国银行支付票据金额。本票金额巨大，中国某国有商业银行报请上级批准，由我方承兑银行付给美国银行600万美元而结案。

问题：(1) 汇票在国际贸易交往中起什么作用？

(2) 为什么在没有履行合同的情况下，B商可以凭信汇票取得货款？

第三章 汇　　款

学习目的

- □ 掌握汇付这种结算方式的办理程序与具体的操作过程
- □ 能够运用汇付方式进行国际货款的清结工作

【案例导入】

某年11月底，我方A公司与我国台湾地区B公司签订了一份出口打火机合同，规定从上海运往基隆港，到港时间不得晚于12月17日，支付方式为B公司收到目的港代理的到货通知书后48小时内将全部货款办理电汇（T/T）给A公司。由于装运期较为迫切，我方立即准备货物，并预定了12月10日船期（预计整个航程共需7天）。货物如期装船后，正本提单寄B公司。但因货物途经高雄时多停靠了2天，于12月19日才抵达目的港，客户于次日提货后，提出暂时拒付全部货款，待货物销完后再付，原因是货物未能如期到港，致使这批货物无法赶上当地圣诞节的销售高潮，其部分客户已纷纷取消订单，造成此批货物大量积压，给他们带来巨大经济损失。A公司多次致电B公司，告知货物未能如期到港（延误2天），我方是无法预料与控制的，再者，因备货时间短，我方已尽力将货物装上最早船期。A公司多次要求B公司办理付款，B公司均不予以理睬。2个月后，A公司只好请台湾某一友好客户C与B公司协商，B公司才开始有所松口，条件是要求我方降价30%后才同意给予付款（客户称约有价值30%货物积压仓库）。经我方一再努力与之协商，最终才以我方降价15%告终，此案中我方直接损失1.5万美元。

思考：

1. 什么是T/T？国际结算中T/T的应用需注意哪些问题？
2. 在不了解对方资信或大宗交易的情况下，采用何种结算方式可避免收汇风险？

第一节 国际汇兑

资金在国际间的转移是按照一定的方式和条件进行的。资金从付款的一方转移到收款的一方的方式是多种多样的，国际汇兑就是其中的一种。具体来说，“汇”指货币资金在国际间的转移，“兑”是指不同国家的货币相互转移。因此国际汇兑即指通过银行将一个国家的货币转换成另一个国家的货币，并借助信用工具将资金转移到另一国家，以此结清国际间债权债务关系的经营活动。从广义上讲，国际汇兑就是指国际结算的行为，从狭义上讲它特指国际银行间的汇款业务。

国际汇兑按照资金的流向和结算工具的传递方向分类，有顺汇和逆汇两大类别。

一、顺汇

所谓**“顺汇”，是指结算工具的传递方向与资金的流动方向是同一个方向，是债务人**（或付款方）**主动将款项交给银行，委托银行使用某种结算工具，将款项交付债权人**（或收款方）**的结算方法**，又称为“汇付法”。顺汇结汇图示如图 3－1。

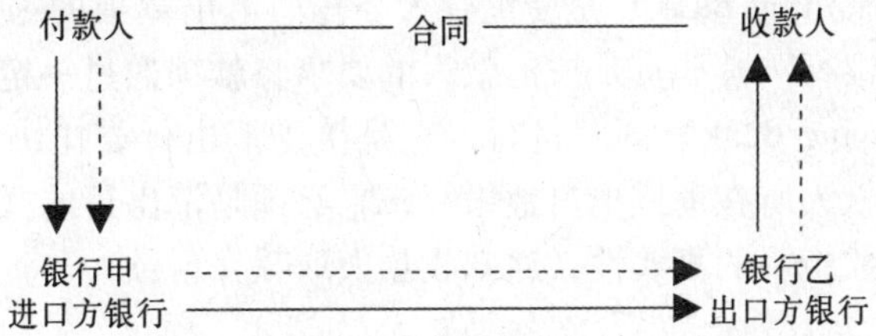

图 3－1　顺汇示意图

图 3－1 中实线表示资金的流向，虚线表示结算工具传递的方向，二者是一致的。顺汇在国际结算中是银行的汇款业务。

二、逆汇

所谓**“逆汇”，是指结算工具的传递方向与资金的流动方向不相同，是由债权人以开出汇票的方式，委托银行向国外的债务人索取款项的结算方式**，又称为“出票法”。逆汇结汇图示如图 3－2。

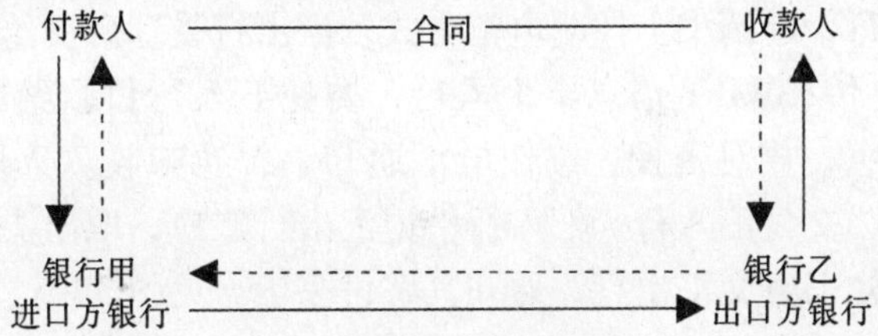

图 3－2　逆汇示意图

图 3－2 中实线表示资金的流向，虚线表示结算工具传递的方向，二者是相反的。逆汇在国际结算中是银行的托收业务和信用证业务。

第二节 汇款方式概述

一、汇款的概念及其当事人

汇款（Remittance）也称“汇付”，是指银行或其他金融机构（汇出行）应汇款人（付款人）的要求，通过一定的方式将一定的金额交给其国外的代理机构（汇入行），并由汇入行将款项解付给收款人的一种结算方式。

在汇款方式中，一般有四个当事人：

（1）汇款人（Remitter），是拥有款项并申请汇出者。在国际贸易中，汇款人即债务人或进口商或委托人。其责任是填写汇款申请书，提供所要汇出的金额并承担有关费用。

（2）收款人（Payee）又叫受益人（Beneficiary），是汇款金额的最终接受者。收款人通常是出口商或债权人，但也可以是汇款人本人。其权利是凭证取款。

（3）汇出行（Remitting Bank）是受汇款人委托而汇出款项的银行。汇出行通常是汇款人所在地或进口地银行。其职责是按汇款人的要求将款项通过一定途径汇给收款人。

（4）汇入行（Paying Bank）即解付行，它是接受汇出行委托协助办理汇款业务的银行。汇入行通常是收款人所在地或出口地银行，它必须是汇出行的联行或代理行。其职责是证实汇出行委托付款指示的真实性，通知收款人取款并付款。

二、汇款方式

根据汇出行通知汇入行付款的方式，或汇款委托书传递方式的不同，汇款可以分为电汇、信汇和票汇三种。

（一）电汇

电汇（Telegraphic Transfer，T/T）是指汇款人（付款人）委托银行以电报、电传、银行间金融电讯网络（SWIFT）等方式，指示汇入行解付一定的金额给收款人的汇款方式。

电汇的基本程序为：汇款人填写汇款申请书（汇款申请书样本详见图 3－4），交付货款及电汇费用给汇出行，申请书上注明电汇方式。汇出行受理后交给汇款人汇款回执。汇出行发出密押电报/电传/SWIFT 信息给汇入行，委托汇入行付款给收款人。汇入行收到电报/电传/SWIFT 信息，核对密押、制作电汇通知书，通知收款人取款。收款人收到通知书后在收据上盖章，交付汇入行。汇入行借记汇出行账户，取出头寸，解付货款给收款人。汇入行将付讫通知书寄交汇出行，通知其解付完毕。见图 3－3。

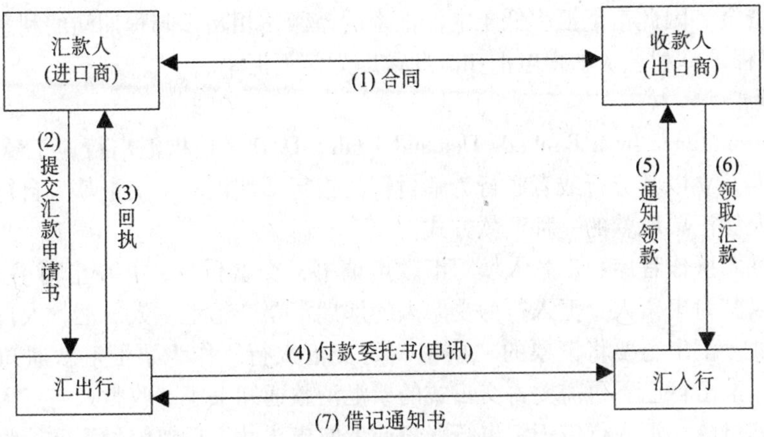

图 3－3 电汇流程图

汇出汇款申请书

年 月 日

字第 号

汇款种类 电/信/票	编号：
牌价：	用途：
收款人______________ 地址 金额 汇款人 姓名、地址 附言 付款行名称 申请人	

图 3－4 汇款申请书式样

（二）信汇

信汇（Mail Transfer，M/T）是指汇出行应汇款人的申请，将信汇委托书或者支付委托书邮寄给汇入行，授权其解付一定金额给收款人的一种汇款方式。

信汇的基本操作：信汇的基本业务程序与电汇较为相似，先由汇款人向汇出行申请，填写汇款申请书，并缴费付款。汇出行接受申请，按照申请书的内容，根据不同地区与国别的做法，制作信汇委托书或者支付委托书，通过航空邮寄的形式邮寄给汇入行。汇入行核对印鉴，按照委托书的地址向收款人发出取款通知，收款人凭收据并需持有自己的身份证件才能取款。汇入行解付前或后借记汇出行并通知汇出行付款完毕。

信汇的特点：信汇具有费用低廉的特点；同时，信汇的速度较慢，因为邮递关系，收款时间较长；信汇的资金可以被银行短期占用，信汇的在途时间长，汇出行可以占用一个邮程的信汇资金。因此信汇汇率低于电汇汇率的差额，相当于邮程期间的利息，有的国家按照 14 天邮程计算利息，求得电汇扣减此数即为信汇汇率。

（三）票汇

票汇（Remittance by a Banker's Demand Draft，D/D）是指汇出行应汇款申请人的申请，代汇款人开立以其分行或者联行为解付行的银行即期汇票，交汇款人自行邮寄送给收款人，收款人凭汇票取款的一种汇款方式。

票汇的基本操作程序：汇款人填写汇款申请书，交费付款，并在申请书上注明票汇。汇出行开立以其为出票人、汇入行为受票人的即期汇票交给汇款人。汇款人自己将汇票交付至收款人处。汇出行要将汇票的“票根”寄交汇入行，作为票汇汇款通知书。现在银行手续简化，汇出行已不再需要寄交正式的票汇汇款通知书了。收款人向汇入行提示即期汇票，要求其付款。汇入行借记汇出行账户或者取出头寸，凭票解付汇款给收款人或者贷记收款人账户。汇入行将借记通知书寄交汇出行，通知其解付完毕。见图 3－5。

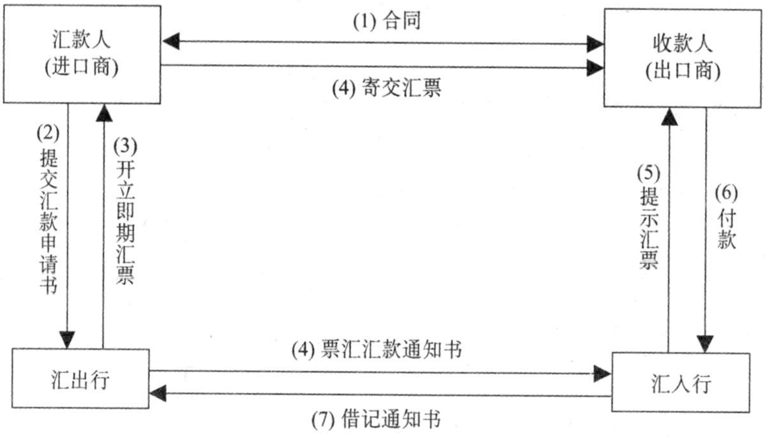

图 3－5　票汇流程图

票汇具备下列特点：

（1）票汇取款灵活。信汇、电汇的收款人只能向汇入行一家去取款，而票汇可以在任何一家汇出行的代理行取款，只要汇入行能够鉴别汇票签字的真伪。

（2）票汇中的汇票可以代替现金流通。汇票经背书后，可以在市场上流通转让，到银行取款的人不一定是原来的收款人。

（3）票汇是由汇款人自己将汇票寄给收款人或自己携带出国，并根据收款人的方便在有效期内随时到银行去取款。而电汇与信汇是由汇出行通过电讯或者航空邮寄的方式将汇款委托书交汇入行的。

（4）票汇的汇入行无需通知收款人取款，是由汇款人持汇票登门自取。而电汇、信汇是由汇入行通知收款人来取款的。

四、汇款的退汇

汇款人或者收款人的某一方，在汇款解付前要求撤销该笔汇款叫作汇款的退汇。

（一）信汇和电汇的退汇

（1）如果汇款人提出退汇，信汇和电汇的汇出行应通知汇入行停止解付，撤销汇款。收款人如有异议，只能与汇款人交涉，银行仅仅是执行了汇款人退汇的委托而已。另外，汇出行接受汇款人对信汇、电汇的退汇申请后，应该立即电函告知国外的汇入行办理退汇，在接到国外汇入行同意退汇的通知后，再转告国内汇款人持汇款回执前来办理退汇。

（2）如果汇款人在要求退汇前已经解付，汇款人就不得要求退汇，只能直接与收款人交涉退回款项。

（3）如果收款人提出退汇，汇入行可以作为收款人拒收货款处理，并通知汇出行，由汇款人到汇出行办理退汇手续。

（二）票汇的退汇

（1）票汇汇款本人在寄出汇票前退汇，可以由汇款人持原汇票到汇出行申请办理退汇手续。

（2）若汇款人在已将汇票寄出后要求退汇，汇出行为了维护银行票据的信誉，一般不予受理。

（3）汇票如果遗失，被偷窃或者邮寄途中损毁，应办理挂失、止付手续。由汇款人向汇出行出具保函，保证一方发生重付，由汇款人负责偿还其损失。然后由汇出行根据保函通知汇入行挂失止付该汇票，待汇入行书面确认后，汇出行方能够办理补发汇票或者退汇手续。

课堂练习 3 -1

出口合同规定的支付条款为装运月前 15 天电汇付款，买方延至装运月中始邮寄来银行汇票一张，为保证按期交货，出口企业于收到该汇票次日即将货物托运，同时委托银行代收票款。1 个月后接银行通知，该汇票系伪造，已被退票。此时，货物已抵达目的港，并已被买方凭出口企业自行寄去的单据提走。试图追偿，对方早已人去楼空。

对此损失，我方的主要教训何在？

第三节

汇款在国际贸易中的应用

在国际贸易中以汇款方式结算买卖双方债权债务时，根据货款汇付和货物运送时间顺序的不同，汇款分为先付款后交货和先交货后付款两种类型。前者称为“预付货款”，后者称为“货到付款”。

一、预付货款

（一）预付货款的概念

预付货款是指进口商先将货款的全部或者一部分通过银行汇交出口商，出口商收到货款后，根据双方事先签订的合约，在一定的时间内或者立即将货物运交进口商的结算方式。此方式对进口商来说是预付货款，对于出口方来说则是预收货款，对于银行来说预付货款属于汇出款项，预收货款属于汇入款项。在国际贸易中，处理汇入款项业务银行向出口商结汇后，出口商才将货物发出。因此，这种结算方式又称“先结后出”。

（二）预付货款的利弊

一般来讲，预付货款对出口商较为有利，而对进口商不利。

预付货款对于出口商有利，这是因为：①货物未发出，已经收到货款，等于得到无息贷款；②收款后再发货，降低了出口货物的风险。如果买方违约卖方很可能没收预付货款；③出口商可以充分利用预付货款，甚至可以在收到货款后再购货发运。

预付货款对于进口商不利，这是因为：①进口商未收到货物已经交付了款项，将来如果不能收到或者不能如期收到货物，或货物与合同不符，将承受损失；②货物到手前付出货款容易造成买方资金周转困难以及利息损失。进口商为了保障自己的权利，减少预付货款的风险，一般会通过银行与出口商达成解付款项的条件协议，通常称为“解付条款”。它由进口商在汇款汇出时提出，由解付行在解付时执行。主要的解付条件是：收款人取款时，要出具个人书面担保或者银行保函，担保货款收到后如期履行合同交货，否则退还已收到货款并支付利息。除了附加“解付条件”外，进口商有时还会向出口商提出对进口商品折价支付，作为弥补预付货款造成的资金损失。

（三）预付货款的使用情形

预付货款是建立在买卖双方签订的贸易合同基础上的，一般在下列情况下经常使用：

（1）对于紧俏的买方急需的商品，进口商为了买卖成交，或在不得不答应对方要求而预付货款，或作为竞争性手段，主动以此为优惠条件吸引对方成交。

（2）出口商是跨国公司的子公司、母公司或分公司，或出口商是信誉极好，极为可靠的大公司、大企业，或进出口双方是长期合作伙伴，关系十分密切，互相依赖。

（3）进口商信誉不佳，或出口商对进口商的资信不了解，为了避免承担风险，须先付款才发货，以此为条件，如果进口商不履行合同，出口商即可没收预付款。

（4）出口商资金匮乏，须先收货款才能购买原材料组织生产或购买商品转卖给进口商。

（5）在成套设备、大型机械、大型运输工具如飞机、船舶等，或者在工程承包交易中，或者在专为进口商生产的特订商品交易中，出口商往往要求预付一定比例的预付货款作为定金，或采用分期付款方式，定金和分期支付的款项采用汇款。

二、货到付款

（一）货到付款的概念

货到付款是指出口商先发货进口商后付款的结算方式。此方式实际上属于赊账交易或者延期付款交易。

（二）货到付款的利弊

货到付款对于买方有利，这是因为：①买方不承担资金风险，货未到或者货不符合合同要求则不付款，在整个交易中买方占据主动地位；②由于买方常在收到货物的一段时间后再付款，无形中占用了卖方的资金。

货到付款使卖方承担风险，这是因为：①卖方先发货，必然要承担买方不付款的风险；②由于货款常常不能及时收回，卖方的资金被占用造成一定的损失。

（三）货到付款的使用情形

货到付款方式常用于寄售业务：

寄售是指由出口商先将货物运至国外，委托国外商人在当地市场代为销售，货物售出后，被委托人将货款扣除佣金后通过银行汇交出口商。

进出口商要作寄售交易，首先要签订寄售委托协议。货物单据可以通过银行传递也可以直接寄交国外受托人。寄售对于进口商而言属于“先进后结”的结算方式。目前我国承做的类似方式有：①国外进口寄售；②国外售券国内提货。后者是为了方便旅游者，避免我国外贸出口商品倒流。旅游者在国外售券机构购得货券后，由本人携带入境，经海关盖章便能提货。经营此种项目的目的是为了争取外汇收入，减少运输、保险、佣金开支，方便归国华侨、港澳台同胞的变通做法。现在很少使用。此项经营所得外汇经国外银行汇入的仍属于汇入汇款的性质。

应用训练

信用证与装船前汇付结合使用的风险

【案例】

中国某出口商A公司与印度进口商B公司签订了一份出口合同，货物为1×20′集装箱一次性打火机，合同要求机身大小及形状须与客户提供的样品一致，总价值为4.80万美元。付款方式为70%由即期信用证支付，剩余30%的货款须不得晚于货物装船前10天以电汇方式支付。B公司10日内即开来相关信用证，经我方审核且确定可以被接受后，A公司即投入生产备货，在货物即将生产完毕之前，预定了船期并随后通知了B公司，B公司始终并未办理汇付，A公司的手中虽有一份70%货款的信用证，但无法如期装运，又因此批打火机是根据客户的特殊要求生产的，一时无法转售其他客户，只得积压在库，给A公司带来巨大的经济损失。

【分析】

这起损失案的主要原因在于出口商采用“信用证与装船前汇付结合”的支付方式。一般情况下，出口合同中支付方式规定，X%货款由信用证支付，剩余Y%（一般为20%~30%）货款应由进口商在不晚于货物装船前若干天通过汇付方式支付给出口商。通常，进口商会先开来信用证，然后在货物装船前若干天办理汇付，出口商收到货款或汇出行出具的汇付收据后将货物按时装船，然后向银行递交全套单据办理议付。但是，如果进口商借故不办理汇付，出口商将无法按时发货，导致信用证过期失效，已生产完毕的货物积压，从而使出口商遭受重大经济损失。

思考与练习

1. 顺汇与逆汇的流程各是什么样的？
2. 汇付方式具体有哪些种类？
3. 电汇的基本程序是怎么样的？
4. 票汇的基本程序是怎么样的？
5. 怎么处理汇款的退汇？
6. 案例分析题：

我国某地外贸公司与香港某商社首次达成一宗交易，规定以即期不可撤销信用证方式付款。成交后港商将货物转售给了加拿大一客商，故贸易合同规定由中方直接将货物装运至加拿大。但由于进口商借故拖延，经我方几番催促，最终于约定装运期前4天才收到港方开来的信用证，且信用证条款多处与合同不符。若不修改信用证，则我方不能安全收汇，但是由于去往加拿大收货地的航线每月只有一班船，若赶不上此次船期，出运货物的时间和收汇时间都将耽误。在中方坚持不修改信用证不能装船的情况下，港商提出使用电汇方式把货款汇过来。中方同意在收到对方汇款传真后再发货。我方第二天就收到了对方发来的汇款凭证传真件，经银行审核签证无误。同时由于我方港口及运输部门多次催促装箱装船，外贸公司有关人员认为货款既已汇出，就不必等款到再发货了，于是及时发运了货物并向港商发了装船电文。发货后一个月仍未见款项汇到，经财务人员查询才知，港商不过是在银行买了一张有银行签字的汇票传真给我方以作为汇款的凭证，但收到发货电文之后，便把本应寄给我外贸公司的汇票退回给了银行，撤销了这笔汇款。港商的欺诈行为致使我方损失惨重。

问题：

（1）货到付款的风险如何控制？

（2）我国某外贸公司应从该案例中吸取哪些教训？

第四章 托 收

学习目的

- □ 掌握托收结算方式的基本定义，托收结算方式的基本当事人及其相互间的关系，熟悉不同种类的托收业务流程
- □ 重点掌握 D/P、D/A 下不同的交单条件
- □ 了解 URC522 规则

【案例导入】

某年，我国 A 公司同南美 B 公司签订合同，由 A 公司向 B 公司出口货物一批，双方商定采用跟单托收结算方式了结贸易项下款项的结算。我方的托收行是 A 银行，南美代收行是 B 银行，具体付款方式是 D/P 90 天。但是到了规定的付款日，对方仍没有付款。A 银行而后得知，全部单据已由 B 公司承兑汇票后，由当地代收行 B 银行放单给 B 公司。于是 A 公司在 A 银行的配合下，聘请了当地较有声望的律师对代收行 B 银行将 D/P 远期作为 D/A 方式承兑放单的行为，向法院提出起诉。当地法院以惯例为依据，主动请求我方撤诉，以调解方式解决该案例。经过双方多次谈判，该案终以双方互相让步而得以妥善解决。

思考：

1. 什么是D/P，什么是D/A?
2. D/A 与 D/P之间的法律风险的区分。

第一节 托收的定义及当事人

一、托收的定义

托收（Collection）是由债权人开立汇票（即债权凭证），委托银行通过其海外分行或

代理行，向国外债务人收取货款或劳务价款的一种结算方式。

《托收统一规则》第522号出版物（简称《URC 522》）（Uniform Rules for Collection, ICC Publication No. 522）对托收所下的定义是："托收意指银行依据所受指示，处理金融单据（汇票、本票、支票等）和/或商业单据（发票、运输单据、物权单据等），以求：(1) 获得付款和/或承兑，或 (2) 凭付款和/或承兑而交付单据，或 (3) 按其他条件交付单据。"该定义是对用于国际贸易结算和国际非贸易结算的托收方式的广义概括。本章着重讨论国际贸易结算中的托收方式。

二、托收业务的当事人及其权利与义务

（一）托收业务的基本当事人

托收方式的基本当事人有四个：

(1) 委托人（Principal, Consignor）。即把单据委托银行代收债款的人。

(2) 托收行（Remitting Bank），又称寄单行。它一方面接受委托人的委托，受理代收业务，另一方面又委托其国外联行或代理行，向债务人收款。

(3) 代收行（Collecting bank）。它是接受托收行的委托，向债务人收款的银行。如果债务人和代收行不在同一地，代收行尚需委托另一银行代收，这家银行称为"提示行"（Presenting Bank），即由它来向债务人直接提示单据。

(4) 付款人（Drawee）。即签订贸易合同的买方、进口商。

在托收业务中，委托人和托收行、托收行和代收行之间的关系都是委托代理关系，代理一方必须严格按照委托一方的指示办理。如果代理一方有不正当的延迟，故意违反指示或超越代理权限等行为，都属于违约，代理一方应承担因此而发生的一切后果。代收行和付款人之间，并不存在直接的契约关系。付款人对代收行并没有付款的义务。

此外，在托收业务中如发生拒付，为了处理存仓、保险、重新议价、转售或运回等事宜，委托人可指定一个在货运目的港的代理人办理，这个代理人叫作"需要时的代理"。一般出口商直接请代收行作为"需要时的代理"。

（二）托收业务当事人的权利与义务

根据《托收统一规则》，托收业务中有关当事人的权利义务如下：

(1) 委托人根据销售合约装运货物，取得装运单据和开立汇票以及其他货运凭证后，应连同出口托收申请书交给托收行，托收行应负责核实收到的单据是否与出口托收申请书上所列者相同，并审查托收指示是否明确可行。委托人在装运货物和缮制装运单据时，应该注意：除非事先征得有关银行同意，否则不能直接把货物运给代收行，亦不能在装运单据上以它为收货人。因为根据《托收统一规则》的规定，代收行不负提货之责，发生货到无人提取的风险由委托人负担。

(2) 委托人在出口托收申请书上可指定代收行，如不指定，托收行可自行选择它认为合适的银行作为代收行。不论由委托人指定或由托收行选择，托收行由于使用其他银行的服务而发生的费用和风险，均由委托人承担。

(3) 托收行应把单据和托收指示寄给代收行。单据在寄送途中的延误和遗失，托收行不负责任。在以后有关托收业务中，任何电文、信件或单据的寄送，以及电讯传递过程

中的延误、残缺或错误，银行均不负担责任。

(4) 代收行收到单据应与托收指示核对，如单据有遗失，代收行应立即通知托收行；否则应按单据的原样，根据托收指示向付款人提示。如为即期付款，应立即向付款人提示付款；如为远期付款，应立即向付款人提示承兑，并根据托收指示上的交单条件（D/P或D/A）交付单据。如未表明，代收行应按D/P处理。代收行对于汇票上承兑的形式，只负责表面上完整和正确之责，不负签字的正确性或签字人是否有权限签署之责。汇票承兑以后，代收行应将承兑的情况以最快的方式通知托收行（如托收指示上规定电讯都从其规定）。在汇票遭到拒绝承兑或拒绝付款时，除非托收指示有明确规定，代收行不负责做成拒绝证书，但应把拒绝承兑或拒绝付款的通知及时寄给托收行，并尽可能把退票的理由告诉对方。如代收行认为情况紧急，可用电报通知，费用由委托人负担。如托收指示上规定做成拒绝证书，则代收行由于办理拒绝证书，或因其他法律程序所付出的费用，应由委托人负担。代收行在发出退票通知的60天内，未收到托收行的指示，可把单据退回托收行。

代收行对于跟单托收项下的货物没有任何义务。但为了保护货物，代收行把货物存仓、投保或采取了其他行动，则不论托收指示上是否做出这样的要求，银行对货物的状况或疏漏均不负责。一切费用也由委托人负担，但代收行必须把它已采取的行动立即通知托收行。

付款人履行义务时，代收行应注意：

第一，所收的货币必须是在托收单据上的货币，并应按照托收指示上的规定处理。

第二，除非托收指示特别授权，不能接受部分付款。如无特别授权，单据应在托收款全部付清后才能交付。

第三，如托收指示中含有加收利息的指示，但金融单据（汇票、本票等）上无载明利息的条款，代收行可不收利息而交单，除非托收指示上明确表明不能放弃利息。如资金单据上载有利息条款，则应视利息是托收款的构成部分。

第四，如托收指示中含有一切费用由付款人负担，而付款人拒付费用时，代收行可免收费用，而把应收的费用在收妥的托收款内扣除，除非托收指示中明确不能放弃。

第五，代收行收妥托收款后，应把收妥的金额、扣除的费用和款项处理的情况，立即通知托收行。

第二节 托收的种类及业务程序

一、光票托收（Clean Collection）

光票托收，是委托人仅开立汇票而不附带任何商业单据，委托银行收取款项的一种托收结算方式。

《托收统一规则》中把单据分为金融单据和商业单据两种。**金融单据**，是指汇票、本票、支票、付款收据或其他类似的用以取款的凭证。**商业单据**，是指发票、提单、保单、装箱单、质量检验证书、产地证等其他类似的单据。**货运单据**归属于商业单据，其范围比商业单据小，货运单据主要是指代表货物所有权的提单。

如有的汇票托收，虽也附有商业单据，但仅附非货运单据（如发票、垫付清单等），因此仍属于光票托收。

光票托收时，委托人先按合同的规定装运货物，将货运单据自行寄给进口商，然后签发汇票连同托收申请书一起交给托收行委托收款，托收行接受委托后，缮制托收委托书连同光票寄给代收行委托收款；代收行接受委托后，按托收指示向付款人提示，待收到托收款项后，再按收款指示扣除有关费用后，交款给托收行；最后，由托收行通知委托人持托收回执来办理结汇。光票托收的业务流程如图 4－1 所示。

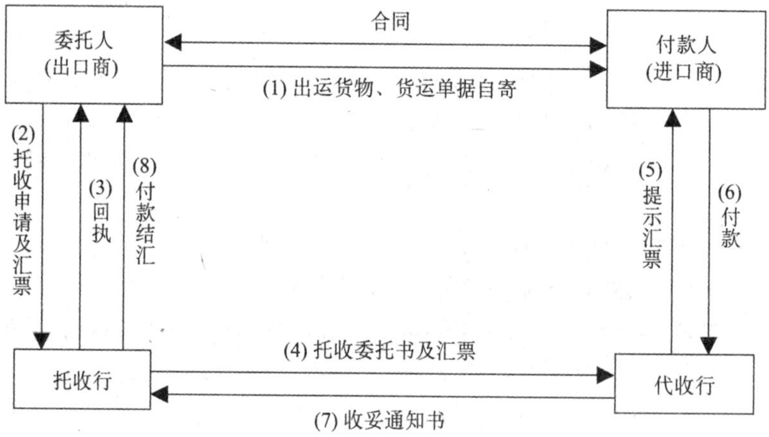

图 4－1 光票托收业务流程

光票托收业务中，汇票的付款期限虽也有即期和远期之分，但事实上，由于光票托收一般金额不大，因此大多是即期的。

二、跟单托收（Documentary Collection）

凡是委托银行代收的凭证不仅有金融单据，而且还须附有代表装运货物的货运单据的这种托收方式称为“跟单托收”。

开展出口跟单托收结算方式的流程是：

（1）进出口双方在所签合同中订立了采用“托收”结算方式的条款；

（2）出口方按合同规定发货装船出运，取得提单和其他商业单据后，即可签发以进口方（受票人）为付款人的汇票，填制托收申请书，明确交单方式等；

（3）将跟单汇票和托收申请书送交托收行，委托收款，并取得回执；

（4）托收行依据托收申请书填制托收委托书，明确收款指示等，随附跟单汇票，邮寄代收行；

（5）代收行按照托收委托书的指示，向进口人提示跟单汇票；

（6）进口方按规定的交单条件，进行付款赎单，或承兑取单，并于到期日付款；

（7）代收行待进口方付清货款后将款项汇交托收行，或在互为代理行的情况下贷记托收行账户，并向托收行发去贷记通知书（Credit Advice）；

（8）托收行收到货款或贷记通知书后，将货款贷记出口方（委托人）账户，或汇给其开户行。

一笔跟单托收业务至此了结。

根据银行交单条件的不同，跟单托收可分为付款交单和承兑交单两种。

（一）付款交单（Documents Against Payment，D/P）

付款交单，是指受委托处理代收业务的代收行，必须在付款人（进口商）付清票款以后，才能交付货运单据的一种方式。由于交付货运单据在付清货款之后，如果汇票遭到拒付，出口商仍然保有对货物的支配权，故风险较小。

付款交单根据付款期限分，可分为即期付款交单（D/P at sight）和远期付款交单（D/P at ×× days after sight）。

1. 即期付款交单（D/P at sight）

即期付款交单，是由出口商开具即期汇票，通过代收行向进口商提示，进口商见票即须付款，才能取得货运单据。货款的转移和单据的交付，在同一时间内完成，如图4－2所示。

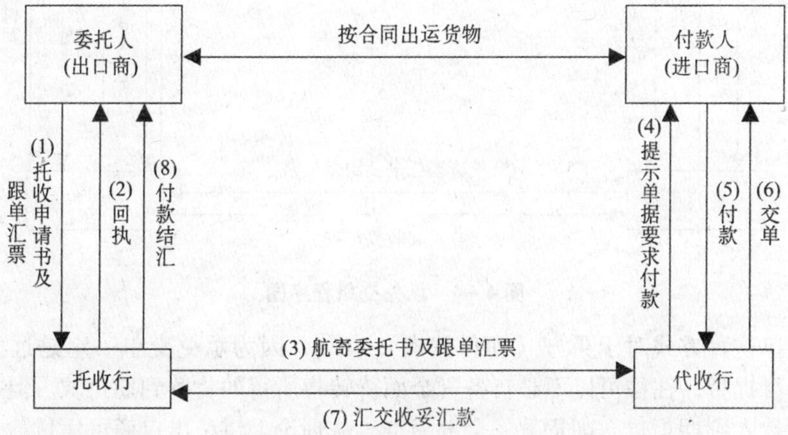

图4－2 即期付款交单程序图

2. 远期付款交单（D/P at ×× day after sight）

远期付款交单，是指出口商开具远期汇票，通过代收行向进口商提示，由进口商见票后，先办承兑手续，于汇票到期时付款后取单。其程序如图4－3所示。

（二）承兑交单（Documents against acceptance，D/A）

承兑交单，是指被委托的代收行在付款人承兑汇票以后，就将货运单据交付给付款人，而承兑人（付款人）在汇票到期时履行其付款义务的一种方式。在这种方式下，交单的条件只凭付款人对远期汇票进行承兑，而不需付清货款，代收行即可交付货运单据。其程序如图4－4所示。

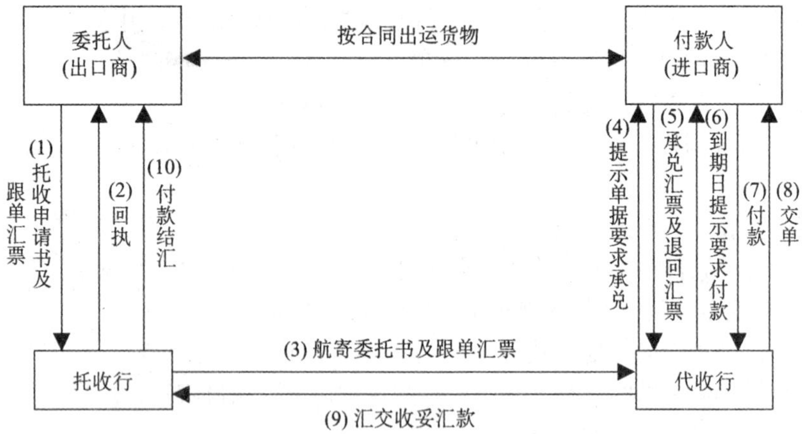

图4-3 远期付款交单程序图

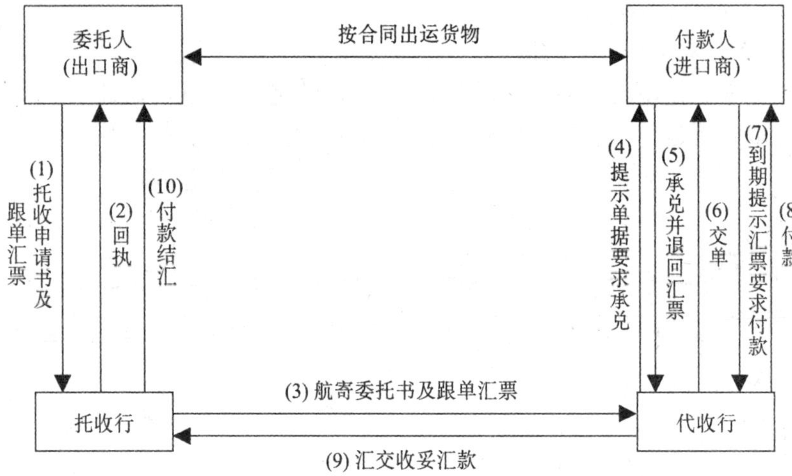

图4-4 承兑交单程序图

承兑交单这种方式对于买方（即付款人）有利，因为承兑交单一定是远期付款，买方承兑后即可提货，往往可以不必自备资金而待转售所得的货款到期付款。但对出口商很不利，如付款人到期拒付，则货款将全部落空。从理论上讲，出口商可凭付款人承兑的汇票依法起诉，而实际上，在这种情况下，付款人大多已无力偿付，打官司亦收效甚微。

课堂练习4-1

青岛A贸易公司（Qingdao A E. &I. Co. No. 1023，Xianggang Road（East）Qingdao，China）出口装运8000打、价值30万美元的纯棉男式衬衫（Pure Cotton Men's Shirts，Art. No. 9-71323，Size Assortment：S/3 M/b and L/3 per doz.）到香港N贸易公司（HongKong N Trading Co.，Ltd.，21 Locky Road，HongKong），委托中国银行青岛分行

办理托收，交单条件为 D/P 即期，并制定要求中国银行香港分行作为代收行。

要求：

(1) 请指出：托收汇票上的收款人抬头可以有几种写法？

(2) 请画出该托收流程图。

第三节 托收的运用

一、托收业务中的资金融通

由于托收方式手续简便、花费较少，进出口商在一定条件下，可向当地银行要求作押汇和融通资金。对进口商来说，托收方式比预付货款、开立信用证等方式进行支付有利得多，可在只需较少的资金，甚至不需资金的情况下进行交易。对出口商来说，则可用以争取买主，争夺市场。所以，近年来，在国际贸易中，采用托收方式收到款项的做法有增多的趋势。在托收结算方式下，银行对进、出口商可以采取以下几种方式融通资金：

（一）出口地银行对出口商的资金融通

出口地银行对出口商的资金融通，可以采取托收出口押汇方式（Loan Secured by Documentary Bills）。

托收出口押汇，是指出口商办理跟单托收时，可将汇票和货运单据作为质押品，向当地托收银行申请贷款；托收行根据出口商的资信、经营作风，可以酌情给一定比例的、甚至全部的票款，扣去利息将净款付给出口商，然后把跟单汇票寄给进口地的代收行，委托其代收票款，待收妥票款后收回货款。这样，托收行提早提供贷款给出口商，就是对出口商的资金融通。

托收出口押汇的特点是：出口地银行托收货款后，即成为出口商的债权人，取得了托收项下跟单汇票的质权（lien）；如果托收遭到进口商的拒付，可向出口商索回货款，银行有权据跟单汇票处理货物。尽管如此，还总有一小部分托收业务遭到买方拒付，造成押汇货款无法归还，使托收处于被动局面，所以，许多银行不愿承做这种业务。

（二）委托人或代收行对进口商的资金融通

委托人或代收行对进口商的资金融通是允许进口商在远期付款交单条件下凭信托收据提货（D/P at × × days after sight to issue trust receipt in exchange for documents—D/P，T/R）。

这种方式是指在远期付款交单的条件下，委托人或代收行允许进口商在承兑远期汇票后，但在付款前开立信托收据（Trust Receipt，T/R）交给代收行，凭此借出货运单据先行提货，以便出售，待售得货款后偿还代收行，换回信托收据。

使用这种凭信托收据供货的方式，目的是避免货物先于付款日到达进口港后进口商不能付款赎单，致使货物滞留港口遭受罚款；或进口商以货物到港为借口，在付款前催要单据；或有些地区的代收行习惯上将远期付款交单按承兑交单处理。

这里需要注意的是，无论是在进口商的要求下出口商同意，还是出口商主动地提出可以“凭信托收据提货”以对进口商融通资金，并在托收委托书上写明“付款交单，凭信托收据借单提货”（D/P，T/R）字样，代收行都可以按照托收委托书的这一指示办理，但为此产生的风险应由出口商承担；而如果出口商和托收行未曾在托收申请书和托收委托书上允许这一融资条件，而是代收行想为其本国进口商提供融资，同意进口商凭信托收据提货的话，则一切后果应由代收行自己负责。

对于进口凭信托收据借单提取的货物，其产权仍属于银行，进口商仅处于代为保管货物的地位，称为受托人或受托管理人（trustee）。其义务是：（1）将信托收据项下货物和其他货物分开保管；（2）售得的货款应交付银行，或暂代银行保管，但在账目上须与自有资金分别开来；（3）不得把该项下的货物抵押给他人。

代收银行则是信托人（truster）。其权利是：（1）可以随时取消信托，收回借出的商品；（2）如商品已被出售，可随时向进口商收回货款；（3）如进口商倒闭清理，对该项下的货物或货款有优先债权。

二、光票托收方式的使用

光票托收方式，多用于贸易从属费用的收取，邻近国家间贸易货款的收取也可使用光票托收。因为近邻国家间贸易货款的收取，若用跟单托收方式，易出现货物到达目的地时，托收的货运单据尚未到达的情况，不利于进口商报关、提货、进仓，甚至增加进口商仓储、保管费用。为避免这种情况的发生，近邻国家间贸易货款托收方式常使用光票托收。这种做法下，出口商风险很大，只有在出口商确信进口商能遵守买卖合同、及时付款的情况下才能这样做。如果不具备上述条件，为保证收款安全，应采用跟单托收方式，同时委托代收银行代为照管货物。所以，在贸易货款结算方面，光票托收方式的使用只限于部分国家相互信赖的工商企业之间的贸易。

在我国，光票托收方式的使用通常只限于收取出口货款尾数、索赔数、样品费、佣金、代垫费用、其他贸易从属费用与非贸易项目的收款等。

三、跟单托收方式的使用

跟单托收方式，一般用于进出口贸易款项的收付。使用这种方式，没有银行信用介入。出口商向进口商发货，仅依靠的是进口商信用，即商业信用；如进口商倒闭或无力付款，或货价下跌，或没有申请到外汇，在这些情况下，出口商难以收到货款。虽然跟单托收方式装运货物在先，付款在后对出口商不利，但比使用先出后结方式，完全脱手给进口商，风险要小。而进口商不需开出信用证，节省了银行开证押金和费用，故进口商更乐于接受。在当前的国际贸易中，各国出口竞争剧烈，外贸公司根据不同国家和地区、不同商品、不同对象，区别情况使用结算方式，对扩大出口贸易有一定的促进作用。

为了减少和消除使用托收方式的风险，出口商事先要调查清楚进口商的资信和作风，按照实际交易掌握授信额度与交单条件。要了解市场情况、进口地贸易管制和外汇管制法令等，以保证及时收取货款。为了保障出口商的经济利益，还应尽可能争取做“到岸价格”（CIF）交易，争取自办保险。因为出口商将货物装船后，在付款人付款前，仍掌握货款，如途中发生损失，以到岸价格成交的，进口商可凭赎单取得的保险单向保险公司索赔。万一出事，进口商拒不赎单，保险单在出口商手中，可以自办向保险公司的索赔，赔款由出口商直接收下。以离岸价格（FOB）或成本加运费价格（CFR）成交的，当货物出事而进口商拒付时，可能进口商并未保险，出口商应收货款将全部落空。即使进口商确已保险，但保险单在进口商手中，出口商极为被动。

跟单托收从期限分，有即期和远期；从内容分，有付款交单和承兑交单。一般情况下较多使用即期付款交单，对远期承兑交单应从严掌握。在某些特殊的贸易中，有时往往将付款交单和承兑交单两种方式结合使用。如对进口来料来件，采用承兑交单，远期付款方式；装配成成品出口，采用即期付款交单方式。这是以出口成品即期付款交单方式收进的外汇偿付进口来料、来件远期托收项目的货款。

我国跟单出口托收方式的使用，只限于需要推销的滞销商品和新、小商品，以及竞争十分激烈和急于进入市场的商品。在使用时，一般限于付款交单条件，除非确有把握，对于承兑交单条件的托收方式从严掌握。我国进口企业使用托收方式可以节省费用，免于支付国外银行手续费，这种方式称为“进口代收”。在购买旧船的贸易中，通常使用这种方式。即进口商收到单据，并在船到码头时，即期付款。

四、托收风险及其防范

我们已经知道，托收是迁就于进口商的一种结算方式，是建立在商业信用基础之上的。若进口商由于客观上的原因，不按合同履行付款义务，出口商即使能采取一些后期补救措施，一般也将遭受一些损失。

出口商在跟单托收中，承担的风险主要有以下几种：

（1）市场风险。发货后进口地货价下跌，造成进口商不愿付款赎单或承兑赎单，或故意挑剔单据及货物要求减价付款。

（2）国家风险。因政治或经济原因，进口国家改变进口政策，致使进口商领不到进口许可证，或申请不到进口所需外汇，从而造成货达进口地而无法进口，或不能付款。

（3）进口商风险。一是因进口商破产或倒闭客观上造成无能力支付货款；二是因不法进口商主观上的蓄意诈骗行为，欺骗出口商签约、运货，并同意承兑交单或凭信托收据借单，进口商提货出售后却逃遁或注销原公司，结果到期货款落空。

尽管跟单托收方式会给出口商带来许多风险，但因目前国际市场销售竞争日益激烈，出口商为了打开产品的海外市场销路或推销滞销品时，有时不得不接受这种结算方式。

当然，出口商也不能盲目求售，急于出运货物。为了尽可能地减少和消除使用托收方式的风险，出口商应认真做好售前调查工作。要调查清楚进口商的资信和经营作风，按照实际交易掌握授信额度、交单条件及价格条件；要了解进口地市场行情、进口地贸易和外汇管制法令、海关规定以及进口商是否已领到该批货物的进口许可证等。此外，还可事先在进口设立“需用时的代理人”，以便发生拒付时，由其代为处理单据，并代办货物的存仓、保险、转售或运回等事宜。

托收虽然是对进口商有利的支付方式，但是进口商同样也存在结算风险，它的主要风险就是在付款赎单提货后，发现实际货物与合同不符。因此在做托收业务时，进口商也必须了解出口商。

托收相对于汇款大大降低了交易风险。汇款方式风险大，是因为不能银货当面两清，因而无法约束对方。贸易上常用的跟单托收，把交易变成一手交钱一手交单的形式，因而降低了结算风险。虽然这种方式仍将风险主要偏向于出口商，但同时也适应了目前国际间各国出口商品竞争日益激烈的局面，所以在实际中运用还是比较广，在我国是一种仅次于信用证业务的结算方式。

第四节 托收统一规则

各国银行从事的托收业务，虽在具体做法上可能稍有不同，但基本上还是遵循统一的惯例，即国际商会制定的《托收统一规则》（国际商会第 522 号出版物，Uniform Rules for Collection，ICC Publication No. 522 也称《URC 522》）。《托收统一规则》于 1996 年 1 月 1 日起实施。

《URC 522》共包括 A ~ G 七个部分，共由 26 条条文组成。

一、A 部分——总则和定义

总则和定义由第 1 条至第 3 条组成。第 1 条，明确了一笔托收业务只有在托收指示中注明遵循《托收统一规则》时，才可以适用本规则，否则对有关当事人和可能的争议并无约束力；在给予银行可以处理或不处理托收业务的选择权的同时，又约束银行：在决定不处理托收时必须立即电告委托方。第 2 条，对托收予以定义；明确银行交付的单据包含金融单据和商业单据两种：还解释了“光票托收”和“跟单托收”。第 3 条定义了托收业务中的有关当事人。

二、B 部分——托收的构成

托收的构成（Form and Structure of Collection）由第 4 条组成。主要是表述托收指示。规定委托办理托收业务，必须提供托收指示书，并且必须有明确的托收指示；如果没有该指示，银行并无义务为此审查单据；银行只按托收指示办理，不受其他第三方的指使。另外规定了托收指示可以包括的各项内容，如各当事人名称和地址、托收金额和币种、托收单据和份数、交单条件、费用和利息、付款方法及有关拒付的指示等。

三、C 部分——提示的构成

提示的构成（Form of Presentation）由第 5 条至第 8 条组成。规定了有关提示、承兑、付款、交单条件及其他单据的制作方法。

第5条对“提示”做出详尽规定。提示只是向受票人告知可以凭条件取单，而不包含把单据交付受票人的过程；银行应按单据原样提示；托收行应首先使用委托人指定的银行为代收行；在代收行与受票人无业务往来关系时，代收行可自行选定一家与受票人有业务关系的银行来提示单据。

第6条讲的是提示行处理即/远期托收提示的期限。规定：对于即期付款单据，“提示行必须毫无延误地提示要求付款”。对于远期付款单据，“提示行必须毫无延误地提示汇票要求承兑，等需付款时，必须不迟于规定付款到期日提示要求付款”。

第7条讲述D/A及D/P方式下商业单据的交付条件。又分为a、b、c三款。a款对远期交单的托收（D/P远期）不鼓励使用远期汇票，以免有些银行将D/P远期按D/A方式处理，给委托人造成不应有的风险，也违背了“付款交单”的初衷；b款规定：若托收中含有远期汇票，托收指示就应说明具体的交单条件D/P远期托收，只能在受票人付款后交单，不能按D/A处理。

第8条规定托收行在指示代收行或受票人缮制本票、信托收据等其他单据时应提供该类单据的式样。

四、D部分——责任和义务

责任和义务（Liabilities and Responsibilities）由第9条至第15条组成。主要就托收业务中与单据有关的货物或行为、单据的有效性以及单据传递过程上发生的问题等方面，规定有关银行应尽之责任以及可免除之责任。

虽然第9条要求银行在处理托收业务中时应尽“善意与合理谨慎”之责，但第10条明确规定：“事先未经银行同意，不应将货物按银行地址直接运交银行”，银行也无义务将托收的货物存仓和保险等。第11条介绍受委托方的免责等。第12条规定银行对所收单据的责任：银行必须核实单据的种类和份数是否与托收指示书中所列一致，不符或遗漏时，都应立即电告委托方，等等。第13条表述银行对单据的有效性不负责任。第14条规定银行对传递过程中单据的延误、丢失等免责。第15条规定银行对不可抗力事故免责。

五、E部分——付款

付款（Payment）由第16条至第19条组成。对代收行收妥款项后付款给托收行，付款时使用哪方货币及部分付款等做了规定。

第16条要求代收行收妥款项后，应立即并仅能付给托收行，不得延误，更不得占用。第17条规定：当受票人以当地货币付款时，代收行或提示行只有在确认该货币能折换成托收指示中所要求的货币时，代收行或提示行只有在确认该国外汇管理部门准许汇出该外币时，才可以交单。第19条规定：除非托收指示中特别授权，否则在受票人部分付款时，代收行并不交单。

六、F部分——利息、手续费和费用

利息、手续费和费用（Interest, Charges and Expenses）由第20条至第21条组成。对托收中包括托收利息和费用的情况分别做了规定。

第20条对托收利息的两种情况做出规定：如托收指示中规定包括收取利息而受票人拒付利息时，代收行有权根据具体情况在受票人付款或承兑后交单，免收利息。但当托收指示中明确注明“利息不可以放弃”而受票人拒付利息时，代收行只做提示不可交单，并将情况速告前手。第21条规定托收手续费及费用最终由委托方承担，即使规定由受票人负担，但在受票人拒付时，仍由委托方负担。另外，银行有权要求委托方预交托收费用。

七、G部分——其他条款

其他条款（Other Provisions）由第22条至第26条组成。内容涉及承兑及受票人的签字真伪或有效性以及拒绝证书、需要时的代理人和收妥解付通知等。

第22条要求代收行对受票人“承兑”的完整性和正确性负责，但对签名的真实性和签名人的权限不负责任。第23条指出代收行对受票人在本票等其他支付凭证上的签名的真实性亦不负责。第24条列明了托收指示中必须明确指示拒付时是否需要做成拒绝证书，否则，代收行并无义务做此证书。第25条规定：在委托人指定了需要时代理人的情况下，还应明确规定该代理人的权限，否则代收行对其不予受理。第26条也是最后一条规定：代收行必须毫无延误地向托收行发送付款通知或承兑通知或拒付通知，拒绝承兑通知；收到拒付或拒绝承兑通知后，托收行应在60天之内做出进一步处理单据的提示，否则代收行可将单据退回。

总之，《托收统一规则》系根据托收工作的具体事项做出统一的规定，目的在于方便托收工作的进行。可以相信，随着国际结算业务不断发展，业务品种的不断增加，该规则还会进一步补充和完善。

应 用 训 练

托收以银行为付款人引发的纠纷

【案例】

2003年6—8月间，国外银行（以下称为“寄单行”）向某分行（以下称为“代收行”）寄来了4套进口代收的单据，注明适用《URC522》，总金额3212000美元，条件为“见票90天承兑交单”（D/A Days Sight）。汇票的出票人为出口商，发票等其他单据的抬头为进口商，但托收面函及汇票上的付款人却做成代收行。

收到单据后，代收行并未重视汇票付款人的问题，而是向进口商原样提示了单据。进口商在该商业汇票正面用中文写明“同意承兑，到期付款”，并加盖该公司的公章和法人代表印章。代收行即用SWIFT通知寄单行：“Docments are accepted to mature on ××× on which payment will be effected”（单据已承兑，将于×年×月×日付款）。

在单据陆续到期付款之前，进口商称根据买卖双方新的付款协议，付款期限将延长

60天，请代收行洽寄单行提出延期付款。代收行立即致电寄单行："The drawee request to extend the bill to mature on ×××, PLS approach the drawer for approval. Upon receipt of your return message of agreement, we'll give you a formal message of acceptance"（付款人请求上述票据延期到×年×月×日付款，请洽客户同意后，我方将给予正式的承兑文电）。寄单行回电答复为"……Payment can be extended to ××× against your good bank undertake to effect payment on the new maturing date"（凭你行在新到期日的付款承诺，付款可以延期到某年某月某日）。

代收行遂致电寄单行，确认了新的付款到期日："Docments are extended to mature on ×××, payment will be effected on the new maturing date"（单据已延期到×年×月×日，付款将在新的到期日执行）。

及至新的到期日，进口商又一次提出延期付款，寄单行断然拒绝，要求立即付款。2004年1月，进口商称上述4笔单据项下的货物一直未能到达，经买卖双方协商，同意将单据全部退回，其余问题待双方协商解决。代收行立即致电寄单行，说明应进口商的请求已退回单据，并宣布关闭业务卷宗。

2004年2月24日，寄单行又将4套单据退回代收行，称该行已凭代收行的承兑向出口商做了贴现，要求代收行按照承诺立即付款。

这起纠纷已诉至各自的总行，但长期得不到解决。

【分析】

1. 代收行业务人员责任心不强

此案的出口商在制作汇票时，特地将汇票的付款做成了代收行。寄单行在其托收面函上也写明了付款人为代收行，请其承兑和到期付款。

代收行的业务人员忽略了这一点。尽管根据《URC522》的规定，代收行没有义务审核单据，只是照转单据，但对于托收面函和汇票内容还是应该仔细审阅的。如果不认真审核托收面函，就不能"确保所收到的单据与托收指示中所列相符"，无法正确地执行寄单行的托收指示；如果不认真审核汇票的付款人，就不能向正确的付款人提示汇票和单据。所以，代收行应该认真核对托收指示和汇票的付款人。审核时只要责任心强一些，完全可以发现汇票和托收指示的不正常，及时发电质询，就会避免事后的纠纷。

2. 代收行业务人员的业务素质不高

由于自身的责任心不强，使代收行陷入了"责任陷阱"，而欠缺的业务知识和技术素质又使其一错再错，"越陷越深"。

在代收行致寄单行传达进口商欲延期付款的电文中，竟然写出了这样的词句："Upon receipt of your return message of agreement, we'll give a formal message of acceptance"。这段电文是非常错误的。托收是商业信用，汇票是由进口商承兑的，与银行毫无关系，怎么会出现"我方将给予正式的承兑文电"这样的字句呢？我们（we）指谁？是客户承兑还是银行自己承兑？寄单行在交涉中就抓住这段电文，强调说代收行明确承兑了汇票，应该承担到期付款责任，给代收行造成了很大的被动。

另外，寄单行在回复代收行同意延期付款的电文中称，"Against your good bank undertake to effect payment"。其用意是十分明确的。他们就是企图借此电文再次确认汇票是经代收行承兑而非客户承兑的。代收行在收到电文时，本可予以否认和反驳。遗憾的是，代收行业务人员水平太差，以致陷于被动。

3. 寄单行不应以代收行作为汇票付款人

根据《URC522》第9条的规定，“银行处理业务应是善意的并应谨慎从事”。国际商会在其第550号出版物对《URC522》第22条及第23条所作的解释中明确表态，“除非征得代收行/提示行的事先同意，委托人/寄单行不应将他们作为汇票的付款人”。出口商要求寄单行同意以代收行为付款人的商业汇票，企图收到承兑通知后，通过银行办理贴现。如果是一个有水平的银行，寄单行本应拒绝办理，在未征得代收行事先同意的情况下，擅自将代收行作为汇票和托收指示的付款人。这种做法不符合有关国际惯例，也极易引发银行间争议和纠纷。

上述案情经过仅是表面现象和客观发生的过程，那么本案的实际背景又是如何呢？据最终查实：托收单据中的航空运单是伪造的，根本没有货物进口。本案实际上是进出口双方以进出口商品为名，事先安排好以跟单托收的结算方式为工具，骗取融资的不法行为。这种骗局使得寄单行和代收卷入了“商业信用的跟单托收”和“银行信用的银行承兑汇票贴现”之间的纠纷。为防范此类风险发生，应采取如下对策：

第一，遵守国际惯例，提高风险意识。寄单行不能单纯从自身的商业利益考虑，不能迁就出口商的不正常要求，要采取诸如融资贴现前要求代收行将承兑汇票寄回等措施，严格按照国际惯例办事，多一点风险防范意识，避免此类风险发生。

第二，增强责任感，提高业务素质。如果代收行的业务人员责任心强一点，业务素质高一点，这样的纠纷是完全可以避免的。跟单托收业务属商业信用，国际间寄单行与代收行因托收业务而发生纠纷和争议的情况还是极为少见的。在国家加大打击远期信用证融资及利用信用证逃汇、骗汇的力度后，一些不法商人又开始利用托收这项金融工具进行融资和骗汇。这种由L/C向D/A转变的新动向，在国内其他省市也时有发生。从事国际结算的银行业务人员，应该密切关注这一新动向，加强警觉，切实提高自身的业务素质和工作责任感，堵塞漏洞，防洪风险，高标准、高质效地做好国际业务。

思考与练习

1. 什么是托收方式？其当事人有哪几个？
2. 托收方式分为哪几种？简述其内容。
3. 跟单托收的交单条件有哪几类？简述其内容。
4. 简述托收结算方式在国际贸易中的具体运用。
5. 案例分析题：

某出口公司（A公司）与中东地区进口商（B公司）签订了一批合同，向其出售一批机电产品，付款条件为D/P 60 days。

自2005年10月至2007年2月份，A公司相继委托国内某托收行（A银行）通过国外代理行（B银行）代收贷款，付款条件为D/P 60 days，付款人为B公司，金额总计达USD 1556702。托收委托书中列明：Deliver documents against payment，due date/tenor 60 days sight，并有 Subject to Uniform Rules for Collection，ICC Publication No. 522 字句。B 银行收到委托书后，陆续以承兑交单（D/A 60 days）的方式将单据放给进口商。而到期时，承兑人一直未付款，使 A 公司蒙受重大损失。托收行向代收行交涉，要其承担擅自放单的责任并支付贷款，但代收行以当地习惯抗辩，称当地认为 D/P 远期与 D/A 性质相同，推诿放单责任，拒绝承担责任。

试分析：

(1) D/P 远期和 D/A 有何区别?

(2) 在这一交易中，A 公司不能按时收回贷款，作为托收代理行 B 银行，是否应该承担擅自放单的责任?

(3) 在采用托收结算方式时，出口商应如何防范风险?

第五章 信用证

学习目的

- □ 掌握信用证的基本概念、基本内容、业务流程和信用证的种类
- □ 了解信用证业务的主要当事人及跟单信用证统一惯例等相关知识

【案例导入】

因媒体质疑公司19.2亿元订单杳无音信，英唐智控（300131）2012年11月20日下午临时停牌。公司发布澄清公告称，与两家泰国公司签订的平板电脑合同自收到信用证之日起执行，因信用证开立后被银行退回造成延期，公司后续将及时披露进展。10月3日和29日，英唐智控分别与Brain City和Intech Thai签订了《“泰国教育平板”合作协议》，合同自英唐智控收到信用证之日起执行。由于公司前期提供的部分信用证开立材料存在误差，信用证开立后被银行退回造成延期，现相关问题已得到解决，信用证正在开立中。2012年前三季度，英唐数码生产销售了平板电脑25万台，全部对国外销售。

（资料来源：“英唐智控澄清称信用证被退致订单延期”［N］，《证券时报》，2012年11月21日。）

思考：

1. 什么是信用证？
2. 开立信用证需具备哪些材料及信用证的主要内容有哪些？
3. 解决与信用证有关的纠纷时常用的惯例是什么？

第一节 信用证概述

一、信用证的含义

信用证（letter of credit，L/C）是一种有条件的银行付款承诺。具体地说，它是开证行

根据申请人的要求和指示向受益人开立的在一定期限内凭规定的、符合信用证条款的单据，即期或在一个可以确定的将来日期，承付一定金额的书面承诺。简单地说，信用证是一种带有条件的银行付款书面承诺。所谓带有条件是指受益人在规定的时间内提交规定的单据必须符合信用证条款而言。所谓承付是指付款、对远期汇票承兑并支付，或承担延期付款责任，到期付款。

国际商会第600号出版物《跟单信用证统一惯例》（以下简称《UCP600》）第2条对信用证作了以下定义：信用证是指任何安排，不论其如何命名或描述，该安排是不可撤销的，从而构成开证行对相符交单作承付的确定承诺。

承付是指：

（1）见单即付，如果信用证为即期付款信用证；

（2）承担延期付款的责任和到期付款，如果信用证为延期付款信用证；

（3）承兑由受益人出具的汇票和到期付款，如果信用证为承兑信用证。

二、信用证的特点和作用

（一）信用证的特点

根据《UCP600》的规定，信用证有以下三个主要特点：

1. 开证行负第一性的付款责任

信用证支付方式是由开证行以自己的信用做保证，所以，开证行要负首要的、第一性的付款责任。《UCP600》第2条明确规定："信用证是指任何安排，不论其如何命名或描述，该安排是不可撤销的，从而构成开证行承付相符交单的确定承诺。"由此可见，开证行是信用证的首要付款人，出口商（一般指信用证的受益人）可凭信用证直接向开证行或其指定银行凭单取款，而无需向进口商（信用证的开证申请人）请求付款。在信用证业务中，开证行对受益人的付款责任第一性的。即使进口商在开证后失去偿付能力，只要出口商提供的单据符合信用证条款，开证行须无条件付款。

2. 信用证是一项独立的、自足文件

信用证是根据买卖合同开立的，但信用证一经开出，就成为独立于买卖合同之外的约定，信用证各当事人的权利和责任完全以信用证中所列条款为依据，不受买卖合同的约束。出口商提交的单据即使符合买卖合同要求，但若与信用证条款不一致，仍会遭银行拒付。对此，《UCP600》第4条明确规定："信用证按其性质是一项与凭此开立信用证的销售合同或其他合同不相连的交易。即使信用证援引这类合同，银行也与之毫无关系并不受其约束。"根据这一特点，如果信用证中的规定与买卖合同的规定有不符之处，应以信用证的规定为准。

3. 信用证交易是单据交易

银行处理的是单据，而不是货物，单据与货物相分离，即只审查受益人所提交的单据是否与信用证条款相符，以决定其是否履行付款责任。《UCP600》第5条明确规定："银行所处理的是单据，而不是可能与单据有关的货物、服务及（或）履约"。在信用证业务中，只要受益人提交符合信用证条款的单据，开证行就应承担付款责任。反之，如果单据与信用证有不符之处，而货物完全相符，开证行仍有权拒付货款。

课堂练习 5 -1

我国公司接到客户发来的订单上规定交货期为 2014 年 8 月，不久收到客户开来的信用证，该信用证规定："Shipment must be effected in or before September，2014. " 我方于 9 月 10 日装船并顺利结汇。约一个月后，客户却来函要求因迟装船的索赔，称索赔费应按国际惯例每逾期 1 天，罚款 1‰，因迟装船 10 天，所以应赔款 1%。

请问：

（1）我方为什么能顺利结汇？

（2）客户的这种索赔有无道理？我公司是否会赔偿？

（二）信用证的作用

在国际贸易结算中，汇款和托收这两种属于商业信用的结算方式已不能适应国际贸易的快速发展。起源于 19 世纪的信用证逐步取代了原有的结算方式，成为现今国际贸易结算的主要方式。

信用证结算方式可以缓解买卖双方互不信任的矛盾，从而使交易能顺利地达成。信用证是银行对出口商的有条件的付款承诺。对出口商来说，其取得了银行信用，只要做到与信用证规定相符，"单单一致，单证一致"，银行就保证支付货款。对进口商来说，他可以通过信用证上所列条款的要求，在一定程度上确保出口商按时、按量交付货物。对银行来说，开证行只承担保证付款的责任，它贷出的只是信用而非资金，在对出口商或议付行交来的跟单汇票偿付前已掌握了代表货物的单据，且持有开证申请人的押金，风险较小。

在信用证业务中，出口商和进口商可以通过银行提供的信用和服务获得资金融通。对出口商来说，可以通过打包放款和出口押汇获得资金融通。对进口商来说，可以通过凭信托收据借单和进口押汇进行资金融通。因此，信用证结算方式可以加速出口商和进口商的资金周转。

三、信用证的内容和格式

（一）信用证的内容

根据国际商会的规定，标准的跟单信用证应包含以下内容：

（1）信用证的类型。信用证需注明不可撤销的字样。

（2）信用证号码。开证行的信用证编号。

（3）开证地点和日期。开证地点是指开证行所在地；开证日期是指开证行向通知行寄送信用证的日期。

（4）交单的有效日期和地点。所有的信用证必须规定交单的到期日，应加列日期，而不是一段时期；所选择的有效地点必须与信用证项下提交单据给指定银行的所在地一致。

（5）申请人。应注明申请人的名称及其详细地址。

（6）受益人。应注明受益人的名称及其详细地址。

（7）通知行。应注明将信用证通知给受益人的银行名称及其详细地址；参考编号是供通知行使用的。

（8）金额。金额应用大写和小写表示；如金额前加上 About，Approximately，Circa 等词语，信用证将允许有10%的金额增减幅度；货币应使用国际标准化组织制定的货币代号，如USD、GBP等来表示。

（9）信用证由指定银行使用。填写指定银行的名称和地点；在小方格内用“X”选择付款方式；要求有汇票时注明汇款人名称。

（10）分批装运是否允许。根据《UCP600》第40条a款规定，如信用证没有另行规定，即为允许分批装运。通常在允许或不允许的方格内标上“X”。

（11）转运是否允许。申请人和开证行应熟悉《UCP600》有关各种运输方式的运输条文，仅在情况适合时方可在允许或不允许前的小方格内相应地标上“X”。

（12）保险费是否由买方负担。仅在信用证不要求提交保险单据，而且申请人表示它已经或将要为货物投保时，方可在此方格内标上“X”。

（13）装运条款。按《UCP600》第46条规定，此处应注明货物必须装运、装船/发货/接受监管的地点，还须注明货物将运至的目的地以及最迟装运或装船/发运/接受监管的日期。

（14）货物描述。①货物描述应尽可能地简短（参阅《UCP600》第5条），一般只有货名、数量、包装、价格等一些最重要的内容和合同号码。②货物数量前面有About、Approximate、Circa或类似的词语，则数量有10%的增减幅度。③货物价格条件参照《国际贸易术语解释通则》（INCOTERMS）。

（15）规定的单据。①准确说明。《UCP600》第20条提醒开证行必须准确地规定在该信用证项下凭何种单据付款、承兑或议付。②单据的顺序应为商业发票、运输单据、保险单据和其他单据，如产地证明书、分析证明书、装箱单、重量单等。③须准确表明单据是正本还是副本。

（16）商业发票。

（17）运输单据（普遍的）。①运输单据正面必须标明承运人、多式联运经营人（租船合约情况下除外）或专递人的名称，并须由其签字。②如由指定国籍或国旗的船装运，信用证应规定什么单据用来表示符合此项要求。③信用证中规定的条款不能从运输单据正面弄清时，避免做出这样规定，如：快船装运或按班轮条件装运。④《UCP600》第32条规定：银行将拒受不清洁的单据。因此，信用证无需要求清洁的运输单据。

（18）运输单据（特定的）。具体指多式运输单据、海运/远洋提单、非转让的海运单、租船合约提单、航空运输单据、公路、铁路或内河运输单据、邮政收据、邮寄证书或专递机构证书及运输行出具的运输单据。

（19）保险单据。

（20）其他单据。依照《UCP600》第21条，信用证应对其他单据的出单人及其措辞或资料内容予以说明。

（21）交单期限。即为受益人交单取款的最后期限，超过此期限，开证行将不负付款。通常信用证中规定到期日是受益人向出口地银行交单的最后期限。

（22）通知指示。即明确该信用证是否由通知行加具保兑。

（23）银行间的指示。即说明索偿时头寸拨付的办法。

（24）页数。开证行必须注明所开出信用证的页数。

（25）签字。开证行要在“致通知行的通知书”和“致受益人的通知书”上签字。

（二）信用证的格式

信用证格式如表 5－1、表 5－2 所示。

表 5－1 **信用证样本（受益人）**

Irrevocable Documentary Credit Form（Advice for the Beneficiary）

Name of Issuing Bank：	Irrevocable Documentary Credit（1） Number（2）
Place and Date of Issue：（3）	Expiry Date and Place for Presentation of Documents： Expiry Date （4） Place for Presentation
Applicant：（5）	Beneficiary： （6）
Advising Bank： Reference No. （7）	Amount： （8）
Partial shipments □allowed □not allowed（10） Transhipment □allowed □not allowed（11） □Insurance covered by buyers（12）	Credit available with Nominated Bank： □by payment at sight □by deferred payment □by acceptance of drafts at □by negotiation （9）
Shipment as defined from For transportation to （13） Not later than	Against the documents detailed herein □and Beneficiary's draft（s）drawn on
（14）～（20）	
Documents to be presented within □days after the date of shipment but within the validity of the Credit（21）	
We hereby issue the Irrevocable Documentary Credit in your favour. It is subject to the Uniform and Practice for Documentary Credit（2007 Revision. International Chamber of Commerce Publication No. 600）and engages us in accordance with the terms thereof. The number and the date of the credit and the name of our bank must be quoted on all drafts required. If the Credit is available by negotiation，each presentation must be noted reverse side of this advice by the bank where the Credit is available. （24） This documents consists of □signed page（s）	（25）________________ Name and Signature of the Issuing Bank

资料来源：苏宗祥等编著：《国际结算》第五版，中国金融出版社 2010 年版。

表 5 – 2　　　　信用证样本（通知行）

Irrevocable Documentary Credit Form（Advice for the Advising Bank）

<table>
<tr><td>Name of Issuing Bank:</td><td>Irrevocable
Documentary Credit</td><td>Number</td></tr>
<tr><td>Place and Date of Issue:</td><td colspan="2" rowspan="2">Expiry Date and Place for Presentation of Documents:
Expiry Date
Place for Presentation</td></tr>
<tr><td rowspan="2">Applicant:</td></tr>
<tr><td colspan="2">Beneficiary:</td></tr>
<tr><td>Advising Bank:　　　　Reference No.</td><td colspan="2">Amount:</td></tr>
<tr><td>Partial shipments □allowed □not allowed</td><td colspan="2" rowspan="4">Credit available with Nominated Bank:
□by payment at sight
□by deferred payment
□by acceptance of drafts at
□by negotiation

Against the documents detailed herein
□and Beneficiary's draft（s）drawn on</td></tr>
<tr><td>Transhipment □allowed □not allowed</td></tr>
<tr><td>□Insurance covered by buyers</td></tr>
<tr><td>Shipment as defined
from
For transportation to
Not later than</td></tr>
<tr><td colspan="3"></td></tr>
<tr><td colspan="3">Documents to be presented within □days after the date of shipment but within the validity of the Credit</td></tr>
<tr><td colspan="3">We hereby issue the Irrevocable Documentary Credits detailed above. It is subject to the Uniform and Practice for Documentary Credit（2007 Revision. International Chamber of Commerce Publication No. 600）
We request you to advise to the Beneficiary
without adding your confirmation □without adding your confirmation □adding your confirmation, if request by the Beneficiary.（22）

Bank – to – Bank Instructions（23）

This documents consists of □signed page（s）　　　　________________
Name and Signature of the Issuing Bank</td></tr>
</table>

资料来源：苏宗祥等编著：《国际结算》第五版，中国金融出版社 2010 年版。

第二节 信用证的当事人

一、信用证的当事人

信用证结算方式最基本的当事人有三个：开证申请人、开证行和受益人。此外，信用证结算方式还可能有其他当事人，如通知行、议付行、付款行、保兑行、承兑行以及偿付行等。现分述如下：

（一）开证申请人（Applicant）

开证申请人，是指向银行申请开立信用证的人，即进口商。当交易双方签订的交易合同规定采用信用证付款时，进口商应当在合同规定的期限内，向进口地银行申请开出符合合同规定的信用证。信用证开立以后，进口商便有凭单付款的义务和验单退货的权利。在开证行履行付款义务之后，进口商应及时将货款偿付开证行，赎取单据。但对不符合信用证条款的单据，进口商有权拒绝赎单。进口商在付款赎单之后，如发现所提取的货物在数量、品种、价格、质量等与单据不符，应向有关责任者索赔，而与银行无关。如果信用证是由银行主动开立的，则没有开证申请人。

（二）开证行（Issuing Bank）

开证行，是指接受开证申请人的委托，以自身的银行信用开立信用证的银行，一般为进口商所在地的银行。开证行应根据开证申请人的要求及时、正确地开立信用证。信用证开立之后，开证行便承担第一性的付款责任，而不管进口商是否拒绝赎单或无力支付。开证行履行付款责任后，如进口商无力赎单，则开证行有权处理单据和货物，并有权向进口商追索所得销售货款仍不足抵偿垫付款项的部分。

（三）受益人（Beneficiary）

受益人，是指信用证中所指定的有权使用该信用证的人，是信用证金额的合法享受人，一般为出口商。信用证受益人应按信用证规定的期限装运货物，正确填制各种单据并取得证书，在规定的有效期限内提示交单。如果信用证和合同条款不符或信用证条款无法履行时，有权要求开证申请人对信用证进行修改。受益人不但应对单据的正确性负责，而且要对货物的安全、合格负责；有权凭正确单据取得货款。在遭到拒付时，有权向开证行提出赔偿要求。在进口商破产或进口商和开证行同时倒闭时，有权对已备装运或已装运的货物行使留置权和停运权。

（四）通知行（Advising/Notifying Bank）

通知行，是指受开证行的委托，将信用证转交出口商的银行。通知行一般是出口地银行，而且一般与开证行签订有往来协议或代理协议的代理行。通知行如愿意将信用证通知受益人，则应鉴别信用证表面的真实性；如不愿通知或无法鉴别，则必须毫不延迟地告知开证行；如无法鉴别而又决定通知受益人，则在通知时必须告知受益人，说明未能确定信用证的表面真实性。除此之外，通知行无需承担承付或议付的任何责任。

（五）议付行（Negotiating Bank）

议付行，是指根据开证行的授权买入或贴现受益人开立和提交的符合信用证规定的汇票及/或单据的银行。开证行可以在信用证中指定议付行，也可以在信用证中不具体指定议付行。在不指定议付行的情况下，所有银行均是有权议付的银行。议付行审单无误，即可垫付汇票及/或单据的款项，在扣减垫付利息后将余款付给受益人。在信用证业务中，议付行通常又是以受益人的指定人和汇票善意持有人的身份出现的，因此它对信用证受益人的付款有追索权。

（六）付款行（Paying/Drawee Bank）

付款行，是指开证行授权进行信用证项下付款或承兑并支付受益人出具的汇票的银行。付款行通常是汇票的受票人，一般为开证行，有时也可以接受开证行委托代为付款的另一家银行。例如，开立的信用证是以第三国货币支付时，通常指定在发行该货币的国家的银行为付款行。这种付款行又称“代付行”。付款行如同一般的汇票受票人，有权付款或不付款，一经付款，即使事后发现有误，无权向受益人或汇票善意持有人追索。

（七）保兑行（Confirming Bank）

保兑行，是指受开证行委托对信用证以自己名义加具保兑的银行，它具有与开证行相同的责任和地位。保兑行在信用证上加具保兑后，即对受益人独立承担第一性的付款责任。受益人可不受任何先后顺序的限制，按信用证规定行使其权利，不论开证行无理拒付或破产倒闭、丧失偿付能力，保兑行都不能拒绝承担付款责任，并且保兑行的付款也是终局性付款，无追索权。

课堂练习 5 -2

甲国出口商出口一批货物到乙国，进、出口双方约定以信用证方式结算。于是乙国进口商委托其银行（乙银行）开立了一张不可撤销议付信用证，该证由丁银行保兑。甲出口商根据信用证的规定完成了一切之后，将全套单据在规定的信用证有效期内，向丁银行提示，丁银行认为单据与信用证条款相符，并对单据进行了议付。事后乙银行收单后经审核认为单据不合格而拒受。丁银行因此而蒙受了巨大的损失。

问题：从该案中丁银行应吸取哪些教训？

（八）承兑行（Accepting Bank）

承兑行，是指对承兑信用证项下的汇票，经审单确认与信用证规定相符时，在汇票正面签字承诺到期付款的银行。承兑行可以是开证行本身，也可以是通知行或其他指定的银行。如果承兑行不是开证行，承兑后又最后不能履行付款，开证行应负最后付款的责任。若单证相符，而承兑行不承兑汇票，开证行可指示受益人另开具以开证行为受票人的远期汇票，由开证行承兑并到期付款。

（九）偿付行（Reimbursement Bank）

偿付行，是指受开证行在信用证上的指示或授权，对有关代付行或议付行的索偿进行付款的银行。偿付行接受开证行的委托或授权，凭代付行或议付行的索偿电讯或航邮进行偿付，但此偿付不视作开证行终局性的付款，因为偿付行并不审查单据，不承担单证不符的责任。开证行在见单后发现单证不符时，可直接向寄单的议付行、代付行追回已付款项。根据《UCP600》第 13 条 b、c 款规定：开证行在向偿付行发出指示或授权时，不应以索偿行必须向偿付行提供与信用证条款相符的证明为先决条件；如偿付行未能进行偿付时，开证行并不能解除其提供偿付的任何义务；如偿付行未能于第一次提示时即按信用证规定或双方同意的方式进行偿付时，开证行应承担代付行或议付行的任何利息损失。

（十）转让行（Transferring Bank）

转让行，是指应受益人（在转让信用证时又称第一受益人）的委托，将可转让信用证转让给信用证的受让人（即第二受益人）的银行。转让行一般为通知行，也可以是议付行、付款行或保兑行。值得注意的是，转让信用证的行为是开证申请人与开证行都预先知道和了解的，但转让行的地位与开证行却是不同的，其不承担确定的付款责任。

第三节 信用证业务的办理程序

国际贸易结算中所使用的信用证有不同的类型，其业务办理程序也有所差异，大体要经过申请、开证、通知、交单议付、寄单索汇、偿付、付款赎单等环节。由于在信用证结算方式下，结算工具（汇票、单据、索偿证明等）与资金流向相反，因此，也属逆汇。现以信用证结算方式的流程图（图 5－1）为依据，阐述各环节的具体内容。

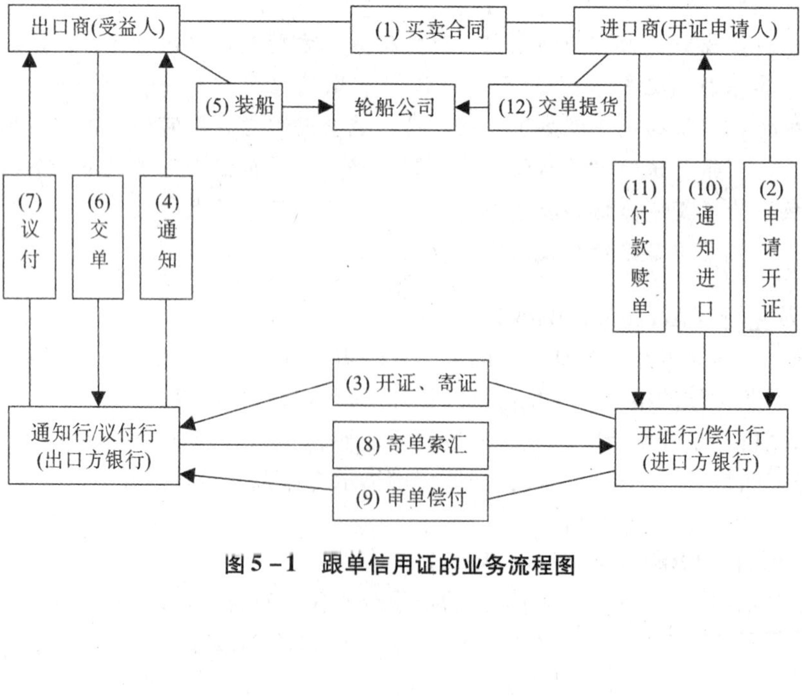

图 5－1 跟单信用证的业务流程图

在图5-1中，各环节的具体内容是：

（1）买卖双方经过磋商，约定以信用证方式进行结算；

（2）进口商向开证行递交开证申请书，约定信用证内容，并支付押金或提供保证人；

（3）开证行根据申请开立信用证；

（4）通知行转递或通知信用证给出口商；

（5）出口商根据信用证备货、将货物交于承运人、取得相关单据；

（6）出口商备齐信用证规定的单据和汇票在信用证有效期内交单予议付行；

（7）议付行审查单据符合信用证条款后接受单据并付款，若单证不符，可以拒付；

（8）议付行将单据和汇票寄送开证行或指定的付款行，向其索偿；

（9）开证行收到单据后，应核对单据是否符合信用证要求，如正确无误，立即进行偿付；

（10）开证行通知进口商付款赎单；

（11）进口商审核单证相符后，交付款项，取得单据；

（12）进口商凭单据向承运人提货。

一、开证申请

在国际贸易中，进出口双方经过磋商达成交易，并签订货物买卖合同。如果货物买卖合同中约定以跟单信用证方式进行结算，则进口商应按合同规定的期限向所在地银行申请开证。

首先，进口商申请开证时，应向开证行交付一定比例的保证金或其他担保品。保证金一般为信用证金额的百分之几到几十，其高低由开证行规定，与申请人的资信和市场行情有关。对于资信良好的客户，有的银行会授以一定的开证额度，在规定额度内开证，可免交保证金。

其次，进口商即开证申请人填写并向银行递交开证申请书（见表5-3）。开证申请书的内容包括两个方面：一是指示银行开立信用证的具体内容，该内容应与合同条款相一致，是开证行凭以向出口商（受益人）或议付行付款的依据。对于这一部分内容，申请人也可附上合同，由银行据以缮制信用证后交申请人确认。二是关于信用证业务中申请人和开证行之间权利和义务关系的声明。其基本内容包括：（1）开证申请人承认在付清货款前，开证行对单据及其代表的货物拥有所有权，必要时，开证行可以出售货物，以抵付进口商的欠款；（2）承认开证行有权接受“表面上合格”的单据，对于伪造单据、货物与单据不符或货物中途灭失、受损、延迟到达，开证行概不负责；（3）保证单据到达后如期付款赎单，否则，开证行有权没收申请人所交付的保证金，以充当开证申请人应付价款的一部分；（4）承认电讯传递中如有错误、遗漏或单据邮递损失等，银行不负责任。

最后，开证申请书的内容应完整明确，申请书所列内容不能与买卖合同规定的条款相矛盾，所列条款内容的表述须符合《UCP600》的规定。为防止混淆和误解，不要加注过多的细节。

表 5-3　　开证申请书样本

IRREVOCABLE DOCUMENTARY CREDIT APPLICATION

TO: BANK OF CHINA　　　　Date:
DEVELOPMENT ZONE BRANCH

Issued by teletransmission (which shall be the operative instrument)	Irrevocable Documentary Credit Number
Applicant	Date and place of expiry
Advising Bank	Beneficiary
Partial shipment [ ] allowed [ ] not allowed Transshipment [ ] allowed [ ] not allowed	Amount
Loading on board/dispatch/taking in charge at/from not later than for transportation to:	Credit available with [ ] by sight payment [ ] by acceptance [ ] by negotiation [ ] by deferred payment at Against the documents detailed herein [ ] and beneficiary's draft for of invoice value at on
[ ] FOB [ ] CFR [ ] CIF [ ] or other terms	
Documents required: (marked with x)	

1. ( ) Manually signed commercial invoice in copies indicating this L/C No. and Contract No.
2. ( ) Full set included original and non-negotiable copies) of Clean On Board showing "freight " Ocean Bills of Lading made out to order and blank endorsed, marked "Notifying".
3. ( ) Air Waybills showing "freight " and consigned to
4. ( ) Full set (included original and copies) of insurance Policy/Certificate for 110% of the invoice value, showing claims payable in China, in currency of the draft, blank endorsed, covering ([ ] ocean marine transportation \ [ ] air transportation \ [ ] over land transportation) All Risks and War Risks.
5. ( ) Packing List in copies indicating quantity/gross and net weights of each package as well as volume and packing conditions as called for by the L/C.
6. ( ) Certificate of Origin in copies.
7. ( ) Certificate of Quality in copies issued by
8. ( ) Beneficiary's certified copy of cable/telex dispatched to the applicant within hours after shipment advising [ ] name of vessel/ [ ] flight no. / [ ] wagon no. date, quantity, weight and value of shipment.
9. ( ) Beneficiary's Certificate certifying that extra copies of documents have been dispatched according to the contract terms.
10. ( ) Certificate of Quantity in copies issued by indicating the actual surveyed quantity/weight of shipped goods as well as the packing condition.
11. ( ) Other documents, if any:

Covering:

续表

Additional instructions: 1. ( ) All banking charges outside the opening bank are for beneficiary's account. 2. ( ) Documents must be presented within days after the date of issuance of the transport documents but within the validity of this credit. 3. ( ) Third party as shipper is not acceptable. Short Form/Blank Back B/L is not acceptable. 4. ( ) Both quantity and amount   % more or less are allowed. 5. ( ) Prepaid freight drawn in excess of L/C amount is acceptable against presentation of original charges voucher issued by shipping Co. /Air Line/or it's agent. 6. ( ) All documents to be forwarded in one cover, unless otherwise stated above. 7. ( ) Other terms, if any:

(Applicant: name, signature of authorized person)

(with seal)

二、开证行开立信用证

开证行接受申请人的开证申请后，应严格按照开证申请书的指示拟定信用证条款，有的草拟完信用证后，还应送交开证申请人确认（见表5-4），有时开证申请人就信用证相关问题提出修改意见（见表5-5）。信用证修改后，开证行应将其所开立的信用证由邮寄或电传或通过SWIFT电讯网络送交出口地的联行或代理行，请他们代为通知或转交受益人。通知行的主要责任是鉴定信用证签名或电传密押的真实性，而且受益人如有问题也可通过这家银行进行查询。

信用证的开证方式有信开和电开两种。**信开**是指开证行以航邮将信用证寄给通知行，通知行应负责检验信用证的真实性，并对信用证不完整、不清楚之处，向开证行查询；**电开**即是由开证行将信用证加注密押后以电报、电传以及SWIFT（环球银行间金融电讯协会）系统方式通知受益人所在地的代理行，即通知行，请其转递给受益人。电开方式又分“全电开证”和“简电开证”。“全电开证”是将信用证的全部内容加注密押后发出，该电讯文本为有效的信用证正本。“简电开证”是将信用证主要内容发电预先通知受益人，银行承担必须使其生效的责任，但简电本身并非信用证的有效文本，不能凭以议付或付款，银行随后寄出的“证实书”才是正式的信用证。如今大多用“全电开证”的方式开立信用证。

近年来，随着国际电讯事业的快速发展，“信开”方式的信用证逐步被“电开”即SWIFT方式开立的信用证所取代，以致跟单信用证业务实际上从纸信用证时代演变为电子信用证时代。SWIFT全称为Society for Worldwide Interbank Financial Telecommunication S. C.，环球银行间金融电讯协会。其主要特点有：一是此方式具有格式化和规范化。SWIFT信用证主要是以MT700或MT701开立的信用证，即用规定的数字和字母代表相应的业务内容（见表5-6）；二是电讯传递安全可靠。每一份电讯都得到SWIFT的发妥或未发妥证实，同时电脑对收发电序号进行严格控制；三是自动加核密押。SWIFT密押独立于电传密押之外，由SWIFT电脑自动完成编押、核押工作；四是高速度、低费用。鉴于以上特点，现在世界上几乎所有的银行均采用 SWIFT 方式开立信用证（见表 5－7）。

表 5－4　　信用证开立确认书样本

DATE：（日期）

CONFIRMATION ISSUANCE OF LETTER OF CREDIT
（信用证开立确认书）

TO（致）　　:
LC NO.（信用证编号）　　:
LC AMOUNT：（信用证金额）

DEAR SIRS，（敬启者）
WE HAVE PLEASURE IN ADVISING YOU THAT ACCORDING TO YOUR INSTRUCTION，WE HAVE TODAY ISSUED OUR LETTER OF CREDIT NO. ________，THE DETAILS AS PER ATTACHMENT（S）.
（兹通知贵司，根据贵司的指示，今日本行已开出信用证编号为：　　号信用证。详见附件。）

IN THE CASE OF UNABLE TO CLAIM COMMISSIONS FROM THE BENEFICIARY，WE RESERVE THE RIGHT TO CHARGE YOU WITH THE COMMISSIONS OF THE ADVISING BANK.（当通知行无法向受益人收取费用时，本行保留向贵司收取通知行费用的权力。）

UPON RECEIPT OF THIS MESSAGE，YOU ARE REQUESTED TO CHECK THE TERMS AND CONDITIONS OF THE LETTER OF CREDIT WHETHER IN COMPLIANCE WITH THE APPLICATION FORM FOR ISSUANCE OF LETTER OF CREDIT YOU PRESENTED TO US，AND IN THE EVENT OF DIFFERENCE，PLEASE CONTACT US WITHOUT FURTHER DELAY.
（收到本确认书后，请对照贵司信用证申请核查信用证条款，如有不符，请速与本行联系。）

PLEASE BE ADVISED THAT WE HAVE TODAY DEBITED YOUR ACCOUNT WITH US FOR USD ________ BEING THE LC ISSUANCE COMM.（有账户情况）
（本行已从贵司账户中收取了本行的开证手续费。）

PLEASE SETTLE THE ISSUANCE COMM. OF US FOR USD ________（无账户情况）
（请贵司支付本行开证手续费。）

ISSUANCE OF THIS LETTER OF CREDIT ISSUBJECT TO UNIFORM CUSTOMS AND PRACTICE FOR DOCUMENTARY CREDITS，1993 REVISION，ICC NO. 500
（根据国际商会出版物 600 号《跟单信用证统一惯例》执行。）

IF YOU HAVE ANY FURTHER QUERIES，PLEASE DO NOT HESITATE TO CONTACT US QUOTING THE ABOVE MENTIONED REF.
（如有疑问，请速与本行联系。）

THIS IS A COMPUTER GENERATED LETTER，NO SIGNATURE REQUIRED.
（本确认书由电脑生成，无需签字。）

表5-5 信用证修改确认书样本

DATE：（日期）

CONFIRMATION ISSUANCE OF LETTER OF CREDIT AMENDMENT
信用证修改确认书

TO（致） :
LC NO.（信用证编号） :
LC AMOUNT：（信用证金额）
AMENDMENT NO.：（修改次数）：
LC AMOUNT AFTER AMENDMENT（修改后的信用证金额）：

DEAR SIRS，（敬启者）
WE HAVE PLEASURE IN ADVISING YOU THAT ACCORDING TO YOUR INSTRUCTION，WE HAVE TODAY AMENDED OUR LETTER OF CREDIT NO. ______________，THE DETAILS AS PER ATTACHMENT（S）.
（兹通知贵司，根据贵司的指示，今日本行已修改了编号为： 号信用证。详见附件。）

IN THE CASE OF UNABLE TO CLAIM COMMISSIONS FROM THE BENEFICIARY，WE RESERVE THE RIGHT TO CHARGE YOU WITH THE COMMISSIONS OF THE ADVISING BANK.（当通知行无法向受益人收取费用时，本行保留向贵司收取通知行费用的权力。）

UPON RECEIPT OF THIS MESSAGE，YOU ARE REQUESTED TO CHECK THE TERMS AND CONDITIONS OF LC AMENDMENT WHETHER IN COMPLIANCE WITH THE APPLICATION FORM FOR ISSUANCE OF LETTER OF CREDIT AMENDMENT YOU PRESENTED TO US，AND IN THE EVENT OF DIFFERENCE，PLEASE CONTACT US WITHOUT FURTHER DELAY.
（收到本确认书后，请对照贵司信用证修改申请核查信用证修改条款，如有不符，请速与本行联系。）

PLEASE BE ADVISED THAT WE HAVE TODAY DEBITED YOUR ACCOUNT WITH US FOR USD __________ BEING THE LC AMENDMENT COMM.（有账户情况）
（本行已从贵司账户中收取了本行的信用证修改手续费。）

PLEASE SETTLE THE LC AMENDMENT COMM. FOR USD __________（无账户情况）
（请贵司支付本行信用证修改手续费。）

AMENDMENT OF THIS LETTER OF CREDIT ISSUBJECT TO UNIFORM CUSTOMS AND PRACTICE FOR DOCUMENTARY CREDITS，1993 REVISION，ICC NO. 500
（修用证修改根据国际商会出版物600号《跟单信用证统一惯例》执行。）

IF YOU HAVE ANY FURTHER QUERIES，PLEASE DO NOT HESITATE TO CONTACT US QUOTING THE ABOVE MENTIONED REF.
（如有疑问，请速与本行联系。）

THIS IS A COMPUTER GENERATED LETTER，NO SIGNATURE REQUIRED.
（本确认书由电脑生成，无需签字。）

表 5-6 SWIFT 信用证 MT700 格式中的代号和名称

必选与可选 Status	项目号码 Tag	项目名称 Field Name
M	27	报文页次（Sequence of Total）
M	40A	跟单信用证类别（Form of Documentary Credit）
M	20	信用证编号（Documentary Credit Number）
O	23	预先通知编号（Reference to Pre - Advice）
O	31C	开证日期（Date of Issue）
M	31D	到期日及到期地点（Date and Place of Expiry）
O	51A	开证申请人的银行（Applicant Bank）
M	50	申请人（Applicant）
M	59	受益人（Beneficiary）
M	32B	币别代号、金额（Currency Code，Amount）
O	39A	信用证金额允许浮动的范围（Percentage Credit Amount Tolerance）
O	39B	最高信用证金额（Maximum Credit Amount）
O	39C	可附加金额（Additional Amounts Covered）
M	41a	指定的有关银行及信用证兑付方式（Available With…By…）
O	42C	汇票付款期限（Drafts at…）
O	42a	汇票付款人（Drawee）
O	42M	混合付款条款（Mixed Payment Details）
O	42P	延期付款条款（Deferred Payment Details）
O	43P	分批装运（Partial Shipments）
O	43T	转运条款（Transshipment）
O	44A	装船、发运和接受监管地点（Loading on Board/Dispatch/Taking in Charge at /from…）
O	44B	装运至…（For Transportation to…）
O	44C	最迟装运日期（Latest Date of Shipment）
O	44D	装运期（Shipment Period）
O	45A	货物/劳务描述（Description Goods and/or Services）
O	46A	单据要求（Documents Required）
O	47A	附加条件（Additional Conditions）
O	71B	费用（Charges）
O	48	提示期限（Period for Presentation）
M	49	保兑指示（Confirmation Instructions）
O	53a	偿付行（Reimbursement Bank）
O	78	给付款行/承兑行/议付行的指示（Instructions to the Paying/Accepting/Negotiation bank）
O	57a	通知行（Advise Through Bank）
O	72	附言（Sender to Receiver Information）

表 5 -7 **SWIFT 开立的信用证样本**

SENDER		: The ABC Commercial Bank
MESSAGE TYPE		: MT700 ISSUE OF A DOCUMENTARY CREDIT
RECEIVER		: The Zhuhai Commercial Bank
DATE		: 120620
SEQUENCE OF TOTAL	27	: 1/1
FORM OF DOC. CREDIT	40A	: IRREVOCABLE
DOC. CREDIT NUMBER.	20	: STLCN000001
DATE OF ISSUE	31C	: 120620
APPLICABLE RULES	40E	: UCPURR LATEST VERSION
EXPIRY	31D	: DATE 120809 PLACE (131015 IN THE BENEFICIARY'S COUNTRY)
APPLICANT BANK	51A	: CCC Bank
APPLICANT	50	: XYZ import limited company NO. 1, Aganal Road, Kolkata, India
BENEFICIARY	59	: Love Dream export limited company China's economic development zone of Zhuhai, GuangDong

TEL: 0798 - 12345678

CURRENCY CODE/AMOUNT	32 B	: USD16290
POS. / NEG. TOL. (%)	39 A	: 5/5
AVAILABLE WITH …BY…	41D	: ANY BANK BY NEGOTIATION
DRAFTS AT…	42C	: SIGHT
DRAWEE	42A	: FBANKUS44A * FOSTER BANK * CHICAGO, IL
PARTIAL SHIPMENTS	43P	: ALLOWED
TRANSHIPMENT	43T	: ALLOWED
PORT OF LOADING	44E	: Hongkong, China
PORT OF DISCHARGE	44F	: Kolkata, India
PLACE OF FINAL DESTINATION	44B	: Kolkata, India
LATEST DATE OF SHIPMENT	44C	: 120719
DESCRIPT OF GOODS	45A	: 10037 , Fashionable handbags 500Container, one container equals to ten piece

TRADE TERMS: CIP Kolkata, India. INCOTERMS 2000

DOCUMENTS REQUIRED 46A :

1. DRAFT FOR 100% PERCENT OF THE INVOICE VALUE
2. COMMERCIAL INVOICE IN DUPLICATE MANUALLY SIGHTED
3. PACKING LIST IN TRIPLICATE INDICATED ITEM NO GROSS AND NET WEIGHT
4. FULL SET ORIGINAL OF CLAEN ON BOARD MULTI - MODAL TRANSPORT DOCUMENT MARKED FREIGHT PREPAID MADE TO ORDER AND BLANK ENDORSED AND NOTIFY APPLICANT
5. INSURANCE POLICY/CERTIFICATE IN DUPLICATE ISSUED AND INSURANCE COMPANY IN NEGOTIABLE FROM ENDORSED IN BLANK COVERING: ICC (A) INSTITUTE WAR RISKS AND STRIKE FOR FULL INVOICE VALUE PLUS 10 PCT INDICATED THE APPOINTED SETTLING AGERNT IN Kolkata, India
6. CERTIFICATE OF ORIGIN IN TRIPLICATE

续表

7. BENEFICIARY CERTIFICATE THAT A SET OF NON NEGOTIABLE DOCUMENTS HAVE BEEN SENT TO APPLICANT ADDITIONAL COND. 47A : 1. ALL DOCUMENTS MUST BE IN ENGLISH. 2. T/T REIMBURSEMENT PROHIBITED. 3. A DISCREPANCY FEE USD75.00 WILL BE DEDUCTED FROM THE PROCEEDS OF EACH SET OF DOCUMENTS HEREUNDER WHICH CONTAINS DISCREPANCIES. IN ADDITION, THE PAYMENT OF THE RELATIVE CABLE EXPENSE, IF ANY SHALL ALSO BE FOR ACCOUNT OF BENEFICIARY. DETAILS OF CHARGES 71B : ALL BANKING CHARGES (INCLUDING REIMBURSEMENT/PAYMENT CHARGES, ETC.) OUTSIDE THIS COUNTRY ARE FOR BENEFICIARY'S ACCOUNT. PRESENTATION ATION PERIOD 48 : DAYS AFTER THE DATE OF SHIPMENT BUT WITHIN THE VALIDITY PERIOD OF THE L/C CONFIRMATION 49 : WITHOUT INSTRUCTIONS 78 : ALL DOCUMENTS MUST BE SENT BY COURIER IN ONE LOT TO FOSTER BANK, 5225 NORTH KEDZIE AVENUB, CHICAGO IL 60625 U. S. A. ATTN: IMPORT DEPT UPON RECEIPT OF DOCUMENTS IN COMPLIANCE WITH CREDIT TERMS AND CONDITIONS, WE SHALL PAY THE NEGOTIATING/PRESENTING BANK IN ACCORDANCE WITH THEIR PAYMENT INSTRUCTIONS.

三、通知行通知受益人

通知行收到信用证后，经核对签字印鉴或密押无误，应立即将信用证转交受益人，并留存一份副本备查（电文通知式样见表5－8）。通知行通知受益人的方式有两种：一种是将信用证直接转交受益人；另一种是当该信用证以通知行为收件人时，通知行应以自己的通知书格式照录信用证全文经签署后交付受益人。这两种形式对受益人来说，都是有效的信用证文本。

按《UCP600》第9条规定：信用证可经由通知行通知受益人，而该通知行不承担承付或议付的任何责任，但如该行愿意通知，则应鉴别该信用证表明的真实性。如该行不愿通知，则必须毫不延迟地告知开证行；如通知行无法鉴别信用证的表面真实性，它必须毫不迟延地通知开证行说明它无法鉴别，如通知行仍决定通知受益人，则必须告知受益人它未能鉴别该证的真实性。

四、交单议付

受益人收到信用证后，应立即进行审核，如发现信用证中所列条款内容与买卖合同不相符合，或者不符合有关国际惯例（主要是《国际贸易术语解释通则》和UCP600）中的规定，应立即通知开证申请人要求修改，申请人向开证行提交修改申请书，开证行如同意修改，即做成修改通知书后按原来信用证的传递方式交付通知行，经通知行审核签字密押无误后转知受益人。

表 5－8 **信用证通知书样本**

CHINAXX BANK CO. LTD.
ADD：3RD FL.，No. 800－900 Li Chang Dao，He Xi District，
Tianjin，P. R. China，300204
Attn：Business Operation Dept.
TEL. ＋86 2212345678
SWIFT BIC：CHBHCNBT DATE：（日期）

INCOMING SWIFT MESSAGE NOTIFICATION
（信用证电文通知）

TO：（致） OUR REF NO.（我行业务编号）
LC NO.（证号）
ISSUING BANK：（开证行）
ISSUING DATE：（开证日期）
AMOUNT：（金额）
INVOICED：（发票号）

DEAR SIRS，
（敬启者）

WE HAVE PLEASURE IN ADVISING YOU THAT WE HAVE RECEIVED FROM THE A/M BANK AN AUTHENTICATED/FREE FORMAT SWIFT/TELEX，CONTENTS OF WHICH ARE AS PER ATTACHED SHEET（S）.
（兹通知贵司，我行收到上述银行加押/未加押电文一份，现随附本通知。）

PLEASE LET US HAVE YOUR INSTRUCTIONS AND RETURN THIS NOTIFICATION TO US WITHIN 3 WORKING DAYS.
（请将贵司处理意见填写在下列的意见栏中：）

INSTRUCTIONS TO CHINA BOHAI BANK：（公司意见）
1.
2.

COMPANY CHOP
（公司签章）
年 月 日

IF YOU HAVE ANY FURTHER QUERIES，PLEASE DO NOT HESITATE TO CONTACT US QUOTING THE ABOVE MENTIONED REF.
（如有疑问，请按上述业务编号与我行联系。）

THIS IS A COMPUTER GENERATED LETTER，NO SIGNATURE REQUIRED.
（本确认书由计算机生成，无需签字。）

受益人对信用证的内容审核无误，或收到修改通知书审核后同意接受，即可根据信用证的规定发运货物，缮制并取得信用证规定的全部单据，开立汇票（或不开汇票，视信

用证规定)，连同信用证正本和修改通知书（如果有修改通知书），在信用证规定的有效期和交单期内，递交给通知行或与自己有往来的银行或信用证中指定的议付银行办理议付（见表5－9）。

表5－9 信用证议付确认书样本

CHINAXXX BANK CO. , LTD.
ADD: 3RD FL. , No. 900－979 Ma Chang Dao, He Xi District,
Tianjin, P. R. China, 300204
Attn: Business Operation Dept.
TEL. +86 2212345678
SWIFT BIC: CHBHCNBT

DATE:（日期）

CONFIRMATION OF NEGOTIATION/DISCOUNTING
UNDER EXPORT LETTER OF CREDIT
（出口议付/贴现确认书）

TO（致）:

OUR REF. NO.（本行编号）

LC NO.（信用证号）
PRINCIPAL AMOUNT:（单据金额）
INVOICE NO.（发票号）

DEAR SIRS,
（敬启者:）

WE HEREBY INFORM YOU THAT WE HAVE NEGOTIATED THE ABOVE MENTIONED DOCUMENTS. THE DETAILS AS FOLLOWS:
（兹通知贵公司，本行已对上述单据办理了出口议付。详情如下:）

NEGOTIATIONAMOUNT（议付金额）
VALUE DATE（起息日）
INTEREST DAYS（议付天数）
INTEREST RATE（议付利率）
DUE DATE（到期日）
INTEREST AMOUNT DEDUCTED:（扣除利息）
PRE－DEDUCTED FOREIGN BANK CHARGES（预扣国外银行费用）:
OURCOMMISSION CHARGES DEDUCTED（本行手续费）
NET AMOUNT CREDITED（实际入账金额）

IF YOU HAVE ANY FURTHER QUERIES, PLEASE DO NOT HESITATE TO CONTACT US QUOTING THE ABOVE MENTIONED REF.
（如有疑问，请按上述业务编号与本行联系。）

THIS IS A COMPUTER GENERATED LETTER, NO SIGNATURE REQUIRED.
（本确认书由电脑生成，无需签字。）

议付是受益人利用信用证取得资金融通的一种方式。即由受益人向上述当地银行递交信用证规定的全套单据，银行在“单证一致，单单一致”的前提下，扣除预付款的利息和手续费后，购进受益人出具的汇票和全套单据，俗称“买单”，又称“出口押汇”。议付是可以追索的。议付行一般为出口地银行，它可以由开证行在信用证中规定，如在信用证中未指定，则可由受益人酌情选择通知行或与其有代理关系的其他银行担当议付行。即使开证行在信用证中指定了议付行，议付行也不承担必须议付的责任。信用证也不禁止受益人直接向开证行交单。但通常议付是受益人获取货款的一种最为安全快捷的方式。

五、寄单索偿

索偿，是指议付行议付后，取得了信用证规定的全套单据，即可凭单据向开证行或其指定银行请求偿付货款。如果开证行未在信用证内指定其他银行，则议付行应将单据连同汇票和索偿证明寄交开证行；若开证行在信用证中指定了一家付款行，则议付行应将单据连同汇票和索偿证明寄交指定付款行。收到单据的开证行或付款行，在审单无误后，即应将款项偿付给议付行。若开证行在信用证中指定了一家偿付行，则开证行应在开出信用证后立即向偿付行发出偿付授权书，通知授权付款的金额、有关信用证号码、有权索偿的押汇与偿付费用由何方承担等内容。

六、偿付

偿付，是指开证行或被指定的付款行或偿付行向议付行进行付款的行为。开证行或指定的付款行收到议付行寄来的汇票和单据后，经审核与信用证规定相符，应立即将款项偿付给议付行。如发现单据与信用证不符，按《UCP600》第 14 条 b 款规定，可以拒付，但应在不迟于收到单据的次日起 5 个营业日内通知议付行表示拒绝接受单据。在这里需指出的是，议付行向偿付行请求偿付时，按《UCP600》第 13 条规定，如果偿付行未能按照信用证的条款，在首次索偿时即行偿付，则开证行应对索偿行的利息损失以及产生的费用负责，同时开证行不得解除其提供偿付的任何责任。通常开证行和付款行的付款，是不可追索的。

七、申请人付款赎单

开证行向议付行偿付后，即通知申请人付款赎单（见表 5 - 10）。开证申请人审核单据，若单据无误，即应付清全部货款与有关费用（如开证时曾交付押金，则应扣除押金的本息），若单据和信用证不符，申请人有权拒付。申请人付款后，即可从开证行取得全套单据，凭以向承运人提取货物。此时开证申请人与开证银行之间因开立信用证而构成的契约关系即告结束。

表 5-10　　　　信用证到单通知书样本

ADVICE OF DOCUMENTS RECEIVED UNDER LETTER OF CREDIT

（进口信用证到单通知书）

TO（致）：

OUR REF NO.（本行编号）：
LC NO.（信用证编号）：
ISSUING DATE（开证日期）：
TENOR：（期限）：
PRESENTING BANK（交单行）　：

REF. NO. OF PRESENTING BANK（交单行编号）：
PRINCIPAL AMOUNT：（单据金额）
TOTAL AMOUNT CLAIM：（索偿金额）
DEAR SIRS，（敬启者）

WE HAVE THE PLEASURE IN ADVISING YOU THAT WE HAVE RECEIVED FROM THE A/M BANK FULL SET OF DOCUMENTS WHICH ENCLOSE THE BELOW FOR THE DRAWING OF THE ABOVE MENTIONED LETTER OF CREDIT
兹通知贵司，本行收到贵司向本行申请开立的上述信用证项下的全套进口单据一份，单据份数、种类详情如下：

DOCUMENTS；　　　　MAIL
INVOICE
PACKING LIST
BILL OF LADING
BENE CERTIFICATE

RESULTS OF DOCUMENTS CHECKED：（本行审单结果如下）

REMARK（S）备注：

PLEASE LET US HAVE YOUR INSTRUCTIONS AND RETURN THIS NOTIFICATION TO US BEFORE　　. FAILED TO DO SO，WE WILL CONSIDER YOUR GOOD COMPANY CONSENT TO PAY/ACCEPT THE ABOVE MENTIONED DOCUMENTS。IF THE DOCUMENTS WERE PRESENTED NOT IN COMPLACENCE WITH THE TERMS AND CONDITIONS OF THE CREDIT ON THEIR FACE，WE WILL CONSIDER YOUR GOOD COMPANY REFUSE TO ACCEPT THE DOCUMENTS，WE PENDING YOUR FURTHER INSTRUCTIONS. BEFORE（日期）WE STILL DO NOT HAVE OBTAIN YOUR INSTRUCTION，WE WILL RETURN THE DOCUMENTS TO THE PRESENTING BANK. MEANWHILE WE HAVE ADVISE THE DISCREPANCY（IES）TO THE PRESENTING BANK.

（请贵司将处理意见填写在下列的意见栏中并于　　年　　月　　日前将此通知书退交本行。如逾期本行未收到贵司的答复，在本行审核单据与信用证相符的情况下，本行视为贵司同意付款/承兑；在本行审核单据与信用证不相符的情况下，本行视为贵司不同意付款/承兑，本行将在收单日后七个工作日内向交单行提示不符点，并说明单据由本行保管，听候交单行处理。）

（虽上述单据存在不符点，但应贵司要求，本行已将信用证受益人自寄贵司的提单背书转让贵司，请贵司按期到本行办理上述单据的付款赎单。）

续表

INSTRUCTIONS TO CHINA BOHAI BANK：(公司意见) REFER TO YOUR REF. , FOR OUR LC NO. 贵行业务编号： 金额： 我司信用证号： 处理意见如下： □WE ACCEPTED THE ABOVE MENTIONED DOCUMENTS, PLEASE EFFECT PAYMENT / ACCEPTANCE. (我司同意接受上述单据，请对外付款/承兑) □WE REFUSED TO ACCEPT THE ABOVE MENTIONED DOCUMENTS , PLEASE PENDING OUR FURTHER INSTRUCTIONS. (我司不同意接受上述单据，请听候我司指示。) □WE REFUSED TO ACCEPT THE ABOVE MENTIONED DOCUMENTS, PLEASE RETURN THE DOCUMENT TO THE PRESENTING BANK. (我司拒绝接受单据，请退单。) □PAYMENT ISTRUCTIONS：(付款款项安排) WEHEREBY AUTHORIZE MR. /MS. (FULL NAME) ____________ OF OUR COMPANY WHOSE ID NO. IS ____________ TO CHINA BOHAI BANK FOR ACKNOWLEDGEMENT THE FULL SET OF ORIGINAL DOCUMENTS. (我司兹介绍我司员工（姓名） 前往贵行领取正本单据。该员工身份证号码为：) COMPANY SPECIMEN (公司预留印鉴) 年 月 日 HANDLING OF THIS DOCUMENTS ISSUBJECT TO UNIFORM CUSTOMS AND PRACTICE FOR DOCUMENTARY CREDITS, 1993 REVISION, ICC NO. 500 (根据国际商会出版物600号《跟单信用证统一惯例》执行) IF YOU HAVE ANY FURTHER QUERIES, PLEASE DO NOT HESITATE TO CONTACT US QUOTING THE ABOVE MENTIONED REF. (如有疑问，请按上述业务编号与本行联系。) FOR AND ON BEHALF OF CHINA XXX BANK CO. , LTD.

课堂练习 5-2

中方某进出口公司与加拿大商人在2004年1月份按CIF条件签订了一份出口10万码法兰绒的合同，支付方式为不可撤销即期信用证。加拿大商人于当年5月通过银行开来信用证，经审核与合同相符，其中保险金额为发票金额加10%。中方正在备货期间，加拿大商人通过银行传递给中方一份信用证修改书，内容为特投保金额改为按发票金额加15%。中方按原证规定投保发货，并于货物装运后在信用证有效期内，向议付行提交全套装运单据。议付行议付后将全套单据寄开证行，开证行以保险单与信用证修改书不符为由拒付。

思考：开证行拒付的理由对否？

第四节 信用证的种类

依照《UCP600》第3条的解释即使未作明示，信用证也是不可撤销的。在此基础上，信用证可从不同角度进行分类。

一、跟单信用证和光票信用证

根据信用证项下的汇票是否随附货运单据不同，可分为跟单信用证和光票信用证。

1. 跟单信用证（Documentary Credit）

跟单信用证是开证行凭跟单汇票或仅凭单据付款、承兑或议付的信用证。这里的“单据”是指代表货物所有权或证明货物已交运的运输单据，如提单、铁路运单、航空运单等。通常还包括商业发票、保险单、商检证书、产地证书、包装单据等。国际贸易所使用的信用证，绝大部分是跟单信用证。

2. 光票信用证（Clean Credit）

光票信用证是开证行仅凭受益人开具的不附单据的汇票付款的信用证。有时信用证也要求提供发票、垫款清单等非货币性质的票据，此类也属光票信用证。贸易结算中的预支信用证和非贸易结算中的旅行信用证都属光票信用证。

二、保兑信用证和不保兑信用证

根据是否有另一家银行为信用证加保兑，可分为保兑信用证和不保兑信用证。

1. 保兑信用证（Confirmed L/C）

保兑信用证是指开证行开出的信用证，由另一家银行保证对符合信用证条款规定的单据履行付款义务。对信用证加保兑的银行称为保兑行，保兑行承担与开证行相同的第一性付款责任。保兑信用证有开证行与保兑行两家银行对受益人负责，所以，它对出口商的安全收汇是有利的。按照《UCP600》的解释，信用证一经保兑，即构成保兑行在开证行承诺以外的一项确定的承诺，保兑行对受益人承担必须付款或议付的责任。保兑行不是以开证行代理人的身份，而是以“本人”身份对受益人独立负责，并对受益人负首先付款的责任，受益人不必先向开证行要求付款，而可直接向保兑行交单索偿。

2. 不保兑信用证（Unconfirmed L/C）

不保兑信用证是指开证行开出的信用证没有经另一家银行保兑。当开证行资信较好或成交金额不大时，一般都使用这种不保兑的信用证。信用证是否加具保兑，应在信用证有关保兑的条款上做出明确的选择。

三、即期付款信用证、延期付款信用证、承兑信用证和议付信用证

根据信用证付款方式的不同，分为即期付款信用证、延期付款信用证、承兑信用证和

议付信用证四种。《UCP600》第 6 条 b 款规定“信用证必须规定，它是以即期付款、延期付款、承兑或议付方式兑付。”

1. 即期付款信用证（Sight Payment L/C）

即期付款信用证是指开证行、保兑行或被指定付款行在收到符合信用证条款的汇票和/或单据时，立即履行付款义务的信用证。对这种信用证，开证行、保兑行或指定付款行承担即期付款的责任。即期付款信用证的付款行有时由指定通知行兼任，付款行付款后无追索权。

2. 延期付款信用证（Deferred Payment L/C）

延期付款信用证是指仅凭受益人提交的单据，经审核单证相符确定银行承担延期付款责任起，延长一段时间至付款到期日付款的信用证。确定付款到期日的方法有三种：（1）交单日后若干天；（2）运输单据显示的装运日期后若干天；（3）固定的将来某一日期。这种信用证受益人不开具汇票，因此也无需开证行承兑汇票，进而无法办理贴现。在实践中，此种信用证对受益人来说风险较大。因此，在使用此种信用证时，受益人应要求自己所在地的付款行对信用证加具保兑，以保证安全收汇。《UCP600》第 7 条 a. i. c 款规定：如信用证规定为延期付款，开证行和保兑行应按信用证规定所能确定的到期日付款。

3. 承兑信用证（Acceptance L/C）

承兑信用证是指开证行或付款行在收到符合信用证条款的单据及远期汇票时予以承兑，凭汇票到期时再进行付款的信用证。按照《UCP600》第 6 条 c 款“信用证不得开立包含有以申请人为汇票付款人条款的信用证”的规定，付款人将仅限于被指定的银行，这种信用证又称为银行承兑信用证（Banker's Acceptance L/C）。承兑信用证通常使用于远期付款的交易。

4. 议付信用证（Negotiation L/C）

议付信用证是指开证行在信用证中邀请第三方银行以议付行的身份买入汇票及/或单据的信用证。即允许受益人向某一指定银行或任何银行交单议付的信用证。通常在单证相符的条件下，银行扣取垫付利息和手续费后立即将货款垫付给受益人。议付信用证按是否限定议付行，可分为公开议付信用证和限制议付信用证两种。前者受益人可任择一家银行作为议付行，后者则由开证行在信用证中指定一家银行为议付行。开证行对议付行承担付款责任。议付与付款的主要区别是：议付行在议付后如因单据与信用证条款不符等原因而不能向开证行收回款项时，还可向受益人追索；而指定的付款行一经付款，即无权向受益人追索。对保兑行在议付信用证项下的责任，《UCP600》第 8 条 a 款做了如下规定：“议付，无追索权，如果信用证的兑付是由保兑行议付。”

四、可转让信用证和不可转让信用证

根据受益人是否有权转让信用证，分为可转让信用证和不可转让信用证两种。

1. 可转让信用证（Transferable L/C）

可转让信用证是指信用证的第一受益人有权将信用证的全部或部分转让给一个或两个以上的人（即第二受益人）使用。可转让信用证只能转让一次。在国际贸易实务中，可转让信用证的第一受益人一般是中间商，第二受益人则是实际供货商。信用证只能按原证规定条款办理转让，但信用证的金额和单价、到期日、运输单据出单日期后必须交单的最后期限、装运期限等项可以减少、提前或缩短。保险加保比例可以增加到原信用证要求保足的金额。第一受益人的名称可替代申请人的名称，但如果原信用证特别要求在除发票外的其他单据上注明申请人的名称，该项要求必须予以满足。如果发生第二受益人不能交货，或交货不符合合同规定，单据不符合买卖合同的要求时，原出口商仍要承担买卖合同规定的卖方责任。

在办理转让手续时，第一受益人有权要求第二受益人将单据交给转让行，以便把自己开立的按原信用证的单价及金额所制作的汇票、发票替换第二受益人的汇票、发票，从而获取差额。按《UCP600》第38条规定，转让行是指转让信用证的指定银行，或在信用证可为任何银行兑付的情况下，是指由开证行特别授权转让，并办理转让信用证的银行。开证行可作为转让行。转让行转让信用证时要收取转让手续费。除非在转让时另有规定，一切费用（诸如佣金、手续费、成本或开支）必须由第一受益人支付。

然而在使用可转让信用证的情况下，进口商将承担一定的风险。因为进口商对第二受益人的资信和经营能力并不了解，第二受益人提供的货物能否符合买卖合同要求也无法把握。因此，除非特殊需要，进口商一般不会同意开立可转让信用证。

可转让信用证的业务流程见图5－2。

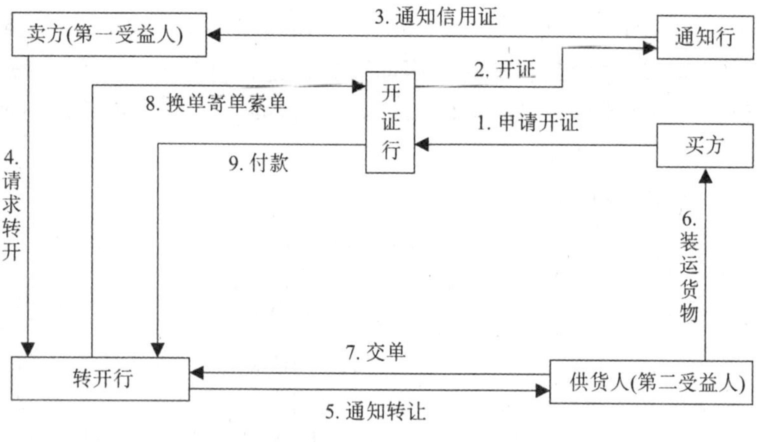

图5－2 可转让信用证业务流程图

2. 不可转让信用证（Untransferable L/C）

不可转让信用证是指受益人不能将信用证的权利转让给他人使用的信用证。凡在信用证上没有注明“可转让”字样的信用证，均为不可转让信用证。不可转让信用证只限于受益人本人使用。

五、背对背信用证

背对背信用证（Back－to－Back Credit）是指原证受益人收到国外开证行开来的信用证后，要求原通知行或其他银行以原证为基础，另开一张内容相近于原证的新证给另一受益人，由于第二张信用证（新证）以第一张信用证（原证）为保证和基础，所以称为背对背信用证。背对背信用证是基于中间商的需要而开立的。中间商为了保住商业秘密，不愿将货源或商业渠道予以公开，以赚取其中间的利润。背对背信用证的受益人可以是国外的，也可以是国内的，其装运日期、到期日、金额和单价等可较原证规定提前或减少，但货物的质量、数量必须与原证一致。由于受原证的约束，背对背信用证的开证行要征得原开证行同意后方能同意修改或接受不符。在实践中，背对背信用证的开证行为了减少自身风险或避免麻烦，在其不能确保原证开证行兑付之前，对该证受益人（实际供货商）提示的单据总是竭尽其能，挑出不符点以首先拒付，所以背对背信用证的受益人在实务处理中要格外谨慎，不能有任何疏忽。

背对背信用证业务流程见图 5-3。

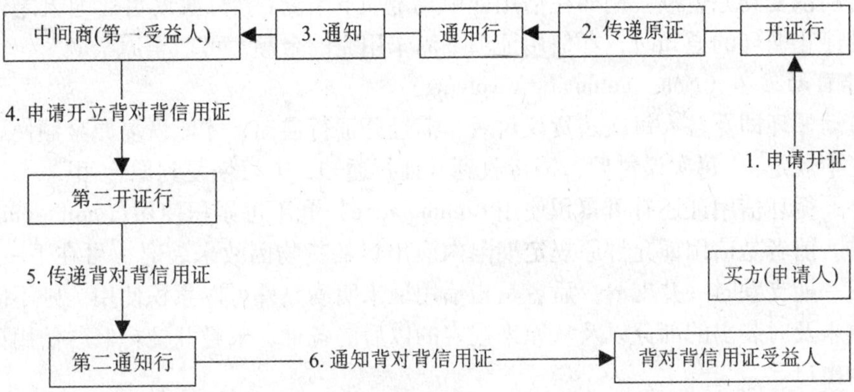

图 5-3 背对背信用证业务流程图

六、对开信用证

对开信用证（Reciprocal Credit）是指两张互相制约的信用证，进出口双方互为开证申请人和受益人，双方的银行互为开证行和通知行。这种信用证一般用于补偿贸易、易货贸易和对外加工装配业务。对开信用证的特点是：第一，双方必须承担购买对方货物的义务，一方的出口必以另一方的进口为条件，互相联系，互相制约，而且两证的金额要相等或大致相等；第二，第一张信用证的受益人（出口商）和开证人（进口商）就是第二张信用证的开证人（进口商）和受益人（出口商），第一张信用证的通知行通常就是第二张信用证的开证行，反之亦然。

对开信用证从生效时间看，有两种做法：一是同时生效的对开信用证，即一方开出的信用证，虽已为对方所接受，但暂不生效，俟另一方开来回头信用证被该证受益人接受时，通知对方银行两证同时生效；二是分别生效的对开信用证，即一方开出的信用证被受益人接受后随即生效，无需等待另一方开来回头信用证。

七、循环信用证

循环信用证（Revolving Credit）是指信用证被全部或部分使用后，其金额又恢复到原金额，可再次使用，直至达到规定的次数或规定的总金额为止。在进出口买卖双方订立长期合同，分批交货，而且货物比较大宗单一的情况下，进口商为了节省开证手续和费用，即可开立循环信用证。

循环信用证循环的方式通常有以下三种：

1. 自动循环（Automatic revolving）

自动循环即受益人在规定时期内装运货物议付后，无需等待开证行通知即可自动恢复到原金额供再次使用。例如在信用证中规定以下条款“本信用证项下总金额于每次议付后自动循环”。

2. 半自动循环（Semi - automatic revolving）

半自动循环即受益人每次装货议付后在若干天内，开证行未提出不能恢复原金额的通知，即自动恢复到原金额。例如在信用证中规定如下条款：“每次议付后七天之内，议付行未接到停止循环的通知时，本信用证项下尚未用完的余额，可增至原金额”。

3. 非自动循环（Non - automatic revolving）

非自动循环即受益人每次装货议付后，需经开证行通知，才能恢复原金额使用。例如在信用证中规定：“每次议付后，须待收到开证行通知，方可恢复到原金额”。

此外，循环信用证还有可累积使用（cumulative）和不可累积使用（non - cumulative）两种做法。前者是信用证允许原规定期限内应出口的货物因故未装时，可在下一期补出，并可在下一期支款时一并支取。后者是指信用证未明确允许可以累积使用，则不能累积使用，因故未及时装出的部分以及从原来规定的以后的各批，未经开证行修改信用证，均不能再装运出口。

八、预支信用证

预支信用证（Anticipatory Credit）是指允许出口商在货物装运交单前预支货款的信用证。预支信用证可以分为全部预支信用证和部分预支信用证。全部预支信用证是申请人在申请开证时就将全部预支款项交给开证行，开证行在信用证上加列预支条款，授权议付行凭受益人交来的光票和按时发货交单的保证予以议付，而将全部信用证金额扣减利息预先垫付给受益人。部分预支信用证是授权议付行向受益人预先支付信用证金额的一定百分比。以往这一条款用红字打出，从而引起有关各方对于特殊预付办法的注意，因此该信用证又被称为红条款信用证。红条款信用证还可分为开证行垫款预付和议付行垫款预付。开证行垫款预付是由开证行代进口商垫款，开证银行为预支款垫付，并由开证行收取利息。议付行垫款预付是由议付行代替开证行或进口商垫款，其利息由议付行收取。预支信用证主要用于出口商组织货源而资金紧张的情况。目前，我国在补偿贸易中有时采用这种信用证。

第五节

UCP600 与 EOCDEX 简介

一、UCP600 简介

（一）UCP600 的适用范围

UCP600 是国际商会第 600 号出版物，UCP 为《跟单信用证统一惯例》（Uniform Customs and Practice for Documentary Credits）的简称。

国际商会银行委员会承认，统一惯例不是一套强制性必须在所有开立的信用证中适用的规定。只有在当事人同意适用时，才对该当事人有约束力。但如果信用证中注明根据统一惯例开立，在处理信用证业务纠纷时，法院将会以统一惯例作为“法律准则”，即把统一惯例当作了“法律”。然而，当开证行开立的信用证和国内的本地法冲突时，则应该以本地法为准来处理。另外，当信用证中规定的特别条款与统一惯例有冲突时，一般采用信用证条款的规定。

（二）UCP600 的主要内容

第 1～5 条为总则部分，包括 UCP 的适用范围、定义条款、解释规则、信用证的独立性等；第 6～13 条明确了有关信用证的开立、修改、各当事人的关系与责任等问题；第 14～16 条是关于单据的审核标准、对单证相符和不符的处理的规定；第 17～28 条属单据条款，包括商业发票、运输单据、保险单据等；第 29～32 条规定了有关最迟交单日的顺延、信用证金额等的增减幅度、分批或分期装运等方面的问题；第 33～37 条属银行的免责条款；第 38 条是关于可转让信用证的规定；第 39 条是关于款项让渡的规定。

其中第 2 条（定义条款）和第 15 条（相符交单）为新增条款；删除了原 UCP500 中 7 个不必要或过时的条款：第 5 条（开立信用证的指示）、第 6 条（可撤销与不可撤销信用证）、第 8 条（信用证的撤销）、第 12 条（不完整与不清楚的指示）、第 30 条（运输行出具的运输单据）、第 33 条（运费到付/预付运输单据）、第 38 条（其他单据）。

（三）UCP600 与 UCP500 的主要不同点

由于 UCP 的重要和核心地位，它的修订还带动了 eUCP、ISBP、SWIFT 等的相应修订和升级。与 UCP500 相比较，UCP600 的变化见表 5－11。

UCP600 共有 39 个条款、比 UCP500 减少 10 条，但却比 UCP500 更准确、清晰，更易读、易掌握、易操作。

它将一个环节涉及的问题归集在一个条款中；将 L/C 业务涉及的关系方及其重要行为进行了定义，如第二条的 14 个定义和第三条对具体行为的解释。

UCP600 纠正了 UCP500 造成的许多误解：

第一，把 UCP500 难懂的词语改变为简洁明了的语言，取消了易造成误解的条款，如“合理关注”、“合理时间”及“在其表面”等短语。有人说这一改变会减少昂贵的庭审，

表 5-11 **UCP600 对 UCP500 的变动**

1. 结构上的变化	(1) 集中归纳了对特定概念的解释； (2) 按业务环节对条款进行了归纳。
2. 删除了某些条款	删除了关于可撤销信用证的内容，规定信用证是不可撤销的。
3. 新增了某些条款	(1) 明确规定交单地点应在指定银行及开证行所在地； (2) 新增“兑付”：包括开证行、保兑行、指定行在信用证下除议付以外的一切与支付相关的行为； (3) 规定了“相符的交单”：强调交单要与信用证条款、适用的惯例条款以及国际银行标准实务相符合。
4. 修改了某些条款	(1) 关于议付：新的定义明确议付是对票据及单据的一种买入行为，是对受益人的融资； (2) 关于单据处理的天数：UCP500 规定银行收到单据后的处理时间为“不超过收单翌日起第 7 个工作日”，UCP600 改为“最多为收单翌日起第 5 个工作日”； (3) 对不符单据的处理：规定当开证行确定单证不符时，可以自行决定联系申请人放弃不符点，如果开证行收到申请人放弃不符点的通知，则可以释放单据； (4) 关于可转让信用证：明确规定第二受益人的交单必须经过转让行。

意指法律界人士丧失了为论证或反驳“合理”、“表面上”等所收取的高额费用。

第二，UCP600 取消了无实际意义的许多条款。如“可撤信用证”、“风帆动力批注”，“货运代理提单”及 UCP500 第 5 条“信用证完整明确要求”及第 12 条有关“不完整不清楚指示”的内容也从 UCP600 中消失。

第三，UCP600 的新概念描述极其清楚准确。如兑付（Honor）定义了开证行、保兑行、指定行在信用证项下，除议付以外的一切与支付相关的行为；议付（Negotiation），强调是对单据（汇票）的买入行为，明确可以垫付或同意垫付给受益人，按照这个定义，远期议付信用证就是合理的。另外还有“相符交单”、“申请人”、“银行日”等等。

第四，更换了一些定义。如对审单做出单证是否相符决定的天数，由“合理时间”变为“最多为收单翌日起第 5 个工作日”。又如，“信用证”UCP600 仅强调其本质是“开证行一项不可撤销的明确承诺，即兑付相符的交单”。再如开证行和保兑行对于指定行的偿付责任，强调是独立于其对受益人的承诺的。

第五，方便贸易和操作。UCP600 有些特别重要的改动。如拒付后的单据处理，增加了“拒付后，如果开证行收到申请人放弃不符点的通知，则可以释放单据”；增加了拒付后单据处理的选择项，包括持单候示、已退单、按预先指示行事。这样便利了受益人和申请人及相关银行操作。又如，转让信用证方面，UCP600 强调第二受益人的交单必须经转让行。但当第二受益人提交的单据与转让后的信用证一致，而第一受益人换单导致单据与原证出现不符时，又在第一次要求时不能做出修改的，转让行有权直接将第二受益人提交的单据寄开证行。这项规定保护了正当发货制单的第二受益人的利益。再如单据在途中遗失，UCP600 强调只要单证相符，即只要指定行确定单证相符，并已向开证行或保兑行寄单，不管指定行是兑付还是议付，开证行及保兑行均对丢失的单据负责。这些条款的规定，都大大便利了国际贸易及结算的顺利运行。

二、eUCP 简介

随着科学技术的不断进步和发展，电子商务快速兴起，国际贸易也出现了许多新的变化。国际商会以往颁布实施的部分惯例与规则，有些不能适应形势发展与变化的要求，从而给参与国际贸易的有关方带来诸多不便，甚至因此而产生了争议或纠纷。为此，近年来，国际商会不断努力，尽可能使已有的惯例与规则更加完善，使之更加符合贸易发展的客观需要。

近年来，随着电脑网络的快速发展，电子商务迅速普及，而在国际贸易中普遍使用的信用证交易方式中也产生了电子提示和电子签章。于是跨国性的电子交易成为国际贸易的一种新模式，使用网络传递信用证和提示单据已成为国际潮流。

为适应新的贸易模式，规范电子信用证交易，在 UCP500 的基础上，国际商会于 2001 年底对电子信用证交易中的电子提示等问题制定了一个补充规则，即《跟单信用证统一惯例电子提示补充规则》（Supplement to UCP500 for Electronic Presentation in force as of April I，2002 Version1.0，简称 eUCP），并于 2002 年 4 月 1 日起正式实施。为了配合 UCP600 的实施，国际商会又将 eUCP1.0 版本改为 eUCP1.1 版本。eUCP1.1 版本与 UCP600 共同适用于信用证交易。

eUCP 共有 12 个条款，架起了 UCP 使用书面文件提示与电子提示程序间的桥梁，eUCP 的实施开启了电子信用证交易的时代。

eUCP 第 1 条规定了电子信用证的适用范围，并且规定电子提示与书面提示可以混合使用。该条指出：eUCP 是对 UCP 的补充，以适应单独提交或与纸单据混合提交电子记录的情形。该条第 3 款特别规定，此版本为第 1.1 版，以说明信用证需要明确约定其适用于 eUCP 的何种版本，以作为执行交易的依据。若信用证未明确约定，则以信用证开立、修改时的有效版本为准。

eUCP 第 2 条将原本 UCP 的内容加以整合，做出需要以书面提示的例外规定。如果一份信用证受 eUCP 规范，虽然没有书面声明，同时也须受 UCP 规范；如果采用电子化单据方式提示，只有在 eUCP 与 UCP 的规定发生矛盾时，eUCP 的效力才优于 UCP。

三、DOCDEX 规则简介

（一）DOCDEX 规则概述

在信用证争议中最常见的是不符单据的拒付问题。一般情况下，解决的方法不外乎由当事人自行协商、仲裁或提出诉讼由法院判决。但当事人自行协商很难达成和解，而诉讼所花的费用和时间过多，有可能得不偿失，且由于各国法院与律师对国际贸易惯例的理解和适用存在差异、误判的情况在所难免，也不易使当事人信服。为此，国际商会曾于 1996 年制定了《跟单信用证争议解决专家意见规则》（ICC Rules for Documentary Credit Dispute Resolution Expertise，简称 ICC DOCDEX RULES）（第 577 号出版物），以解决由于适用 UCP 和 URR 而引发的争议。随着国际贸易的不断发展，以及信用证争议和有关结算单据纠纷的大量增加，2002 年 3 月，国际商会对 DOCDEX 规则进行了修订，将义适用范围由原来的 UCP、URR 扩大到其他的国际商会规则，包括《托收统一规则》（URC522）

和《见索即付保函统一规则》(URDG458)。DOCDEX 规则的名称也改为《跟单票据争议解决专家意见规则》(ICC Rules for Documentary Instruments Dispute Resolution Expertise，简称 ICC DOCDEX 规则)，从而使该规则被确定为以专家意见为基础的解决国际结算纠纷的机制。

依 DOCDEX 规则，信用证交易中任何一方当事人与其他当事人就信用证争议可以向国际商会设在法国巴黎的国际专业技术中心（International Center for Experbise，简称“中心”）提出书面申请，由该中心在银行委员会提名的一份专家名单中指定三名专家，依据当事人提交的书面材料，经与银行委员会的技术顾问协商后，做出如何解决争议的决议，并以该中心的名义对外发布该决议的结果。

（二）DOCDEX 适用范围及申请程序

DOCDEX 规则共有 11 个条款和 1 个附录。依 DOCDEX 规则第 1 条，凡因国际商会的规则而引起的争议均可适用 DOCDEX 规则加以解决，其中包括 UCP、URR、URC 及 URDG。该规则的目的在于提供独立、公平及快速的专家决议，超然地解决争议案。当争议案件依据该规则向中心提出时，该中心从银行委员会持有的专家名单中委任三名专家组成专家小组。经与银行技术与实务委员会的技术顾问协商后，该小组依据 DOCDEX 规则，以“中心”的名义做出 DOCDEX 决议，并对外发布该决议。

与仲裁审理必须提交仲裁协议不同，DOCDEX 规则无须当事人间必须有解决争议的协议，即可将争议提交国际商会的国际专业技术中心，依该规则解决。无论对方当事人是否同意，中心最后都依 DOCDEX 规则和程序决定是否对争议案做出决议。

根据 DOCDEX 规则第 2 条，向中心提交申请，要求作出 DOCDEX 决议的申请人可以是争议的一方当事人，即单独提交申请，也可以是争议双方或多方当事人共同提交一份申请。该申请包括所有文件及其附件一式四份提交设在巴黎的国际商会中心。申请书应包括所有必要的资料：申请人及争议当事人的名称、地址；申请人依 DOCDEX 规则，正式请求做成 DOCDEX 决议的声明书；申请人说明已将一份申请资料发送给争议当事人的声明书；申请人的诉求与争议的摘要，明确所有与信用证、托收或保函有关的事项以及确定决议所适用的是国际商会的规则；说明申请人和被申请人在争议中所充任的角色等；申请书必须随附该规则附件要求的标准收费支付凭证。应注意，申请书中的申请主张（诉求）应简明扼要，不能长篇大论。

应用训练

【案例】

2012 年 3 月 20 日，ABC 银行开立一张不可撤销可转让信用证，该信用证以 M 为受益人，XYZ 银行为该证的通知行。接到此证后，XYZ 银行将该证通知给了 M。M 即要求 XYZ 银行将该证部分转移给第二受益人 N。为履行《UCP600》第 38 条的规定，XYZ 银行转让了此证，并将此情况通知给了开证行 ABC 银行。于是，在信用证规定的时间内，第二受益人N将金额为USD376155.00的全套单据向XYZ银行提示。经审核，XYZ银行注意到N提示的单据中缺少内容为在48小时内将装运详情以电传、电报、传真形式通知申请人的证明书，并将此不符点及时通知了N。由于第二受益人N无法更正此不符点，他即与第一受益人M联系，M直接与开证申请人协商，要求其修改信用证关于此条的规定。同时M又告诉申请人出运的货物重量为585吨，而非信用证要求的600吨。在开证申请人的要求下，ABC银行对信用证做了如下修改：（1）取消要求提供在48小时内将装运详情以电传、电报、传真形式通知申请人的证明书条款；（2）原信用证金额减少USD14130.00，新信用证金额为USD387270.00；（3）单价降低为每吨USD662.00。

XYZ银行将此修改通知给了第一受益人M。M将其金额为USD387270.00的发票代替了N金额为USD376155.00的发票。随即，XYZ银行将USD376155.00入N之账，并且把两张发票间的差额USD11115.00支付给了第一受益人M。XYZ银行将全套单据寄给了ABC银行（除了第二受益人N的发票，该发票在XYZ自行留档保存）。

ABC银行收到单据审核后认为：XYZ银行提供的保险单金额为USD430509.00，该金额超过信用证的规定（信用证规定保险金额应为发票金额的110%）。超过部分为USD4512.40，为此ABC银行将保留单据，听候处理。

XYZ银行认为ABC银行的拒付理由不成立。因为在第二受益人N交单时，第一受益人M已与申请人联系，要求其接受第二受益人N已提示的单据（为参考起见，提供第二受益人原保险单一份，该保险单上的保险金额是以原金额为计算依据的）。过量保险的不符点是由于修改信用证而引起的，而在信用证修改时，货物早已装毕，保险也早已落实，故不可能再对保险作更改，况且1.17%的过量保险并不会给申请人增加任何费用。ABC银行坚持自己的观点，认为保险的金额应为110%发票金额，不能有任何伸缩。

思考：

该案例中提及的信用证是何种类型的信用证？《UCP600》对该种类型信用证有何规定？ABC银行坚持自己的观点是否正确？

【分析】

1. 该案例中提及的信用证是可转让信用证，该信用证有两个受益人，一是中间商，一是实际供货人。

2. 按《UCP600》第38条g款规定：信用证只能按原证规定的条款转让，但下列除外：信用证金额、所列单价、到期日、交单最后日期、装运期，上列任何一项或全部可以减少或缩短。保险加保比例可以增加，以便维持原证或本条文规定的保额。

3. ABC银行坚持自己的观点是有依据的：第一，在本案中，信用证中明确表示保险金额为发票的110%，这就意味着保险金额为发票金额的110%，不符合该规定，即可视为不符点；第二，表面上看，按《UCP600》第38条g款规定，似乎投保比例扩大不构成不符点。但g款的此项规定是为了使保险单的保险金额达到原证的要求，故该条款不适用本案。因为本案的保险金额已超过原证规定的1.17%，所以该不符点成立。综上所述，ABC银行的处理方式符合惯例，其坚持自己观点的做法是正确的。

思考与练习

1. 简述信用证的概念及主要内容。
2. 简述信用证结算方式的主要特点。
3. 简述信用证结算方式的基本当事人有哪些？并分析其主要责任。
4. 简述信用证的种类有哪些？
5. 简要分析信用证的业务流程。
6. 案例分析题：

甲国的A公司出口机电设备给乙国的B公司。由于货款金额大，B公司在申请开证时，银行要求其支付较高的押金。B公司的流动资金比较紧张，觉得支付该数量的押金比较困难。B公司转而与A公司商量采用托收的结算方法，但A公司基于收汇安全的考虑，认为全额托收不可接受。

请分析：

在这种情况下，可以怎样结合不同的结算方式，既可以使B公司少付押金，又可以保证A公司的收汇安全？作为B公司的开证行，应该在信用证中怎样注明？在出口合同中，又应怎样反映？

第六章

银行保函与备用信用证

学习目的

- □ 掌握银行保函的基本概念、种类和银行保函业务的当事人
- □ 掌握备用信用证的概念、性质、种类及其与银行保函的区别

【案例导入】

“中国国家画院（国展）美术中心（下称“国展美术中心”）将资产抵押给银行，投资者在国展美术中心购买艺术品之后，可获得银行的信用保函。在两年内，如果艺术品贬值，投资者可直接到银行凭保函兑取现金，如果艺术品升值，利益归投资者所有。”昨日，在国展美术中心签约仪式上，国展美术中心相关负责人向《第一财经日报》记者介绍了一种艺术品销售新模式。

据介绍，在这种艺术品销售模式下，银行在合作中利润的主要来源是保证金的利息。另据该人士介绍，两年期限的设立是出于避免短期炒作和冲动投资的考虑。

据杨春桥介绍，国展美术中心此次开创包括由银行提供承担风险的保函，进行保函销售，规避投资风险并提供资本退出机制等五个经营模式，意在斩断艺术品造假的可能性和在流通中断绝赝品的条件，从而解决艺术品市场的真伪问题。

国展美术中心由中国国家画院、中国国际展览中心集团公司、俊安集团和通瑞达公司共同出资，总投资额10亿元，该中心于2011年底正式开业。

（资料来源：李高阳：“艺术品销售现银行保函模式”，《第一财经日报》微博2011年11月01日，http：//www. sina. com. cn。）

思考：

1. 什么是银行保函？
2. 银行保函有哪几种类型？本案例中涉及的是何种类型的银行保函？
3. 银行保函可以助推艺术品销售吗？

第一节 银行保函

一、银行保函概述

（一）银行保函的含义及当事人

1. 银行保函的含义和特点

银行保函（Banker’s Letter of Guarantee，L/G）又称“银行保证书”，是指银行根据交易当事人的要求，向另一方开具的、保证该当事人责任或义务履行的书面付款保证承诺。在国际经济交往中，由于双方当事人身处异地，互不了解、互不信任，往往需要银行信用介入，由银行担保一方履约，取得对方信任，以促成交易的实现。因此，银行保函使交易各方履行义务得到了双重信用保障，其性质是一种银行信用。

银行保函适用于《见索即付保函统一规则2010》（The Uniform Rules for Demand Guarantees ICC Publication No. 758. 2010 Edition），该保函是国际商会第758号出版物，简称《URDG758》，是国际商会在《URDG458》基础上，借鉴近年来保函及相关业务实践发展经验，引入全新的术语体系修订的，2009年12月3日公布，于2010年7月1日正式实施。

银行保函具有以下两个特点：

（1）银行保函以银行信用作为保证，易于为客户接受。因为银行的资金实力雄厚且具有较强的经营能力，以银行作为担保人，有助于交易达成。

（2）银行保函是依据商务合同开出的，但独立于该合同，是具有独立法律效力的法律文件。当受益人在保函项下合理索赔时，担保行就必须承担付款责任，无权以委托人违反该合同为由拒付。即：保函是独立的承诺并且是单证化的交易业务。

2. 银行保函的当事人及其权责

银行保函的基本当事人有三个，即委托人、受益人和担保行。另外，有时还可以有通知行、保兑行和反担保行。

（1）委托人（Principal）。即为保函的申请人，是向银行申请开立保函的人。其主要责任是：①在担保行依照保函规定向受益人付款后，立即偿还担保行垫付的款项；②负担保函项下一切费用及利息；③担保行如果认为需要时，应预支部分或全部押金。

（2）受益人（Beneficiary）。是指收到保函并有权按保函的规定出具索款通知或者连同其他单据，向担保行索取款项的人。其权利是：按照保函规定，在保函有效期内提交相符的索款声明，或连同有关单据，向担保行索偿，并取得付款。

（3）担保行（Guarantor Bank）。是指接受申请人的申请，向受益人开立保函的银行。其权利和责任是：①应根据申请人的要求开立保函；②在申请人违约时，根据受益人提出的索偿文件和保函的规定向受益人做出赔偿；③如委托人无法偿还担保行的付款，担保行有权处置押金、抵押品和担保品。如处置后仍不足以抵偿，则担保行有权向委托人追索不足部分。

（4）通知行（Advising Bank）。是指接受担保行的委托办理保函通知或转递业务的银行。一般是受益人所在地并与担保行有业务往来的银行，通常是担保行的联行或代理行。其主要责任是：通过核对担保行的签字或密押来证实保函的表面真实性，并按担保行的指示将保函通知受益人，在完成通知后可按保函金额的一定比例收取手续费。如不能通知受益人时，应及时告知担保行。

（5）保兑行（Confirming Bank）。是指应保函担保行的要求或授权而对其向受益人开出的保函承担担保责任的银行。在保函业务中，有时受益人因担心担保行的清偿能力，要求担保行对其所开立的保函邀请其他银行加具保兑。保兑行通常为受益人所在地的大银行。其权利和责任是：在担保行拒绝履行赔付责任时，其承担付款责任。保兑行付款后，有权凭担保函向担保行进行索赔。

（6）反担保行（Counter Guarantor Bank）。是指应委托人的要求向担保行开出的一种反担保书面文件，以自身信誉承诺在委托人造成违约后果后将及时足额补偿担保行对受益人的所有支付或赔偿及相关费用的人。通常反担保行是与申请人有经济业务往来的其他银行。其权利和责任是：反担保行通常不受理受益人提出的任何索赔要求，只对担保行负责，按照担保行提出的要求予以偿付，同时享有对委托人进行追偿的权利。

（二）银行保函的内容和格式

1. 银行保函的内容

银行保函的内容根据具体交易的不同而有所差异，但就其基本方面而言，一般包括以下各项：

（1）保函的编号和开立保函的日期。为便于管理和查询，银行通常要对保函进行编号，注明保函开立的日期，有利于确定担保银行的责任。

（2）各当事人的名称和地址。保函应写明委托人（申请人）、受益人、担保行以及通知行（如有保兑行和反担保行，也需注明）的完整名称和详细地址，这不仅可以保证保函的完整、真实，而且对于明确保函的有关法律问题，各方当事人的权利、义务，处理纠纷都十分重要。

（3）有关交易合同与担保标的物的描述。保函需要表明有关的交易合同、协议和标书的编号和日期，以及有关工程项目或其他标的物的名称、数量等。

（4）保证金额。保证金额是开立保函的银行或其他金融机构所承担责任的最高金额，可以是一个具体的金额，也可以是合同有关金额的某个百分率。如果担保行可以按委托人履行合同的程度减免责任，则必须做出具体说明。

（5）有效期。即最迟的索赔日期，或称到期日（expiry date），它既可以是一个具体的日期，也可以是在某一行为或某一事件发生后的一个时期到期。例如：在交货后 3 个月或 6 个月、工程结束后 30 天等。

（6）责任条款。即开立保函的银行在保函中承诺的责任条款，这是构成银行保函的主体。

（7）索赔方式。即索赔条件，是指受益人在任何情况下可向开立保函的银行提出索赔。对此，国际上有两种不同的处理方法：一种是无条件的或称“见索即付”保函（First demand guarantee）；另一种是有条件的保函（Accessory guarantee）。

2. 银行保函的格式

银行保函的格式见表6－1。

表6－1　银行保函的格式

Banker's Letter of Guarantee

Reference No.

Date：

TO：[Beneficiary's Name]

This security is hereby issued to serve as the performance security of ________ (hereinafter referred to as "part A"), for contract No. ________ dated ________ between you and part A for the supply of ________.

We, ________ (hereinafter referred to as "the Bank") hereby unconditionally and irrevocably guarantees and binds itself, its successors and assigns to pay you, up to the maximum amount of ________ (currency and amount), and accordingly covenants and agrees as follows:

On part A' s failure of the faithful performance of the contract (hereinafter referred to as "the Failure of Performance") as determined by you and notwithstanding any objection by part A, the Bank shall be immediately, on your demand in a written notification by AUTHENTICATED SWIFT via your bank stating the Failure of Performance by part A, pay you such amount or amounts as required by you not exceeding the aggregate amount as stated above in the manner specified in the said notification.

This Guarantee shall remain valid and in full force and effect from the issuing date until ________. Any claims for payment should reach the Bank's counter on or before ________.

Upon expiry, please confirm us the expiry of this guarantee by authenticated swift via your bank or return it to us for cancellation. But our responsibility will become null and void no matter that it is returned to us or not.

This guarantee is not transferable and in your favor only.

This guarantee is subject to Uniform Rules for Demand Guarantee 758.

二、银行保函的业务处理及种类

（一）银行保函的业务处理程序

银行保函业务从开立到结束一般需经过以下几个环节：

1. 申请人填写保函申请书

申请人向银行申请开立保函时，需填写保函申请书。保函申请书应指示明晰，内容填写要完整，如名称、地点、金额、有效期等项目需详细、清楚。通常首次在银行办理保函业务的申请人应提供《单位基本情况登记表》、企业贷款卡号码以及提交办理保函业务所需的各类文件，如贸易、工程或招标等项目合同的相关文件。

2. 担保行进行审查

担保行收到申请人的申请和相关资料后进行审查，通常审查以下几个方面：

（1）对申请人进行审查。一般审查申请人的营业执照、经营范围及经营许可证和授信额度等。

（2）对保函申请书进行审查。通常审查申请书上保函申请人、受益人、保函项目/工程等描述、指定的通知行（如需）、金额、币别、保函种类、期限等内容是否清楚，内容是否与合同的内容相一致，如填写有误，退交客户。

（3）对付款保证落实情况进行审查。

3. 担保行开立保函

担保行根据审查情况，进行保函开立处理。通常担保行审核无误后，对信开保函缮制信开保函格式，对电开保函缮制保函电文草本，并填写保函开立背书情况表等相关信息。复核人员复核无误后，开立正式保函文本。保函一经开立，担保行既承担担保付款的责任。

4. 保函的修改

申请人对已开立的保函要求修改，须提交真实无误、内容完整、指示清晰的修改申请书，并经各当事人的同意，否则修改无效。担保行按修改申请书的内容重新开立保函。

5. 保函的通知

担保行开出保函后通常可委托受益人所在地的银行通知保函的受益人。通知行（转递行）仅负责保函表面真实性的检验，不承担其他任何责任。若通知行不能确定保函的真实性，需在保函通知书上注明。

6. 保函的索赔和理赔

受益人提出索赔，应在保函有效期内提交索赔委托书、保函正本及相关的文件向担保行提出。担保行收到国外受益人或经由受益人银行提交的索赔书或电索报文及相关文件后，依据保函条款对收到的索赔书及报文内容进行审核。审核无误后，缮制《保函索赔通知书》，以便办理理赔手续。

7. 保函的注销

一般情况下，保函到期后或向受益人赔付后，保函的效力就自动消失。保函失效后，担保行应要求受益人退回保函正本，注明“注销”字样后归档保存，保存期一般为5年。

8. 附件

以下为银行保函各业务环节的操作范本：

（1）保函通知书（见表6-2）。

表6-2

ADVICE OF GUARANTEE

（保函通知书）

日期/DATE：

致/TO：（保函受益人）

OUR. REF：（我行保函通知编号）

ISSUING BANK：（开立行）

GUARANTEE NO.：（开立行保函编号）

ISSUING DATE：（开立日期）

GUARANTEED AMOUNT：（担保金额）

DEAR SIRS，（敬启者）

WE HAVE PLEASURE IN ADVISING YOU THAT WE HAVE RECEIVED FROM THE A/M BANK AN AUTHENTICATED GUARANTEE, CONTENTS OF WHICH ARE AS PER ATTACHED SHEET（S）.

续表

（兹通知贵司，我行收到上述银行已核印押保函一份，现随附通知。） WE, AS THE ADVISING BANK, SHALL BEAR NO RESPONSIBILITIES AND LIABILITIES UNDER THE SUBJECT GUARANTEE. （我行作为通知行，将不承担该保函项下的任何责任和义务。） IF YOU FIND ANY FORMAT AND CONTENT IN THE SAID GUARANTEE WHICH YOU ARE UNABLE TO COMPLY WITH AND/OR ANY ERROR（S）, IT IS SUGGESTED THAT YOU CONTACT APPLICANT DIRECTLY FOR NECESSARY AMENDMENT（S）. （如本保函中有无法办到的条款、内容及/或错误，请直接与保函申请人联系进行必要的修改。） PLEASE BE ADVISED THAT WE HAVE DEBITED YOUR ACCOUNT WITH US FOR USD ________ BEING THE ADVISING CHARGES.（有账户情况） （我行已从贵司账户中收取了我行的通知费。） PLEASE SETTLE THE ADVISING CHARGES OF US FOR USD ________（无账户情况） （请贵司支付我行通知费。） 备注/Remarks IF YOU HAVE ANY FURTHER QUERIES, PLEASE DO NOT HESITATE TO CONTACT US QUOTING THE ABOVE MENTIONED REF. （如有疑问，请按上述业务编号与我行联系。） THIS IS A COMPUTER GENERATED LETTER, NO SIGNATURE REQUERED. （本确认书由计算机生成，无需签字。）

（2）保函修改通知书（见表6-3）。

表6-3

ADVICE OF AMENDMENT TO GUARANTEE **（保函修改通知书）** 日期/DATE: TO（致）:（保函受益人） OUR REF NO.:（我行编号） ISSUING BANK:（开立行） GUARANTEE NO.:（保函编号） AMENDMENT NO.:（修改次数） DEAR SIRS,（敬启者） WE HAVE PLEASURE IN ADVISING YOU THAT WE HAVE RECEIVED FROM THE A/M BANK AN AUTHENTICATED AMENDMENT TO THE SAID GUARANTEE, CONTENTS OF WHICH ARE AS PER ATTACHED SHEET（S）. （兹通知贵司，我行收到上述银行已核印押保函修改一份，现随附通知。） WE, AS THE ADVISING BANK, SHALL BEAR NO RESPONSIBILITIES AND LIABILITIES UNDER THE SUBJECT GUARANTEE AND AMENDMENTS THEREOF. （我行作为通知行，将不承担该保函及其修改项下的任何责任和义务。） IF YOU FIND ANY FORMAT AND CONTENT IN THE SAID AMENDMENT TO GUARANTEE WHICH YOU ARE UNABLE TO COMPLY WITH AND/OR ANY ERROR（S）, IT IS SUGGESTED THAT YOU CONTACT APPLICANT DIRECTLY FOR NECESSARY AMENDMENT（S）. （如本保函中有无法办到的条款、内容及/或错误，请直接与保函申请人联系进行必要的修改。）

续表

PLEASE BE ADVISED THAT WE HAVE DEBITED YOUR ACCOUNT WITH US FOR USD ________ BEING THE ADVISING CHARGES.（有账户情况） （我行已从贵司账户中收取了我行的通知费。） PLEASE SETTLE THE ADVISING CHARGES OF US FOR USD ________（无账户情况） （请贵司支付我行通知费。） 备注/Remarks IF YOU HAVE ANY FURTHER QUERIES, PLEASE DO NOT HESITATE TO CONTACT US QUOTING THE ABOVE MENTIONED REF. 如有疑问，请按上述业务编号与我行联系。 THIS IS A COMPUTER GENERATED LETTER, NO SIGNATURE REQUIRED. 本确认书由计算机生成，无需签字。

（3）保函开立确认书（见表6-4）。

表6-4

CONFIRMATION FOR ISSUANCE OF GUARANTEE **保函开立确认书** 日期/DATE： TO（致）： GUARANTEE NO.：（保函编号） GUARANTEED AMOUNT：（保函金额） ADVISING/REISSUING BANK：（通知行或转开行） DEAR SIRS,（敬启者） WE HAVE PLEASURE IN ADVISING YOU THAT ACCORDING TO YOUR APPLICATION, WE HAVE TODAY ISSUED OUR GUARANTEE NO. ________, THE DETAILS AS PER ATTACHMENT（S）. （兹通知贵司，根据贵司的申请，今日我行已开出编号为： 号保函。详见附件。） UPON RECEIPT OF THIS MESSAGE, YOU ARE REQUESTED TO CHECK THE FORMAT AND CONTENT OF THE GUARANTEE WHETHER IN COMPLIANCE WITH THE APPLICATION FORM FOR ISSUANCE OF GUARANTEE YOU PRESENTED TO US, AND IN THE EVENT OF DIFFERENCE, PLEASE CONTACT US WITHOUT FURTHER DELAY. （收到本确认书后，请对照贵司开立保函申请书核查保函格式与内容，如有不符，请速与我行联系。） PLEASE BE ADVISED THAT WE HAVE TODAY DEBITED YOUR ACCOUNT WITH US FOR USD ________ BEING THE GUARANTEE ISSUANCE COMMISSION.（有账户情况） （我行已从贵司账户中收取了我行的开立保函手续费。） PLEASE SETTLE THE ISSUANCE COMM. OF US FOR USD ________（无账户情况） （请贵司支付我行开立保函手续费。） IN THE CASE OF UNABLE TO CLAIM ADVISING COMMISSIONS FROM THE BENEFICIARY, WE RESERVE THE RIGHT TO CHARGE YOU WITH THE COMMISSIONS OF THE ADVISING BANK. （当保函通知行无法向受益人收取费用时，我行保留向贵司收取通知行费用的权力。） IF YOU HAVE ANY FURTHER QUERIES, PLEASE DO NOT HESITATE TO CONTACT US QUOTING THE ABOVE MENTIONED REF. （如有疑问，请速与我行联系。） THIS IS A COMPUTER GENERATED LETTER, NO SIGNATURE REQUIRED. （本确认书由电脑生成，无需签字。）

（4）保函修改确认书（见表6－5）。

表6－5

CONFIRMATION FOR ISSUANCE OF GUARANTEE AMENDMENT
保函修改确认书

日期/DATE：

TO（致）：

GUARANTEE NO.：（保函编号）

GUARANTEED AMOUNT：（保函金额）

AMENDMENT NO.：（修改次数）

ADVISING/REISSUING BANK：（通知行或转开行）

DEAR SIRS，（敬启者）

WE HAVE PLEASURE IN ADVISING YOU THAT ACCORDING TO YOUR APPLICATION，WE HAVE TODAY AMENDED OUR GUARANTEE NO. ________，THE DETAILS AS PER ATTACHMENT（S）.

（兹通知贵司，根据贵司的申请，今日我行已修改了编号为：　　　　　　号保函。详见附件。）

UPON RECEIPT OF THIS MESSAGE，YOU ARE REQUESTED TO CHECK THE FORMAT AND CONTEND OF GUARANTEE AMENDMENT WHETHER IN COMPLIANCE WITH THE APPLICATION FORM FOR ISSUANCE OF GUARANTEE AMENDMENT YOU PRESENTED TO US，AND IN THE EVENT OF DIFFERENCE，PLEASE CONTACT US WITHOUT FURTHER DELAY.

（收到本确认书后，请对照贵司保函修改申请核查保函修改格式与条款，如有不符，请速与我行联系。）

PLEASE BE ADVISED THAT WE HAVE TODAY DEBITED YOUR ACCOUNT WITH US FOR USD ________ BEING THE GUARANTEE AMENDMENT ISSUANCE COMMISSION.（有账户情况）

（我行已从贵司账户中收取了我行的保函修改手续费。）

PLEASE SETTLE THE GUARANTEE AMENDMENT ISSUANCE COMM. FOR USD ________（无账户情况）

（请贵司支付我行的保函修改手续费。）

IN THE CASE OF UNABLE TO CLAIM COMMISSIONS FROM THE BENEFICIARY，WE RESERVE THE RIGHT TO CHARGE YOU WITH THE COMMISSIONS OF THE ADVISING BANK.

（当保函通知行无法向受益人收取费用时，我行保留向贵司收取通知行费用的权力。）

IF YOU HAVE ANY FURTHER QUERIES，PLEASE DO NOT HESITATE TO CONTACT US QUOTING THE ABOVE MENTIONED REF.

（如有疑问，请速与我行联系。）

THIS IS A COMPUTER GENERATED LETTER，NO SIGNATURE REQUIRED.

（本确认书由电脑生成，需签字。）

（5）保函索赔通知书（见表6－6）。

表6－6

CLAIM ADVICE
保函索赔通知书

日期/DATE：

TO：致：（申请人）

OUR REF.：（保函业务编号）

GUARANTEED AMOUNT：（保函金额）

CLAIM DATE：（保函索赔日）

续表

WE HAVE RECEIVED A VALID WRITTEN DEMAND LODGED BY THE BENEFICIARY UNDER THE SUBJECT GUARANTEE ON DDMMYY FOR USD×××. （我行于××年××月××日收到受益人提交的上述保函项下的索赔书，索赔金额为×××，经我行审核，该索赔书有效。） WE HEREBY INFORM YOU OF THE COPY OF THIS WRITTEN DEMAND. PLEASE ARRANGE THE CLAIMED AMOUNT ××× TO THE DESIGNATED ACCOUNT NO. ××× WITHIN THREE WORKING DAYS. AMOUNT REQUIRED FOR ARRANGEMENT IN ADVANCE： (IN FIGURE/ IN WORDS) （我行现将该索赔书副本通知给贵司，请贵司在收到该通知后三个工作日内将上述赔付款项备妥，并付至×××账号。） （贵司需划转金额为（小写） （大写） 。） IF YOU DISAGREE SUCH CLAIM, PLEASE CONTACT BENEFICIARY DIRECTLY OR VIA US. HOWEVER YOU MUST ARRANGE THE CLAIMED AMOUNT WITHIN THREE WORKING DAYS AND REPLY US WITHIN SEVEN WORKING DAYS UPON RECEIPT OF THIS CLAIM ADVICE. （如贵司对索赔持有异议，请经洽受益人或向我行提交申请进行联系，但无论如何，均应在三个工作日内先行将上述赔付款项备妥，并于收到该保函索赔通知书后七个工作日内回复我行与受益人联系结果。） WE RESERVE THE RIGHT TO DECIDE EFFECT PAYMENT UNDER THE CLAIM. （我行保留自行决定对外赔付的权利。） ××银行 CHINA ×× BANK

（6）保函电文通知（见表6－7）。

表6－7

INCOMING SWIFT MESSAGE NOTIFICATION **（保函电文通知）** TO（致）： OUR REF NO.（我行编号） GUANANTEE NO.（保函编号） ISSUING DATE：（开立日期） DEAR SIRS,（敬启者） WE HAVE PLEASURE IN ADVISING YOU THAT WE HAVE RECEIVED FROM THE PRESENTING BANK AN AUTHENTICATED/FREE FORMAT SWIFT/TELEX, CONTENTS OF WHICH ARE AS PER ATTACHED SHEET (S). （兹通知贵司，我行收到加押/未加押电文一份，现随附本通知。） PLEASE LET US HAVE YOUR INSTRUCTIONS AND RETURN THIS NOTIFICATION TO US WITHIN 3 WORKING DAYS。 （请将贵司处理意见填写在下列的意见栏中：） INSTRUCTIONS TO CHINA BOHAI BANK：（公司意见） 1. 2. COMPANY PECIMEN （公司预留印鉴） 年 月 日 IF YOU HAVE ANY FURTHER QUERIES, PLEASE DO NOT HESITATE TO CONTACT US QUOTING THE ABOVE MENTIONED REF. （如有疑问，请按上述业务编号与我行联系。） THIS IS A COMPUTER GENERATED LETTER, NO SIGNATURE REQUIRED. （本确认书由电脑生成，无需签字。）

（二）银行保函的种类

银行保函根据不同的用途，可分为不同的种类，主要有投标保函、履约保函、预付款保函、质量保函、付款保函、租赁保函、补偿贸易保函、预留金保函等。

1. 投标保函

投标保函（Tender Guarantee, Tender Bond, Bid Guarantee, Bid Bond, Bid Security）是指担保银行应投标人（申请人）的委托向招标人（受益人）开出的书面保证文件，保证投标人在开标前不会中途撤销投标或片面修改投标条件，中标后不拒绝缴付履约保证金、不拒绝签约，并承诺当投标人出现上述违约行为时，由担保银行按保函金额赔偿招标人。

投标保函的金额一般为投标金额的1% ~5%（具体比例视招标文件规定而定），有效期一般至开标日为止。如投标人中标，则自动延长至投标人与招标人签订正式有关项目合同并交来履约保函时为止。

投标保函适用于所有公开招标、议标时，业主要求投标人缴纳投标保证金的情况。招标人为避免投标人在评标过程中改标、撤标，或中标后拒签合同而给自身造成损失，通常都要求投标人缴纳投标保证金，以制约对方行为。投标保函是现金保证金的一种良好的替代形式（见表6-8）。

表6-8

BID GUARANTEE

投标保函式样

Issue Date: ____________

Reference No. : ____________

To: ____________ (the "Tenderee")

This Guarantee is hereby issued to serve as the Bid Guarantee of ____________ (hereinafter referred to as the "Bidder", located at ____________) for Bid No. : ____________ pursuant to the request for bids in relation to ____________ (hereinafter referred to as the "Bid Invitation Documents") issued by ____________ (hereinafter referred to as the "Tenderee", located at ____________) .

The Bank of ____________ Branch (hereinafter referred to as the "Guarantor", located at ____________), at the request of the Bidder, hereby unconditionally and irrevocably undertakes to pay to the Tenderee such amount as required by the Tenderee , not exceeding ____________ (____________) (hereinafter referred to as the "Maximum Amount"), immediately following the receipt of this guarantee by the Guarantor in addition to the Tenderee's written demand for payment in accordance with the covenants and terms agreed upon as follows:

(a) During the effective period of this guarantee, the Guarantor shall pay to the Tenderee an amount which will not exceed the Maximum Amount to an account under the Tenderee 's name upon the receipt of the original of this Bidding Guarantee and a written demand from the Tenderee stating any of the following circumstances (hereinafter collectively or individually referred to as the "Failure to Perform") by the Bidder:

The Bidder has withdrawn its bid after the bid opening date and before the expiration of the validity period of their bid; or

The Bidder has failed to enter into an agreement with the Tenderee within thirty (30) days after the receipt of the Notification of Award of Contract; or

The Bidder has failed to deposit the required performance security in accordance with the Bid Invitation Documents within thirty (30) days after receipt of the Notification of Award of Contract;

(b) The Tenderee's written demand for payment should expressly state that the Bidder is in breach of their obligations under the Bid Invitation Documents and the particulars pertaining to the Failure to Perform, the claim amount, and the Tenderee' s account number.

续表

The written demand for payment must be duly signed by the Tenderee and delivered to the Guarantor through the local bank of the Tenderee confirming that the signatures thereon are authentic and legally binding upon the Beneficiary.

(c) This Guarantee can be divided into fractional claims, but the total amount claimed under the Guarantee shall not exceed the Maximum Amount.

(d) This Guarantee shall come into effect from ____________ and shall remain in full force and effect until ____________ (hereinafter referred to as the "Expiry Date"). Any demand for payment and all corresponding supporting documents must be received by the Guarantor by no later than 17:00 (Beijing Time) on the Expiry Date, otherwise any obligations or liabilities under the Guarantee shall be fully and automatically discharged and released.

(e) Upon the expiry date of this Guarantee, this Guarantee should be returned to the Guarantor. This Guarantee will become null and void on the Expiry Date regardless of whether it is returned to the Guarantor or not.

(f) This Guarantee is neither transferable nor assignable without the prior written consent of Guarantor.

(g) Under this Guarantee, the guarantor will be exempt from all obligations and liabilities in any of the following circumstances, regardless of whether this Guarantee is returned to the Guarantor:

the Expiry Date of the Guarantee has passed;

the Tenderee cancels the Guarantee by a written notice;

the Maximum Amount under the Guarantee has been reached via accumulation of fractional claims;

the Guarantor receives notice from the Tenderee that the Bidder has failed to win the contract; or

the Guarantor's obligations and liabilities are to be discharged under the stipulations of applicable laws and regulations.

(h) This Guarantee is an independent guarantee and stands on its own. The validity of this Guarantee and the Guarantor's obligations or liabilities hereunder shall not be affected by any provisions of the Bid Invitation Documents and other contracts (except contracts to amend this Guarantee made by and between the Bidder and the Guarantor), regardless whether such Bid Request Documents or the terms thereof has been or quoted in this Guarantee.

(i) This Guarantee is subject to the ICC Uniform Rules for Demand Guarantees ("URDG758").

(j) Any disputes in relation to this Guarantee shall be settled exclusively by the court located at the Guarantor's place of business.

For and on behalf of

____

(Seal or Signature)

2. 履约保函

履约保函（Performance Guarantee, Performance Bond, Performance Security）是指担保银行应申请人的要求向受益人开出的保证申请人按合同条款履行各项义务，否则由担保银行赔偿受益人一定金额损失的保证文件。

履约保函的金额由招标人确定，一般为合同金额的5%～10%，履约保函的有效期至合同执行完毕日期为止，有时再加上3～15天索偿期。如合同有质量保证期或工程维修期，则有效期可延长到质量保证期或工程维修期满为止，再加上3～15天索偿期。

履约保函的应用范围比较广，可用于任何项目中对当事人履行合同义务提供担保的情况，常见用于工程承包、物资采购等项目（见表6-9）。

表 6-9 履约保函式样

PERFORMANCE GUARANTEE

To: (Beneficiary's name and address) Date: ________

Performance Guarantee No.

Dear Sirs,

Whereas ________ (hereinafter called the "principal") has entered into contract No. ________ dated ________ with you, for the execution of works/supply of goods / provision of services (*description of goods and/or services*), pursuant to the contract conditions,

□a Performance/Warranty/Maintenance Guarantee is required.

□retention money in the sum of ____________________covering the Principal' s warranty obligations will be released against a retention money guarantee.

At the request of the principal, we, China Merchants Bank, ________ Branch, hereby irrevocably undertake to pay you any sum or sums not exceeding in total an amount of ________ (say: ________) upon receipt by us of your first demand in writing and your written statement indicating our guarantee No. stating:

i) that the Principal is in breach of his obligation (s) under the underlying contract; and

ii) the respect in which the Principal is in breach.

Your demand for payment must also be accompanied by the following document (s): (*specify document (s) if any, or delete*)

The maximum amount of this guarantee will be reduced by any payment effected hereunder.

For the purpose of authentication, your written demand for payment has to be presented to us through a bank confirming that the signature (s) thereon are legally binding upon you.

This guarantee shall expire on ________ at the latest.

Consequently, any demand for payment under it must be received by us at this office on or before that date. Otherwise, any obligations or liabilities thereunder shall be fully and automatically discharged or released regardless of original guarantee being retained or returned to us.

This guarantee is subject to □ URDG 758 □ ISP98.

课堂练习 6-1

甲银行于2013年4月为乙公司2000万港币借款出具保函，受益人为丙银行，期限为9个月，利率为12%。由于乙公司投资房地产失误，导致公司负债累累，在还款期满后未能依约归还丙银行贷款。2015年3月丙银行向当地人民法院起诉乙公司和甲银行，要求归还贷款本金及利息。

分析：甲银行应从本案中吸取哪些教训？

3. 预付款保函

预付款保函（Advance Payment Guarantee）又称为还款保函（Repayment Guarantee），是指担保银行应申请人（预付款收取者）要求向受益人（预付款支付者）开出的担保文件，保证如果申请人不按合同规定履行义务，也未将受益人预付给申请人的任何金额以其他方式偿还时，由担保银行向受益人赔付一定金额款项。

预付款保函的金额就是预付款的金额，保函有效期至合同执行完毕日期为止，再加上3～15天索偿期，或者订为预付款全部扣完时失效。

预付款保函适用于进出口贸易、工程承包和技术贸易中的一切预付款和带有预付款性质的分期付款业务（见表6－10）。

表6－10　　预付款保函式样

Advance Payment Guarantee

To: [Beneficiary]

－ Issuing Date －

Guarantee No.

We have been informed that our customer, ________________ (hereinafter called the "Seller") and you have entered into Contract No. ______ dated ______ concerning the supply of ________ (the "Goods") at a total value of ____________ (hereinafter called the "Contract").

In accordance with the payment conditions set forth in the Contract, an advance payment amounting to ____ % of the total value, i. e. ________ (the "Advance Payment"), will be made by you to the Seller against a bank guarantee in the same sum in your favor.

At the request of the Seller, we, ________, hereby undertake to pay to the account opened in your name and designated by you, any sum or sums you may claim from us up to but not exceeding the aggregate amount of (Say ________ Only) within ____ working days upon our receipt of your first demand in writing wherein you declare that the Seller has failed to deliver the Goods pursuant to the Contract. For avoidance of doubt, our liability under this guarantee is limited to the payment obligations stipulated herein and does not extend to the performance of any other obligations or liabilities of the Seller under the contract.

We shall not be obliged to verify any statement contained in any of the notices or other documents which may be served on or presented in accordance with the terms of this guarantee and we may accept the statement therein as conclusive evidence of the facts stated.

This guarantee shall become effective as soon as issued. Unless sooner terminated and/or released by you, our liability under this guarantee will expire on ________ (the "Expiry Date"). Any claim under this guarantee must be in writing and be received by us on or before the Expiry Date. Even if this guarantee has not been returned to us, claims received by us after the Expiry Date will not be entertained. Upon expiration of this guarantee, this document shall automatically be null and void and of no effect.

This guarantee shall be governed by and construed in accordance with the Uniform Rules for Demand Guarantees of the International Chamber of Commerce (ICC Publication No. 758).

For and on behalf of

××× bank

4. 质量保函

质量保函（Quality Guarantee）是指担保银行应供货方的申请而向买方出具的、保证供货方履行在保修期内的合同义务的书面文件。

质量保函的金额一般为合同金额的5%～10%，保函有效期一般至合同规定的质量保证期满，再加上3～15天索偿期。

质量保函主要是对货物的质量进行担保，通常运用于大型机械设备、飞机、船舶等交易中。如果买方在规定的时期内发现货物的质量与合同不符，而供货方不愿或不予更换或维修时，买方有权依据保函向担保银行要求赔偿（见表6-11）。

表6-11　　质量保函式样

QUALITY ASSURANCE GUARANTEE

Issue Date:

Reference No. :

To: ____________ (Beneficiary)

This Guarantee is hereby issued to serve as the Quality Assurance Guarantee for Contract No. : ____________ (hereinafter referred to as the "Contract") dated ________ between ________ (hereinafter referred to as the "Applicant", located at) and (hereinafter referred to as the "Beneficiary", located at).

At the request of the Applicant, The Bank of East Asia (China) Limited, ____________ Branch (hereinafter referred to as the "Guarantor", located at), hereby unconditionally and irrevocably undertakes to pay to the Beneficiary such amount as required by the Beneficiary, not exceeding ______________________________ (____________) (hereinafter referred to as the "Maximum Amount"), covering percent of the price listed in the Contract, immediately following the Guarantor receiving this Guarantee and the Beneficiary's written demand for payment in accordance with the covenants and terms agreed upon as follows:

(a) Upon the Beneficiary's determination of the Applicant's failure to comply with their quality assurance obligations under the warranty (the "Failure of Performance") as determined by the Beneficiary, the Guarantor shall, upon the receipt of the original of this Quality Assurance Guarantee and the demand for payment from the Beneficiary, immediately pay the Beneficiary such amount as required by the Beneficiary, but not exceeding the Maximum Amount, to an account under the Beneficiary's name in the manner specified in the written demand.

(b) The demand for payment should expressly state that the Applicant is in breach of their warranty obligations under the Contract and give particulars pertaining to the Failure of Performance, the claim amount, and the Beneficiary's account number. A written report from ________ stating the defects and/or problems with the goods or services provided by the Applicant must be attached to the Beneficiary's written statement. The demand for payment must be duly signed by the Beneficiary and delivered to the Guarantor through the local bank of the Beneficiary confirming that the signatures thereon are authentic and legally binding upon the Beneficiary.

(c) This Guarantee can be divided into fractional claims, but the total amount claimed under the Guarantee shall not exceed the Maximum Amount.

(d) This Guarantee shall come into effect on the date of ________ and shall remain in full force and effect until ________ (hereinafter referred to as the "Expiry Date"). Any demand for payment and all corresponding supporting documents must be received by the Guarantor by no later than 17: 00 (Beijing Time) on the Expiry Date, otherwise any obligations or liabilities under the Guarantee shall be fully and automatically discharged and released.

(e) Upon the Expiry Date of this Guarantee, this Guarantee should be returned to the Guarantor. This Guarantee will become null and void on the Expiry Date regardless of whether it is returned to the Guarantor or not.

(f) This Guarantee is neither transferable nor assignable without the prior written consent of Guarantor.

(g) The guarantor will be exempt from all obligations and liabilities under this Guarantee in any of the following circumstances, regardless of whether this Guarantee is returned to the Guarantor:

(1) the Expiry Date of the Guarantee has passed;

(2) the Beneficiary cancels the Guarantee by notice in writing;

(3) the Maximum Amount under the Guarantee has been reached via accumulation of fractional claims; or

(4) the Guarantor's obligations and liabilities are to be discharged under stipulations of the applicable laws and regulations.

续表

(h) This Guarantee is an independent guarantee and stands on its own. The validity of this Guarantee and the Guarantor's obligations or liabilities hereunder shall not be affected by any provisions of the terms of principal Contract and other contracts (except contracts to amend this Guarantee made by and between the Applicant and the Guarantor), regardless of whether such contract or the terms thereof has been referred to or quoted in this Guarantee. (i) This Guarantee is subject to the ICC Uniform Rules for Demand Guarantees ("URDG758"). (j) Any disputes in relation to this Guarantee shall be settled exclusively by the court located at the Guarantor's place of business. For and on behalf of ____________________ (Seal or Signature)

5. 付款保函

付款保函（Payment Guarantee）是指担保银行应买方的申请而向卖方出具的，保证买方履行因购买商品、技术、专利或劳务合同项下的付款义务而出具的书面文件。

付款保函的金额即为合同金额，保函的有效期是按合同规定的付清价款日期再加上半个月。

付款保函适用于一切存在付款行为的商品贸易、技术劳务贸易、工程项目等。在商品贸易中，它作为买方在卖方按照合同约定发货后及时支付货款的付款保证；在工程项目中，它作为工程承包项下业主向承包方按期足额支付工程进度款的付款保证。

6. 租赁保函

租赁保函（Leasing Guarantee）是指担保银行应承租人的要求向出租人开立的保证承租人按照合同的规定支付租金，否则将由担保银行进行赔付的书面保证文件。

租赁保函的金额即租金总额，保函有效期按租赁合同规定的全部租金付清日期再加上半个月。

租赁保函适用于租赁合同。在租赁项目中，出租方为避免承租人无法按期偿还租金（特别是在融资租赁情况下，租期长、租赁对象的特定性等使出租方承担较大的风险），往往要求银行对承租人按期偿还租金进行担保。

7. 补偿贸易保函

补偿贸易保函（Compensation Guarantee）是指在补偿贸易合同项下，担保银行根据设备或技术的引进方申请，对设备或技术的提供方所做出的一种旨在保证引进方在引进后的一定时期内，以其所生产的产成品或以产成品外销所得款项，来抵偿所引进设备和技术的价款及利息的保证承诺。

补偿贸易保函的金额通常是设备价款金额加利息，保函有效期一般为合同规定的进口方以产品偿付设备款的日期再加上半个月。

8. 预留金保函

预留金保函（Retention Money Guarantee）也称为“留置金保函”或“尾款保函”，是指担保银行应工程承包方、供货方的申请而向业主或买方出具的，保证承包方、供货方在提前支取合同价款中的尾款后履行合同义务的书面文件。

预留金保函的金额通常为合同价款的5% ~10%。其适用于在工程承包、物资采购等项目中，业主通常在主要款项支付完毕后，滞留尾款直到质保期过后、工程、货物质量符合标准，承包方、供货方需凭银行出具保函提前支取尾款。

三、银行保函与跟单信用证的异同

（一）银行保函与跟单信用证的相同点

1. 二者都是独立于基础合同的法律文件

银行保函和跟单信用证在本质上十分相似，它们都是银行向受益人开出的有条件的支付承诺，是独立于基础合约的法律文件。

2. 二者都是“凭单付款”

银行的付款条件仅仅是受益人提交规定的单据，且银行对单据的真伪和有效性不承担责任。

（二）银行保函与跟单信用证的不同点

1. 付款责任不同

在跟单信用证业务中，开证行的付款责任是第一性的，只要受益人提示信用证中认定的单据，开证行就必须立即付款，而不管此时申请人是否或能否付款。在银行保函业务中，开证行一般处于从债务人的地位，其付款责任是第二性的，即只有在申请人违约或不能付款时才承担付款责任。

2. 付款依据不同

跟单信用证只凭合同规定的单据付款，与凭以开立的基础合同无关。银行保函则是依据申请人不履行基础合同义务的“事实”来付款的。

3. 适用范围不同

跟单信用证一般只适用于货物贸易结算，而银行保函则可适用于诸多经济活动中的履约担保，运用十分广泛。

4. 适用法律

《跟单信用证统一惯例》没有规定信用证业务的适用法律，一旦当事人之间发生超出《惯例》调整范围的纠纷，如何依法解决较为复杂；《见索即付保函统一规则》规定，担保人或指示方业务所在地的法律，适用于保函项下的纠纷，明确声明根据《见索即付保函统一规则》开立的保函受有关国家法律的管辖。

第二节 备用信用证

一、备用信用证概念及性质

（一）备用信用证的概念

备用信用证（Standby L/C）又称为“担保信用证”或“保证信用证”（Guarantee L/C），是指开证行根据开证申请人的请求对受益人开立的承诺在一定条件下承担付款、退款或赔偿责任的银行保证书。备用信用证是不以清偿商品交易的价款为目的，而以贷款融资，或担保债务偿还为目的所开立的信用证。

备用信用证的实质是具有信用证形式和内容的银行保函。备用信用证是开证行对受益人承担一项独立的、第一性付款义务的凭证。在此凭证中，开证行承诺在一定条件下偿付或偿还开证申请人的应付款、预收款或开证申请人未履行合同时，保证为其支付。如果开证申请人违约，受益人即可在备用信用证的有效期限和规定金额内，根据备用信用证的规定开具汇票，连同一份声明书，说明开证申请人不能履约的情况，提交开证行要求付款以取得补偿。如果开证申请人按期履行合同，受益人就无需要求开证行给予补偿。因此，这种信用证常被称作备用信用证。

自 1983 年起，国际商会就将备用信用证确定为一种信用证，并明确可以适用于《跟单信用证统一惯例》。此外，备用信用证还适用于 1999 年 1 月 1 日生效的国际商会第 590 号出版物《国际备用信用证惯例》(简称《ISP98》)。

备用信用证一般用在投标、还款或履约保证、预付货款和赊销等业务中。近年来，美国等一些国家已开始把备用信用证用于国际货物买卖合同项下货款的支付。在世界范围内，备用信用证的使用也日益增加。

(二) 备用信用证的性质

根据《ISP98》所界定的“备用信用证在开立后即是一项不可撤销的、独立的、要求单据的、具有约束力的承诺”，备用信用证具有如下法律性质：

1. 不可撤销性

备用信用证一经开立，除非有关当事人同意或备用信用证内另有规定，开证人不得撤销或修改其在该备用信用证项下的义务。

2. 独立性

备用信用证一经开立，即作为一种自足文件而独立存在。其既独立于赖以开立的申请人与受益人之间的基础交易合约，又独立于申请人和开证人之间的开证契约关系；基础交易合约对备用信用证无任何法律约束力，开证人完全不介入基础交易的履约状况，其义务完全取决于备用信用证条款和受益人提交的单据是否表面上符合这些条款的规定。

3. 单据性

备用信用证有单据方面的要求，并且开证人是否履行付款义务取决于受益人提交的单据是否符合备用信用证的要求。备用信用证的跟单性质和商业信用证一样，但后者主要用于国际贸易货款结算，其项下的单据以汇票和货运单据为主；而备用信用证则更普遍地用于国际商务担保，通常只要求受益人提交汇票以及声明申请人违约的证明文件等非货运单据。

4. 强制性

不论备用信用证的开立是否由申请人授权，开证人是否收取了费用，受益人是否收到、相信该备用信用证，只要其一经开立，即对开证人具有强制性的约束力。

二、备用信用证的业务流程及种类

(一) 备用信用证的业务流程

备用信用证的业务流程通常经过如下几个步骤：

第一步，开证申请人根据基础合同的规定，向其所在地的开证行申请开立备用信用证。开证申请人需提交开立备用信用证申请书以及与合同相关的基础材料。

第二步，开证行经审核同意后，根据开证申请人的指示向受益人开出备用信用证，此时，申请书就构成申请人与开证行之间的委托代理合同。

第三步，如果开证申请人按基础合同履行其义务，开证行则不必因开出备用信用证而履行付款义务，其担保责任在备用信用证到期时解除。如果开证申请人未按基础合同履行其义务，受益人可向开证行提出索赔要求，通常需提交一份开证申请人未履行基础合同义务的申明，以及与备用信用证相符的单据。

第四步，开证行收到索赔文件后，经审查，如认为受益人所提交的声明及单据符合备用信用证的规定，则必须按约定向受益人支付备用信用证金额。

第五步，开证行向受益人付款后，可直接向开证申请人索赔，开证申请人有义务偿还。

备用信用证如表 6 - 12 所示。

表 6 - 12　　备用信用证样本

To: Bank of communications, DALIAN Branch From: XYZ BANK Date: 20 DECEMBER 2012 Standby Letter of Credit With reference to the loan agreement no. 2012HN028 (hereinafter referred to as "the agreement") signed between Bank of Communications, DALIAN Branch (hereinafter referred to as "the lender") and LIAONING ABC CO., LTD (hereinafter referred to as "the borrower") for a principal amount of RMB2,000,000 (in words), we hereby issue our irrevocable standby letter of credit no. 810LC040000027D in the lender's favor for amount of the HONGKONG AABBCC CORPORATION which has its registered office at AS 8 FL. 2SEC. CHARACTER RD. HONGKONG for an amount up to UNITED STATES DOLLARS THREE MILLION ONLY. (USD3,000,000) which covers the principal amount of the agreement plus interest accrued from aforesaid principal amount and other charges all of which the borrower has undertaken to pay the lender. The exchange rate will be the buying rate of USD/RMB quoted by Bank of Communications on the date of our payment. In the case that the guaranteed amount is not sufficient to satisfy your claim due to the exchange rate fluctuation between USD and RMB we hereby agree to increase the amount of this standby L/C accordingly. Partial drawing and multiple drawing are allowed under this standby L/C. This standby letter of credit is available by sight payment. We engage with you that upon receipt of your draft (s) and your signed statement or tested telex statement or SWIFT stating that the amount in USD represents the unpaid balance of indebtedness due to you by the borrower, we will pay you within 7 banking days the amount specified in your statement or SWIFT. All drafts drawn hereunder must be marked drawn under XYZ Bank standby letter of credit no. 810LC040000027D dated 20 DECEMBER 2012. This standby letter of is credit will come into effect on 20 DECEMBER 2012 and expire on 09 DECEMBER 2013 at the counter of bank of Communications, DALIAN branch. This standby letter of credit is subject to Uniform Customs and Practice for Document Credits (2007 revision) International Chamber of Commerce Publication No. 600.

（二）备用信用证的种类

备用信用证作为一种金融创新工具，在实践中运用的种类很多，《ISP98》出于方便的考虑，根据备用信用证在基础交易中的不同作用，对其进行了如下分类：

1. 预付款备用信用证（Advance Payment Standby L/C）

开证行保证申请人收到受益人预付款后应该履行已订立的合约义务，如不履约，开证行退还给受益人预付款和利息。

2. 直接付款备用信用证（Direct Payment Standby L/C）

直接付款备用信用证是对申请人到期付款责任的担保，主要是对到期无论是否违约时的本金和利息的支付，通常用于担保企业发行债券或订立债务契约时的到期本金和利息的支付。

3. 融资备用信用证（Financial Standby L/C）

融资备用信用证主要是对申请人应履行的付款责任进行担保。通常是境外投资企业通过本国银行或东道国银行开立一张以融资银行为受益人的融资备用信用证，并凭以作为不可撤销的、独立性的偿还借款的支持承诺，向该银行申请提供账户透支便利。

4. 履约备用信用证（Performance Standby L/C）

履约备用信用证主要是对履约责任而非付款责任的担保，包括因申请人在基础交易中违约而造成的损失进行赔偿的担保。在履约备用信用证有效期内如果申请人违反合同，开证行将根据受益人提交的符合备用信用证的单据（如索款要求书、违约声明等）代申请人赔偿合同规定的金额。

5. 投标备用信用证（Bid Bond/Tender Bond Standby L/C）

投标备用信用证主要是对投保申请人中标后执行合同的责任和义务进行担保。若投标人未能履行合同，开证行须按备用信用证的规定向受益人履行赔款义务。

6. 反担保备用信用证（Counter Standby L/C）

反担保备用信用证主要是对受益人开出的另一单独备用信用证或其他承诺进行担保。因为有的国家只允许受益人接受本国银行开立的备用信用证，而受益人的合约对方申请人在国外，所以它只好申请所在国银行开立反担保备用信用证。

7. 保险备用信用证（Insurance Standby L/C）

保险备用信用证主要是对申请人应履行的某一保险或再保险的义务进行担保。

8. 商业备用信用证（Commercial Standby L/C）

商业备用信用证是指开证行应开证申请人的请求，对受益人开立的承诺某些义务的凭证。如在开证申请人未按时履约或未按时偿还货款的情况下，开证行负责偿还货款或承担有关责任。如开证申请人如期履行义务，则该备用信用证失效。

三、备用信用证与跟单信用证的比较

（一）备用信用证与跟单信用证的相同点

1. 二者都属于信用证范畴，业务上都受《跟单信用证统一惯例》的约束

备用信用证与跟单信用证都是介入商业信用的银行信用，都属于信用证范畴，在业务处理上都遵循《跟单信用证统一惯例》，凭有关单据而不是货物进行付款且银行付款责任基本相同。

2. 开证行的付款责任都是第一性的

在跟单信用证业务中，开证行的付款责任是第一性的，只要受益人提示信用证中规定的单据，开证行就必须立即付款，而不管此时申请人是否或能否付款。备用信用证实质上是一种独立银行保函，开证行一般处于第一性付款人的地位。

（二）备用信用证与跟单信用证的不同点

1. 单据作用不同

跟单信用证一般都要凭符合信用证规定的代表货权的单据付款，而备用信用证则要凭受益人证明申请人违约的声明或单据付款。

2. 适用范围不同

跟单信用证一般只适用于货物贸易结算，而备用信用证则可适用于诸多经济活动中的履约担保，其用途与银行保函几乎相同，运用得十分广泛。

四、备用信用证与银行保函的比较

备用信用证和银行保函作为国际结算和担保的重要形式，在国际贸易及经济合作中应用十分广泛。事实上，二者之间既有相同之处，又有许多不同之处。现分别加以介绍：

（一）备用信用证与银行保函的相同点

1. 二者都属于银行信用

备用信用证与银行保函都是银行应申请人的要求向受益人出具的书面付款保证承诺，保证在委托人未能按合同履行义务的情况下，开证行或担保行将凭受益人提交的规定单据或其他文件给予赔偿，二者都属于银行信用。

2. 二者的法律当事人基本相同，都属于契约关系

备用信用证与银行保函的法律当事人基本相同，一般包括申请人、担保人或开证行（二者处于相同地位）、受益人。三者之间的法律关系是，申请人与担保人或开证行之间是契约关系，二者之间的权利义务关系是以开立保函或备用信用证申请书和银行接受申请而形成；担保人或开证行与受益人之间也是契约关系，银行开出保函或备用信用证，受益人接受保函或备用信用证条款即形成契约关系。

3. 二者都独立于基础合同

备用信用证与银行保函都是依据申请人与受益人订立的基础合同开立的，但一经开出，则均独立于基础交易合同，即使备用信用证或银行保函中引用了基础合同的有关内容，也不受基础合同条款的约束。

4. 二者都只凭单据付款

备用信用证和银行保函在业务处理上都是纯粹的单据交易，担保人或开证行对受益人的索赔要求是基于备用信用证或银行保函中的条款所规定的单据，即只凭单据付款，而对单据的真伪、传递中的遗失或延误等概不负责。

（二）备用信用证与银行保函的不同点

1. 二者适用的法律规范和国际惯例不同

备用信用证除了适用《跟单信用证统一惯例600》以外，还适用于1999年起实施的《国际备用信用证惯例》（ISP98）。而银行保函则遵循《见索即付保函统一规则》

（URDG758）。

2. 二者所要求的单据不同

备用信用证一般要求受益人在索赔时提交即期汇票及申请人未能履约的书面声明；而银行保函则不要求汇票，只需要书面索偿证明文件及违约声明。

3. 二者的付款责任不同

备用信用证一经开出，开证行将承担第一性的付款责任。而银行保函根据索偿条件不同，担保行可能承担第一性的付款责任，即只要受益人提出索赔，且满足银行保函规定的索赔条件，担保行需立即付款而不能以任何理由拒付；也可能承担第二性的付款责任，即只有在申请人拒付的前提下，担保行才承担付款责任。

4. 二者的融资作用不同

备用信用证适用于各种用途的融资：即申请人以备用信用证为担保可以取得信贷融资；受益人凭备用信用证名下的汇票可以议付，也可以凭备用信用证作为抵押取得打包贷款，从而取得资金融通。此外，银行可以没有申请人而自行开立备用信用证，供受益人在需要时取得所需款项。而银行保函除了借款保函的目的是以银行信用帮助申请人取得借款外，不具有融资功能，而且不能在没有申请人（委托人）的情况下由银行自行开立。

应用训练

【案例】

2009 年 4 月，中国银行应 X 进出口公司申请开立银行保函，以 Y 进口公司为受益人。保函主要条款为：（1）索赔条款——如由于 X 公司主观原因造成未能按合同规定最迟装运期按时装船交货，银行保证赔款；（2）金额条款——USD1980000，与合同总金额相同；（3）保函生效条款——该保函自签发之日起生效；（4）保函失效条款——保函生效后 180 天或申请人装船交货后保函失效，以较早者为准。

中国银行考虑到 X 公司为进出口业务量较大的大型外贸专业公司，中国银行并未向其收取保证金，只是落实了有关财产抵押措施。2009 年 8 月 1 日 X 公司告知中国银行：Y 公司对 X 公司多次寄出的样品一再挑剔，不予确认。时值交货期已临近，中国银行建议 X 公司立即要求 Y 公司延长装运期。但 Y 公司既不确认样品又不延长装运期，并坚持按违约处理。

几天后，中国银行收到香港银行（香港银行为此保函的通知行）的索赔电传，称 X 公司未按合同规定的最迟装运期按时装船交货。中国银行必须在 3 天内赔款。中国银行立即与 X 公司联系并要其提供情况说明，X 公司在其情况说明中一再声明，未能按时装船交货的原因完全不是由于其主观原因造成的，而是由于 Y 公司故意刁难，X 公司的样品完全达到了合同规定的标准，并随附了中国商检局出具的“商检证书”。中国银行据此电复 Y 公司：

1. 既然中国商检局已经出具了样品符合合同规定标准的“商检证书”，Y 公司不确认完全符合Y公司要求的样品是造成X公司无法按期装船交货的客观原因。就此而言，X公司未按合同规定的最迟装运期按时装船交货的原因完全不是由于其主观原因造成的。

2. 对于该商务纠纷，建议Y公司立即协商X公司解决。至于样品是否符合标准，在买卖双方协商不成的情况下应诉诸法律，由法庭裁决，银行不承担赔偿义务。

要求：请分析，该案例中提及的银行保函是何种类型的保函？中国银行不承担赔偿义务的做法是否正确？在此案例中，X公司将如何解决这一困局？

【分析】

1. 该案例中提及的银行保函是属于国际贸易中的履约保函，该保函主要是保证卖方履行贸易合同项下的交货义务，即保证卖方按时、按质、按量交运合同规定的货物。有时买方要求的履约保函不仅保证卖方按期发货，而且保证其所发运的货物在一定期限内质量完好。

2. 中国银行的做法是正确的，因为在索赔条款中明确指明"如由于X公司主观原因造成未能按合同规定最迟装运期按时装船交货，银行保证赔款"，同时中国银行也证实了此纠纷不是由于X公司的主观原因造成的，所以中国银行无需承担赔偿义务。但在此案例中，中国银行应注意在保函中尽量使用单据化条款，以避免自己陷入商业纠纷中。此外，中国银行应要求申请人缴存100%的保证金，以避免给自己造成不必要的损失。

3. 在此案例中，X公司需与Y公司协商谈判，重新签订合同，同时请求Y公司放弃对X公司的索偿，以使中国银行的保函失效。

思考与练习

1. 简述银行保函的含义和特点。
2. 简述备用信用证的含义和性质。
3. 简述银行保函的种类有哪些？
4. 简述银行保函和备用信用证的异同。
5. 案例分析题：

生产电信设备的甲国的A公司与乙国的电信运营商B公司签订了电信设备供货协定。根据该协定，A公司向B公司出口电信设备，B公司付给A公司电信设备的货款，其中：(1) 10%为预付定金，在发货前支付；(2) 75%为货款，凭发票支付；(3) 15%为尾款，在设备正常运营6个月后支付。

请分析：在这种情况下，可以怎样结合不同的结算方式，既保证A公司的收汇安全，也保证B公司在预付定金后，A公司能履约发货？

问题：本案能采用信用证与银行保函或备用信用证相结合的方式进行货款的结算吗？

第七章 国际保理与包买票据业务

学习目的

- □ 熟练掌握国际保理与包买票据的基本理论和业务流程
- □ 能够初步处理国际结算中和国际保理与包买票据相关的结算业务

【案例导入】

保理商未批准信用额度应三思而后行

浙江某进出口公司准备于6月初出口一批女式全棉针织内衣至韩国，由于对进口商知之甚少，5月20日，这家公司向中国银行申请保理业务，发货前韩国 INDUSTRIAL BANK OF KOREA 答复中行浙江分行此债务人资信不佳，不能批准信用额度，劝告出口商不要与之交易。但因听信韩商花言巧语，且货已备好，浙江公司在6月初发货20万美元，付款方式为收货后15天T/T付款。结果到了付款日，货物已被提走并正在出售，进口商却以货物质量有问题为由拒付。

该案例说明：在进口保理商未批准信用额度的情况下，进口商信用风险较大，出口商不应采用赊销方式出口。

（资料来源：中国进出口融资网。）

思考：

1. 什么是国际保理服务？
2. 出口商在申请国际保理服务时应注意什么？
3. 国际保理服务与一般赊销方式下的货到付款有什么异同点？

第一节 国际保理

一、国际保理概述

（一）国际保理的含义及适用条件

1. 国际保理的含义

国际保理（International Factoring），又叫“国际付款保理”或“保付代理”、“承购出口应收账款业务”等。它是商业银行或其附属机构通过收购消费品出口债权而向出口商提供坏账担保、应收账款管理、贸易融资等服务的综合性金融业务。其核心内容是以收购出口债权的方式而提供出口融资和风险担保。提供保理服务的公司即保理公司或保理商，保理商通常是国际上一些资信良好、实力雄厚的跨国银行或其全资附属公司。这些公司虽然是独立于银行的法人，但它又依托于银行，并以银行为后盾。银行的地位、声誉、网络信息和资金等都可以为其所用。

国际保理主要解决非信用证情况下的国际结算和贸易融资问题。它起源于18世纪美国东海岸，当时只是作为一种国内业务，即由保理商向货物卖主无追索权地预付一定货款，以取得向货物买主收取货款的权利，待到付款到期日向买主收取货款。自20世纪60年代以来，保理业务已发展成为集贸易融资、商业资信调查、应收账款管理及信用风险担保于一体的综合性贸易融资服务，并已成为国际贸易竞争的一种新工具，广泛应用于国际贸易中。

根据FCI制定的《国际保理业务惯例规则》，国际保理是指当国际贸易中出口商采用赊销（Open Account，O/A）、承兑交单（Documents Against Acceptance，D/A）结算方式销售商品时，保理商对出口商提供一系列的保理服务，包括信用管理、财务管理、坏账担保以及应收账款融资等项结算与融资相结合的综合性服务。

2. 国际保理结算的适用条件

（1）出口商经营状况良好，客户分布相对较为分散；

（2）贸易商品通常为非资本性货物；

（3）进口商拒绝以信用证方式结算；

（4）出口商以O/A、D/A为付款条件，达到扩大出口市场，增强出口竞争力的目的，同时又希望解除账务管理和应收账款催收的烦恼，避免坏账损失。

（二）国际保理协议的主要条款

保理协议指出口商与出口保理商之间签订的保理协议。其主要条款包括：

1. 收购应收账款条款

出口商承诺将协议生效时已存在和协议有效期内发生的、通过向国外客户提供服务或出售商品而产生的所有合格应收账款出售给保理商，并使其不受留置权和抵押权的影响。

2. 核准应收账款和未核准应收账款的条款

协议应确定核准应收账款的办法。一般来说，出口商可随时要求保理商核准因出售商品或提供服务而产生的应收账款或为自己的客户核定一个信用销售额度。保理商以书面通知核准的应收账款和信用销售额度内的应收账款均为已核准应收账款，如有特殊情况的，应在协议中另外写明。

对已核准的应收账款，保理商可以提供无追索权的贸易融资和坏账担保。未经核准的或超过核准额度的应收账款，保理商只提供有追索权的融资，不提供坏账担保。

3. 收购价款计算

协议应写明保理商收购应收账款的价格及相关规定。一般来说，收购价格应是发票金额扣除下列款项后的净额：

第一，出口商按合同规定给予进口商的回扣、佣金和折让。

第二，根据贴现率计算的贴现金额。

第三，保理商的管理费用。

对于收购价格，保理商有权按照协议规定行使冲账权和抵消权，即将因贸易纠纷而产生的或因客户信用危机而使未核准应收账款部分产生的呆账和坏账从收购价款中扣减或冲销。协议中还应规定收购价款的支付时间和方式。

4. 权益转让条款

出口商将应收账款的债权转让给保理商后，必须亲自或委托保理商将转让以书面形式通知债务人，要求债务人向保理商付款，并在协议中写明。出口商所拥有的其他相关权益也被认为随债权转移而转移，以避免不必要的纠纷。

但根据《国际保理服务公约》，出口商向保理商转让债权时，不必通知债务人。

5. 出口商的履约保证

出口商必须在协议中做出如下保证：

第一，出售的应收账款的债权为合法债权。

第二，出口商已全部履行了合同项下的责任和义务。

第三，按照合同规定向客户（债务人）提供了商品和服务。

第四，对方（债务人）不会因异议而导致纠纷。

第五，客户不是出口商的附属机构、控股公司或集团成员等，以保证债权为保理商所接受。

6. 限制条款

协议中应对出口商的某些行为加以限制，例如：

第一，出口商不得将已进行抵押的应收账款转让给保理商。

第二，债权转让后，出口商不得以任何方式将其抵押给第三者。

第三，签订协议后，未经保理商批准，出口商及其附属机构不得再与任何第三者签订类似协议。

第四，未经保理商书面认可同意，保理协议不得转让。

若出口商违反上述条款，保理商有权终止协议。

7. 期限条款

保理协议自签字之日起生效，有效期一般为1年，到期若不续签转期，协议将自动失效。但到期后有效期内的业务尚未结清的，可继续执行协议，直至全部结清为止。

8. 协议终止条款

在协议有效期内，若出口商清盘破产或出现违约情况，保理商有权立即终止协议，并可保留或行使对应收账款的追索权。

二、国际保理服务的当事人及业务流程

（一）国际保理服务的基本当事人

（1）出口商/债权人：出具发票的一方。

（2）进口商/债务人：对出口商出具的发票负有付款责任的一方。

（3）出口保理商：根据与出口商签订的出口保理协议，对出口方的应收账款做保理业务的一方。

（4）进口保理商：为进口商核准信用额度，承担出口方应收账款信用风险的一方。

（二）国际保理服务的业务流程

国际保理服务的业务流程主要有以下几个步骤：

第一，出口保理商与位于不同国家或地区的进口保理商之间签订在一定时期内有效的相互保理总协议。

第二，出口商向出口保理商申请保理。

（1）出口商向本国保理商提出保理申请，出口保理商对其经营情况作审查。

（2）出口保理商根据出口商的客户分布情况选择合适的进口保理商，并将保理的业务通告给各进口保理商。

（3）各进口保理商分别对有关进口商作资信审查，为进口商核准信用额度，并提出自己对出口保理商的报价。

（4）出口保理商在此基础上向出口商提出自己的条件和报价，与出口商签订保理协议。

第三，出口保理商分别与各进口保理商签订具体的保理代理协议。

第四，保理协议的具体执行。

（1）出口商与进口商签订贸易合同。

（2）出货后，出口商将一份正本发票与两份副本发票提交给出口保理商，出口保理商审核无误后，留下一份副本发票，另一份副本发票寄给进口保理商，并在正本发票上加注转让条款，明示债务人将发票款项付给进口保理商。

（3）上述加注转让条款的正本发票，可以还给出口商，由出口商随其他相关单据一起寄给进口商，或者直接由出口保理商寄给进口保理商。

（4）出口商如有融资需求，出口保理商可为出口商提供不超过发票金额的80%融资款。

（5）进口保理商于发票到期日前若干天开始向进口商催款。

（6）进口商于发票到期日向进口保理商付款。

(7) 进口保理商将款项汇交出口保理商，如果进口商在发票到期日 90 天仍未付款，进口保理商做担保付款。

(8) 出口保理商扣除融资本息（如有）和费用之后，将余款支付给出口商。

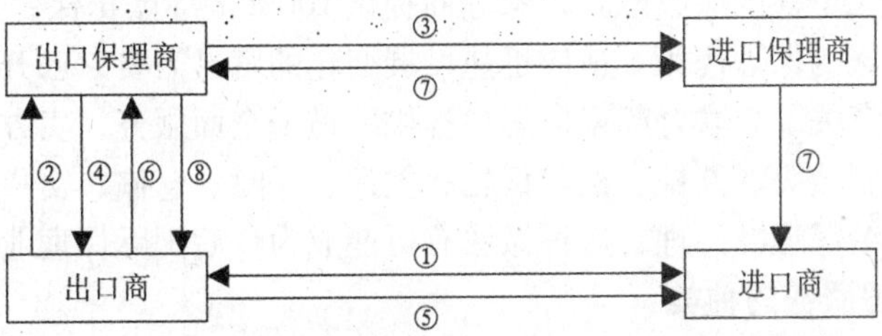

图 7-1　国际保理服务的业务流程图

在图 7-1 中，每个步骤的含义为：

①出口商和进口商进行贸易磋商，并约定采用国际保理的结算方式；

②出口商向出口保理商提出申请，并把合同内容和进口商名称通知出口保理商；

③出口保理商将有关资料通知进口保理商，尤其对进口保理商进行资信调查，并及时将调查结果通知出口商；

④出口保理商对认可的交易与出口商签订保理协议，协议内容明确规定信用额度；

⑤出口商在保理协议规定的额度内备货、发货；

⑥出口商按合同规定发货后，取得运输单据和其他商业单据，并在单据上注明应收账款转让给出口保理商，即可取得 70% ~80% 发票金额融资；

⑦出口保理商收到全套单据后，将单据转交给进口保理商，由进口保理商负责向进口商收款，并将款项拨交给出口保理商；

⑧出口保理商将收到的货款扣除已预支货款、利息及手续费后的余额交付出口商。

三、国际保理服务的业务范围与种类

（一）国际保理服务的业务范围

1. 出口贸易融资

出口商发货后，将发票副本提交给保理商，可立即获得不超过 80% 发票金额的无追索权的预付款融资，余下的 20% 于货物收妥后结算。这种出口贸易融资手续方便，费用低廉。一般情况下，进出口保理商佣金为发票金额的 0.6%~1.2%，单据处理费为 10 美元/单。

2. 销售分户账管理

在卖方需做保理业务后，保理商会根据卖方的要求，定期/不定期地向其提供关于应收账款的回收情况、逾期账款情况、信用额度变化情况、对账单等各种财务和统计报表，协助卖方进行销售分户账管理。

3. 应收账款催收

保理商一般由专业人员和专职律师进行账款追收。保理商会根据应收账款逾期的时间采取信函通知、打电话、上门催款直至采取法律手段。

4. 信用风险控制与坏账担保

卖方与保理商签订保理协议后，保理商会为债务人核定一个信用额度，并且在协议执行过程中，根据债务人资信情况的变化对信用额度进行调整。对于卖方在核准信用额度内的发货所产生的毫无争议的应收账款，保理商提供100%的坏账担保。

目前，一些国家的保理商为了适应迅速发展变化的贸易需要，已开始与储运公司、商检机构、港务局等有关部门联合起来向客户提供一揽子全面服务，卖方只要找到买主，包括包装、贴标签、刷唛头、商检、租船订舱、发运、保险、仓储、交货、收款、风险担保等一切事宜都可交给保理商办理，这种做法有可能成为今后国际保理业务的发展方向。

（二）国际保理服务的种类

1. 公开保理与隐蔽保理

国际保理服务按照保付代理业务的内容可分为公开保理与隐蔽保理。

（1）公开保理，是一种将债权转让公开通知进口商的保理方式。这种保理业务按具体保理内容不同而分为到期保理和综合性保理两种类型。**到期保理**，是指保理商为出口商提供应收账款管理、信用销售控制、催收账款与坏账担保等结算服务，而不提供融资服务。**综合保理**，是指保理商既为出口商提供到期保理，又以预付款方式无追索地购买出口商的应收账款，为出口商提供融资服务。

（2）隐蔽保理，是一种不将债权转让公开通知进口商的保理方式，保理商只向出口商以预付部分应收账款的方式提供有追索权或无追索权的短期贸易融资，而不提供其他保理服务。

在隐蔽保理项下，出口商可以有选择地转让部分或全部合格应收账款。隐蔽保理商则通常会保留其对预付款的追索权，而且还常保留其在必要时将债权转让事实通知债务人的权利，只为出口商预付不超过发票金额80%的应收账款，对于无论何种原因形成的呆账、坏账和逾期账款则从下批货款中扣除的方式行使追索权。

2. 双保理机制与单保理机制

国际保理服务照保付代理经营机制可分为双保理机制与单保理机制。

（1）双保理机制，是指出口保理商通过进口保理商共同为出口商提供保付代理服务的保理机制。在双保理机制中，有时还会派生出一个非标准的双保理机制——背对背保理机制。所谓背对背保理机制，是指在出口商和最终进口商之间多了一个进口经销商，在这种存在中间商的国际保理业务中，进口保理商不但担当出口保理商在进口国面对进口经销商的国际保理商代理，而且还担当进口经销商在进口国面对最终进口商的国内保理商，而出口商与最终进口商之间并无直接交易。

（2）单保理机制，是指只有一个出口保理商或一个进口保理商单独为出口商提供保付代理服务的保理机制。如果只有一个出口保理商为出口商提供保付代理服务，称为“直接出口保理机制”；如果只有一个进口保理商为出口商提供保付代理服务，称为“直接进口保理机制”。单保理机制的保理商一般不提供融资服务或无追索权的隐蔽保理服务。

四、国际保理服务对进出口商的影响

（一）国际保理服务对出口商的影响

1. 便利融资，改善资产负债比率

出口商将货物装运完毕，即可获得不超过发票金额的80%的无追索权贸易融资，缩短了资金回收的周期，保证了较充足的营运资金，加速了资金的周转。

2. 有效规避风险

与汇付、托收、信用证等传统付款方式比较而言，进口商破产或拒付货款等经营风险、财务风险转由保理商承担，能有效地保护出口商的利益。只要出口商的商品品质和交货条件符合贸易合同的规定，在保理商无追索权地购买其票据后，出口商就可以将信用风险和汇率风险转嫁给保理商，从而减少风险，提高债款回收率。

3. 简化手续，节约成本

保理商之间采用先进的电子数据系统传递信息，操作简便、快捷，额度一经批准确立，出口商便可以放心及时出货，而不需要等待进口商开来信用证，免除了繁琐的手续，同时还回避了信用证业务中的不符点问题，加快了单据的流转。

由于出口商将货物装运完毕并向保理商转让发票等单据后即可获得部分货款，满足用于再生产所需资金，形成生产、销售良性循环；资信调查、账务管理和追收账款都有保理商处理，减少了销售费用；加之保理商一般仅收取1% ~2%的手续费，较之信用证和托收都要低得多，并且有效地排除了坏账损失。所有这些都能促进成本的降低和利润的增加。

4. 有利于出口商营销战略的实施

由于保理商代出口商对进口商的资信进行了调查和监督，克服了信息障碍，为出口商决定是否向进口商提供商业信用以扩大商品销售，提供了准确的依据和信息数据，因而更具竞争力，有利于出口商拓展海外市场、扩大出口。

（二）国际保理服务对进口商的影响

1. 避免积压和占用资金

保理服务适用赊销方式购买商品，进口商不需要向银行申请开立信用证、交付押金，从而减少资金的积压，避免信用额度的减少。

2. 降低进口成本，简化进口手续

由于进口商是通过保理商延期付款，相当于进口商凭其良好的信用取得了出口商信用贷款，无需缴付保证金或用财产抵押，同时也节省了为出口商开立信用证的费用支出，能以有限资金购进更多货物，加快了资金和进口货物的流动周转，扩大了营业额；加之通过保理商付款购买手续简便，不需要处理繁杂的财务文件费用。进口商可以迅速得到急需的进口物资，大大节省了开证、催证等环节的时间，简化了进口手续，也降低了进口成本。

相对于对进口商的影响，国际保理服务对出口商的影响更直接、更显著。

国际保理服务对进出口商的作用见表7－1。

表 7－1　国际保理服务对进出口商的作用

作用	对出口商	对进口商
增加营业额	对于新的或现有客户提供更有竞争力的赊销、承兑交单付款条件，以拓展海外市场增加营业额	利用赊销，承兑交单优惠付款条件，以有限的资金购进更多货物，加快资金流动，扩大营业额
风险保障	进口商的信用风险转由保理商承担，出口商可以得到 100% 的收汇保障	因公司的信誉和良好的财务表现而获得进口保理商的信贷，无需抵押
节约成本	资信调查、财务管理和账款追收都由保理商负责，减轻了业务负担，节约管理成本	省却了开立信用证和处理繁杂文件的费用
简化手续	免除了一般信用证交易的繁琐手续	在批准信用额度后，购买手续简化，送货快捷
扩大利润	因扩大出口额、降低管理成本、排除信用风险和坏账损失，利润随之增加	由于加快了资金和货物的流动，生意更发达，从而增加了利润

五、国际保理商组织和有关保理服务的国际规则简介

（一）国际保理商组织简介

目前，世界上国际性保理商组织共有三个，分别是国际保理商联合会（Factors Chain International，FCI）、国际保理协会（International Factors）以及哈拉尔海外公司（Heller Oversea Corporation）。在这三个组织中，规模最大且最具影响的首推国际保理商联合会（FCI）。

国际保理商联合会 1968 年 11 月成立于荷兰，总部设在阿姆斯特丹。该组织是由 50 多个国家和地区的 980 多家保理公司组成的世界性联合体，其目的是为会员提供国际保理服务的统一标准、程序、法律依据和技术咨询，并负责会员公司间组织协调和技术培训工作。国际保理商联合会颁布的《国际保理业务惯例规则》已经成为世界保理业务运行所必须遵循的法律依据。

国际保理商联合会的组织构成为：国际保理商联合会理事会、国际保理商联合会执行委员会以及国际保理商联合会秘书处。这三个组织共同构成国际保理商联合会，并分工负责该组织的各项工作。

国际保理商联合会理事会是 FCI 的最高权力机构。联合会理事会的主要工作职责是负责制定 FCI 的经营战略和总的经营原则，同时它还承担对本组织的章程、国际保理惯例规则和总部的规章进行修订的全部工作。具体而言，工作内容主要有三：一是向各国保理商提供开展国际保理业务的法规和标准；二是统一为 FCI 会员公司提供业务资信服务；三是扩大国际保理商的业务代理网络。

该理事会由正式会员和非正式会员组成。一般设主席、副主席各 1 名，且由理事会的年会选举产生。联合理事会每年至少召开一次会议。

（二）有关保理服务的国际规则简介

1.《国际保理服务公约》

《国际保理服务公约》（以下简称《公约》）为使用国际保埋服务提供了统一的法律依据和业务标准，明确了各方当事人的权利和义务。

《公约》共有4章23条，分别为“适用范围和一般条款”、“当事人的权利和义务”、“其后的转让”和“最后条款”。

《公约》规定：适用国际保理服务合同和应收账款的转让。保理服务合同是指一方当事人（供应商）与另一方当事人（保理商）之间缔结的合同。并且，由销售或服务合同产生的不属于个人消费或使用性质的债款必须转让给保理商。

只有在下列两种条件下，有关保理业务才受《公约》的管辖：（1）双方（供应商、保理商）的国家均为《公约》签字国；（2）销售合同和保理合同均受《公约》签字国法律管辖。

但是，《公约》不是强制性的法律文件，即使是《公约》签字国的供应商和保理商，如果双方同意，也可以用书面协议的形式排除《公约》的管辖。

目前，绝大多数开办保理业务的国家是《公约》的签字国，这些国家的国际保理业务大多接受《公约》的管辖。《公约》已成为国际保理服务中有广泛代表性和权威性的法律文件。

2.《国际保理服务惯例规则》

随着国际保理服务业务的发展，各国保理商，包括承办保理服务的专门保理公司、财务公司和商业银行联合成立了国际保理商联合会（FCI），并公布了世界各国保理商所接受的统一惯例《国际保理服务惯例规则》（Code of International Factoring Customs，以下简称《规则》）。

《规则》（1990年修订本）共11部分28条，分别为“总则”、“信用风险的承担”、“付款责任”、“出口保理商和进口保理商的代理”、“保证及其他责任”、“转让的合法性”、“补偿”、“预付款”、“账务、报告和酬金”、“违反规则”、“规则修改”。

（1）适用范围：一是适用的当事人。进出口保理商均为FCI会员；或一方为会员，另一方虽不是FCI会员但同意采用此《规则》。二是包括的业务范围。仅限于与出口保理商签有协议的供应商以信用方式向债务人销售货物或提供服务所产生的应收账款，且该债务人所在国有进口保理商提供保理服务。不包括任何以信用证、D/P或现金交易为基础的销售。

（2）《规则》效力：一是FCI根据《规则》进行的裁决是终局性和有约束力的。二是如果进出口保理商之间的书面协议和《规则》的条款发生抵触、不符或超出范围时，优先采用协议条款，但所有其他条款仍应从属于《规则》的论述。

第二节 包买票据

一、包买票据业务的含义及特点

（一）包买票据业务的含义

包买票据业务，是指包买商或福费廷商无追索权地买断由于商品或劳务出口而产生的未到期应收账款的业务行为。实际上就是包买商对经进口地银行担保的远期承兑汇票或本票进行贴现的一种业务活动。

包买票据也称“福费廷”，即 Forfeiting 的音译。在法语中，FORFEIT 表示“让权利予他人”、“放弃权利”、“放弃追索权”的意思。包买票据作为一项金融业务，起源于 20 世纪 50 年代末的瑞士，由于当时冷战设立的贸易壁垒日益减少，西方国家与东欧及亚非拉等地区发展中国家的贸易恢复了活力，发展中国家进口大型资本货物时往往要求出口商给予超过 180 天的延期付款便利，包买票据业务市场就是在当时政府援助及商业银行贷款不足的情况下为向出口商进行中期融资而应运产生的。

目前，包买票据业务在美、德、英、瑞士等发达国家应用已相当普遍，业务量不断扩大。同时，随着市场的变化，包买票据业务也采取了一些灵活的做法：融资期限可缩短至几个月，最长可延至 10 年；融资范围也由资本设备的出口发展至消费品、农产品出口，甚至英国的国内销售中也采用了这项业务。

此外，包买票据业务已逐渐发展成为一种中期投资工具。包买票据债权买方在承做包买票据业务以后，若债权金额过大，可以向其他潜在的投资者发出邀请，寄出有关单据附件及业务说明书，要求共同参与投资以分散风险或甚至只作为包买票据市场中的经纪人，把有关债权及风险全部转让给其他金融机构和投资者而自己不再承担融资的责任。对包买票据业务票据的投资，一方面因为投资者必须承担国际贸易中的所有风险，其收益可能大于类似期限、币种的证券投资的收益；另一方面，风险由于进口地银行的担保而变得适于投资者承担，从而包买票据业务票据在国际金融市场上也易于再贴现和再出售。因此，包买票据业务正发展成为一项越来越重要的中期投资业务。

在包买票据业务迅速推广的同时，包买票据业务技术和市场机制不断改进：

第一，形成了包买票据的二级市场。包买商在向出口商购买作为债权凭证的远期票据后，如果由于某些原因，不愿将自己的资金束缚在这种投资上，可将所持有的全套或一期或几期远期票据出售给二级包买商，二级包买商还可再转让远期票据的一期或几期或全套。每期票据都是一份独立、完整的债权凭证，持有它即享有全部票据权利。目前伦敦的包买票据二级市场最为活跃。不过，出口商出于保守商业秘密的考虑，有时会要求初级包买商保证其得到的票据不在二级市场上转让，或在包买协议中加列限制条款而使包买票据难以转让。

第二，出现了包买辛迪加。由于包买协议涉及的交易金额较大，包买商出于资金和信用额度的限制或出于分散风险的考虑，往往联合其他包买商组成辛迪加（银团），共同对某笔大额（5000 万美元以上）交易提供包买票据服务。

第三，提供可变利率融资。采用可变利率的包买业务仅限于二级市场。即初级包买商在二级市场上以当时的贴现率出售票据，并规定在将来约定的时间不断加以调整。但由于这种做法背离了包买票据业务提供固定利率的宗旨，所以包买商一般不愿以可变利率方式进行大量交易。

（二）包买票据业务的特点

包买票据业务适用于以分期付款方式收付货款的资本品进出口，或者说适用于对资本品出口债权的购买。与之相适应，包买票据业务具有以下特点：

1. 主要提供中期贸易融资

包买票据的融资期限一般是在3～7年之间，以5年居多，但最短可以是6个月，最长可达10年。包买票据业务的融资期限与资本性物资交易的付款期限是基本一致的。

2. 融资金额一般较大

包买商购买的票据金额一般应在100万美元以上，金额越大越好。如果金额过小，不仅会增加客户的融资成本，而且会抵消包买业务的长处，使之失去竞争力和吸引力。反之，金额较大，就会降低客户的融资负担（成本），充分发挥包买票据业务的优势。大银行通常只愿意做500万美元以上的交易，但当金额超过5000万美元时，则通常需由包买辛迪加来联合融资。

3. 按规定的时间间隔出具债权凭证

贸易合同规定，进口商应以分期付款方式支付货款，通常是每半年还款一次。在出票时也应以此为基础，按融资期限分成金额相等的若干张票据，每半年有一张到期。

4. 使用最通用的货币

原则上讲，凡是以货币市场上可自由交易或兑换的货币计价的商品交易均可叙做包买票据业务，如美元、日元、欧元、英镑等。但在实际中，大部分叙做包买票据业务的交易都是以美元、欧元以及英镑作为计价货币，这主要是因为这几种货币是欧洲金融市场上最通用的货币，其交易量大，有利于包买商匹配资金，消除利率风险和汇率风险。

5. 债权凭证应由进口方银行担保

除非进口商是信誉卓著的政府机构或跨国公司，债权凭证必须要由能使包买商接受的银行或其他机构无条件地、不可撤销地进行保付或提供独立的担保。

6. 债权凭证的购买无追索权

即使包买商到期不能从进口商或担保银行收回票款，也不能要求出口商退还所付款项，收不到票款的损失由包买商自己承担。

7. 以正常贸易为背景

一般不涉及军事产品等。

二、包买票据业务的主要当事人及业务流程

（一）包买票据业务的主要当事人

1. 出口商

出口商是提供商品或劳务并将应收票据出售的当事人。通常是包买票据业务汇票的卖主，为保护自己不受追索，将经进口商承兑的远期汇票或进口商出具的本票无追索权地卖给包买票据融资者。

2. 进口商

进口商是指与出口商达成协议，承兑出口商的远期汇票，取得符合出口商和包买商要求的银行担保，并按照合同要求延期支付进口货款的当事人。

3. 包买商

包买商通常为出口地银行或其附属机构，也可以是金融公司、包买票据公司等其他融资机构，与出口商签订包买协议，并按协议无追索权地贴现出口商提交的合格票据，并收

取相应的利息与费用。

4. 担保人

担保人通常是应进口商申请的进口地银行，承兑将被包买的票据，或对票据担保付款，从而对票据的到期付款做出自己的承诺。当包买票据是在信用证结算方式下进行时，担保人通常是开证行或经指定的保兑行、付款行。

（二）包买票据业务流程

（1）出口商与包买商签订包买票据协议，并规定一个选择期，然后再与进口商签订包买票据项下的延期付款贸易合同，二者同时生效。

（2）出口商向进口商发运货物之后，进口商承兑由出口商开立的汇票或自己开立本票，经进口地银行担保后将票据寄给出口商。

（3）出口商将票据无追索权地卖给包买商，包买商扣除一定贴现利息和费用后，将款项付给出口商。

（4）包买商根据需要可将票据在二级市场上进行再贴现，或待票据付款到期日向票据的承兑人/担保人提示票据请求付款。

包买票据业务的详细程序见图 7－2。

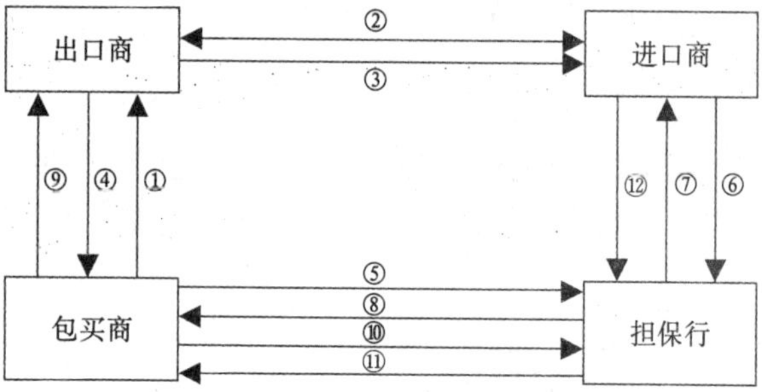

图 7－2　包买票据业务流程图

在图 7－2 中：①签订包买合同；②签订贸易合同；③发货、签发汇票；④交割规定单据；⑤寄单；⑥申请银行担保；⑦借出单据；⑧寄交担保债权凭证；⑨无追索权贴现付款；⑩提示到期票据；⑪支付票款；⑫偿还垫付票款。

（三）包买票据业务的成本和费用

包买票据业务所涉及的成本主要由出口商直接承担，但是这些成本可能以更高货价的形式转嫁给进口商，进口商所承担的直接成本只有进口商银行收取的保证费一项。这项保证费是进口商银行因出具保函、对票据加保、承兑而向进口商收取的风险费和手续费。

由出口商所直接承担的融资成本主要包括以下几项：

1. 选择费

在包买票据业务中，包买商向出口商发出实盘后至出口商接受之前的一段时间称为“选择期”。选择费就是指包买商要求出口商在选择期需要向包买商支付的费用，用以对包买商在此期间承担的利率和汇率风险进行补偿。一般情况下，包买商会提供 24 小时或 48 小时的免费选择期，如果出口商选择期较长，如 1～3 个月，包买商会按 1%～5% 的费率向出口商收取选择费。目前由于竞争原因，许多银行已经不再收取选择费了。

2. 承诺费

在包买票据业务中，包买商向出口商出具“包买票据业务确认书”，即与出口商达成交易时，到实际向出口商买断票据并支付买断款项的一段时间称为承诺期。承诺费就是指包买商要求出口商在承诺期需要向包买商支付的费用，用以对包买商在此期间因承诺包买票据而限制了其承担其他交易的能力所产生的机会成本以及因承担在此期间相应的利率和汇率风险的补偿。承诺期一般要持续 6 个月或更长时间。

承诺费 = 票据面值 × 承诺费率 × 承诺天数/360

承诺费率一般为拟收取的贴现率的一半。承诺费在按上述公式计算后，从向出口商支付的买断款项中扣发，或逐月向出口商收取。

如果在包买票据业务达成之后，出口商提出取消业务，则应按从包买商与出口商达成交易时起，至出口商提出取消业务时止，计算承诺期，并向出口商收取相应期限的承诺费。

3. 贴现费

包买票据业务的贴现费是包买商对出口商的远期票据进行贴现而收取的费用。

贴现费费 = 票据面值 × 贴现率 × 贴现天数/360

包买票据业务的贴现率为基础利率和银行的利率浮点之和。贴现期限不超过 1 年的基础利率适用同档期的 Libor/Hibor/Sibor/Eurobor 利率，贴现期限在 1 年以上的基础利率适用同档期的掉期利率，可在路透网上查询。利率浮点可看作是包买商的预期利润。

4. 宽限费

在包买票据业务中，宽限期是指从票据到期日到包买商实际收款日的估计付款在途天数。根据进口商银行及其所在国家的不同，包买商规定的宽限期亦不同。一般情况下，对日本、欧洲、北美洲以及大洋洲国家的宽限期为 1 ~ 3 天；对韩国以及东南亚国家的宽限期为 3 ~ 5 天；对西亚、中南美洲、非洲国家的宽限期为 5 ~ 7 天。宽限期一般纳入贴现总期限，由此产生的贴现费称为“宽限费”。

5. 其他费用

主要是包买商的手续费等。

总体来说，包买票据业务的费率一般要高于国际保理费率。

三、包买票据业务的种类

（一）按“买断”方式划分

按“买断”方式，包买票据业务可以分为“直接买断”和“间接买断”。

1. “直接买断”

“直接买断”是指办理包买票据业务的银行（包买商）直接买断在信用证项下由开证行（或保兑行）已经承兑（或承付）的单据所代表的应收账款；或直接买断在非信用证项下出现承兑行（或承付行）已经承兑（或承付）的票据所代表的应收账款。

由于在“直接买断”方式下，办理包买票据业务的银行（包买商）攫取的利润较为丰厚，不用分利润给其他行，因此，在开证行（或保兑行）、承兑行（或承付行）信誉较好，其所在国家或地区的政治、经济稳定的情况下，一般均使用“直接买断”方式。

2. “间接买断”

“间接买断”也称风险参与，是指包买商（二级包买商）从另一包买商（一级包买商）那里买断信用证项下由开证行（或保兑行）已经承兑（或承付）的单据所代表的应收账款；或买断在非信用证项下由承兑行（或承付行）已经承兑（或承付）的票据所代表的应收账款。“间接买断”的包买商（二级包买商）一般不与应收账款的原有的债权人发生关系，类似于从票据的二级市场上购买票据权利。

“间接买断”（风险参与）又可以分为融资性风险参与和非融资性风险参与：

融资性风险参与，是指二级包买商通过让一级包买商款项让渡或背书“买断”一级包买商的债权（收款权）。叙做融资性风险参与的二级包买商在办理买断业务后，需将单据或票据所代表的债权金额无追索权地立即付给一级包买商。

非融资性风险参与，是指二级包买商通过让一级包买商款项让渡或背书“买断”一级包买商的债权（收款权）。与融资性风险参与不同的是，叙做非融资性风险参与的二级包买商在办理买断业务后，不需将单据或票据所代表的债权金额立即付给一级包买商，而是当信用证项下的开证行（或保兑行）、票据的承兑行（或承付行）出现了拒绝付款、倒闭的情况下，承担赔付的责任，实际上起了一个对债权的担保作用。

（二）按“买断”债权的表面形式划分

按“买断”债权的表面形式，包买票据业务还可以分为以下几种：

（1）在出口远期信用证项下，开证行（或保兑行）已承兑的汇票或已承付的单据所代表的债权。

（2）出口商出具的并已被进口商承兑的汇票所代表的债权。

（3）进口商出具的以出口商为收款人的本票所代表的债权。

（4）由包买商可接受的担保人出具的独立保函所保付的以进口商为付款人的汇票或进口商自己出具的本票所代表的债权。

（5）由包买商可接受的第三者加注了保付签字（Per Aval）的汇票或本票所代表的债权。

由于无追索权地购买纯汇票或本票的风险极大，因此，在实务中，包买商购买的主要是在出口远期信用证项下，开证行（或保兑行）已承兑的汇票或已承付的单据所代表的债权。

四、包买票据业务的影响及其风险防范

（一）包买票据业务的影响

包买票据业务是一种快捷方便、简便灵活的出口贸易融资方式，但它对各当事人的影响有所不同。

1. 包买票据业务对出口商的影响

包买票据业务对出口商比较有利。

（1）能立即得到现金付款，避免资金被长期占用，有利于改善资金流动状况。

（2）不再承担应收账款回收工作与费用。

（3）不承担融资期间利率、汇价、信用和国家风险。

（4）融资简单、方便、效率高。

（5）出口商的资产负债表不会受到影响。无追索权融资能使其资金营运能力和信用水平得到提高。

（6）出口商能够向进口商提供100%的融资，有利于增强出口竞争能力。

包买票据业务对出口商的不利之处是增加出口成本、提高出口价格，影响出口竞争力。

2. 包买票据业务对进口商的影响

进口商的主要益处是能得到出口商提供的100%合同价款的贸易融资，且融资简单、灵活。

但是，进口商必须支付较高的融资费用，而且还要在一定程度上长期占用授信额度或提供抵押品。另外，还不能因为任何贸易纠纷拒绝或延迟付款。

3. 包买票据业务对包买商的影响

办理包买票据业务，包买商首先能获取较高的收益率；其次是融资文件简单，制作方便，省时省力。此外，还可将债权凭证在二级市场上出售，收回融出资金。

不利之处是包买商在融资中承担了所有的汇价、利率、信用和国家信用的风险，并且没有追索权。

4. 包买票据业务对担保行的影响

担保行通过对票据加保或出具保函可获得相当可观的保费收入，并且融资文件简单、省时省力。

不利之处是承担着一定的业务风险，如果进口商破产或无力支付，其对外的付款可能无法收回。

（二）包买票据业务的风险及防范

在包买票据业务中，有关当事人都存在着不同程度的风险，其中有些风险是可以采取措施进行防范的，而另一些风险则缺乏有效的防范措施。

1. 出口商面临的风险及防范

出口商面临的风险主要是在向包买商出售债权凭证之前这段时间的利率风险、履约风险、币别风险、汇价风险。

（1）利率风险及防范。利率风险是指出口商在签订包买合同至签订贸易合同这一期间内所面临的交易计价货币利率下调风险。利率下调将加大出口商的融资成本，而对进口商的报价又早已确定而无法更改。

利率风险较易防范，只要出口商在签订贸易合同前及时与包买商联系洽谈，并取得其报价和包买承诺，即可将融资成本打入商品价格，利率风险便可有效消除。

（2）履约风险及防范。履约风险是指在承担期内，由于种种主、客观因素，贸易合同无法继续履行，出口商无法向包买商提供有效票据的风险。即由于贸易合同不能履行而导致包买合同不能履行，而给包买商造成损失。如果出现履约风险，出口商有责任对包买商因此而产生的费用和遭受的损失予以补偿。

在实务中，出于维护与客户的长远关系考虑，包买商一般都以宽容的态度对待此事，通常仅是象征性收费或不收费。

（3）币别风险、汇价风险及防范。币别风险是指出口商在承担期内收到进口商交来票据的币别不是原来合同中规定的货币，出口商将面临因此产生的汇价风险；汇价风险指计价货币贬值的风险。

币别风险或汇价风险可以通过在贸易合同中增加特殊条款来消除，如商品价格随有关货币的汇率变化而变化，必要时还可购买有关货币的远期外汇买卖合同。

2. 进口商面临的风险及防范

进口商面临的主要是汇价风险，即如果交易计价货币是外币，进口商就面临着本币贬值或外币升值而多支付本币的风险。

这种风险通常可以通过远期外汇买卖合同加以消除，不过，如果进口商所在国的法定货币是不可自由兑换货币，这种汇价风险就无法消除。

3. 包买商面临的风险及防范

在提供选择期至票款到期收回的整个期间，包买商一直承担着各种风险，主要包括：

（1）利率风险及防范。利率风险主要是指在选择期和承担期中，由于利率上升导致包买商融资成本上升的风险。控制和消除利率风险的主要手段是应尽量做到资金完全匹配。

（2）担保行的信用风险及防范。担保行的信用风险是指担保行在票据到期日履行付款责任时由于某些原因造成迟付，一般不存在无力支付的情况。对该风险的防范办法是对担保行核定相应的信用额度。

值得注意的是，包买商通常仅是银行的一个部门，不能独立考虑其信用额度问题，而应将整个银行对该担保行所发生的业务作通盘考虑。

（3）国家风险及防范。国家风险通常指担保行所在国的国家风险。控制和防范国家风险的办法主要是核定信用额度及投保国家信用险，此外，还可邀请有关银行进行风险担保。

（4）单据和票据缺陷风险及防范。票据和担保在有效性方面存在的任何缺陷都可能会给包买商带来风险。因此，包买商应严格审查有关单据、票据，并做好记载。

此外，单据因保管不善，如发生丢失、火烧、水渍等也会影响包买商的权益。包买商应加强对单据的保管。

（5）托收与清偿风险及防范。托收与清偿风险是指由于人为的疏忽和失误，致使票据未能于到期日前及时寄出收款而造成的迟收货款风险。该风险的防范措施是严格加强内部管理，由专人负责保管单据及寄单。

4. 担保行面临的风险及防范

担保行的主要风险是进口商的违约风险，即由于进口商违约、破产等原因使担保行的对外垫款得不到偿还。

对这种风险的有效控制办法是核定信用额度，要求进口商提供抵押品或反担保函。

如果进口商与担保行不在同一国家，担保行还要承担国家信用风险。对该风险的防范办法是核定该国信用额度。

五、包买票据业务与国际保理服务、贴现的异同点

（一）包买票据业务与国际保理服务的异同点

表7－2对保理服务与包买票据业务的异同点做了比较。

表7－2 保理服务与包买票据业务的比较

	比较项目	保理服务	包买票据
相同点	性质	新的综合性结算方式	
	基本内容	风险担保、贸易融资	
	服务手段	出口债权的购买	
不同点	购买对象	消费品出口债权	资本品出口债权
	购买比例	全部或部分债权	全部债权
	债权性质	一般债权	票据权利/债权凭证
	银行担保	无	进口银行担保
	购买性质	有追索权或无追索权	无追索权
	其他服务	有	无
	基本方式	O/A、D/A	光票托收
	使用货币	可自由兑换货币	最通用货币
	风险转移或控制方式	核准信用额度	银行风险参与、辛迪加购买、二级市场转让

与保理服务相近的是，包买票据业务也是通过购买出口债权提供风险担保和贸易融资。不同的是前者购买的是消费品出口债权，后者购买的是资本品出口债权。债权的性质不同导致债权形式、融资金额、融资期限、使用货币、风险控制与转移手段都不同。

包买票据业务中的费用有贴息、选期费、承担费、担保费等。这些费用直接地或间接地由进口商承担。

包买票据的风险主要有利率风险、汇率风险、信用风险和汇价风险等。风险承担者主要是包买商、担保银行。

（二）包买票据业务与贴现的异同点

1. 票据包买业务与贴现的相同点

（1）二者的融资时间均在付款人承兑或承付后办理。

（2）二者融资用途相同。可以用于各种费用和款项还银行贷款等资本项目的支出。

（3）在实务中，二者以远期信用证作为业务依托的居多。

（4）二者均可不占用银行对企业的工商授信额度。

2. 票据包买业务与贴现的不同处

（1）期限不同。票据包买业务的融资期限可长可短，一般不超过1年。

（2）有无追索权不同。票据包买业务买断债权后，对融资申请人无追索权；而贴现业务对融资申请人有追索权。

（3）报表反映不同。在申请人的财务报表上反映不同，贴现业务在申请人的资产负

债表上反映出来的是负债；而票据包买反映的则不是负债，是正常的收汇款，并且为企业减少了应收账款。

（4）可否核销、退税不同。票据包买业务能帮助企业提前核销，提前获得退税；而贴现业务则不能。

（5）二者利息计算方法、收费有差异。在相同条件下，一般福费廷业务的利息及费用要高于贴现业务。

（6）可否转卖不同。信用证项下的票据包买业务可以以风险参与的形式转卖，而信用证项下的贴现业务一般不转卖。

应用训练

【案例】

一个与赊销付款方式相结合的贸易结算融资方式

经营日用纺织品的英国 TEX UK 公司主要从我国进口有关商品。几年前，当该公司首次从我国进口商品时，采用的是信用证结算方式。随着进口量的增长，TEX UK 公司开始谋求至少 60 天的赊销付款方式。虽然他们与我国出口商已建立了良好的合作关系，但是我国供货商考虑到这种方式的收汇风险过大，感到十分棘手。我国供货商希望寻求一种合适的国际贸易结算融资方式，他们目前正在考虑的方式有包买票据和国际保理。

在本案例中，你会建议我国供货商采用哪种方式？为什么？

【分析】

包买票据和国际保理的主要区别如下：

1. 业务本质不同。保理业务中，应收账款是通过发票贴现的形式由出口商转让给保理商的，遵循的是一般民法中债权转让的做法，在国际保理业务中，主要依据的是国际保理业务方面的公约和惯例。票据包买业务中，应收账款是通过票据贴现的形式由出口商转让给包买商的，遵循的是票据业务的程序，适用的是票据法的相关规定。

2. 信用基础不同：保理业务只适用于商业信用销售背景，实务中仅在 O/A 或 D/A 中运用，并不适用于付款交单（D/P）或信用证结算的交易。保理商收款是基于进口商的商业信用，购买应收账款时，进口商的付款责任并未确认，日后存在较大的拒付风险；而票据包买业务中，包买商购买的是经进口商承兑的汇票或进口商出具的本票，进口商的付款责任在应收账款购买时已经确定，此外，包买商通常只购买经进口地银行或其他担保机构担保的票据，因而票据包买商的票款兑现基于的并不仅仅是进口商的信用。

3. 融资期限与金额大小不同。保理融资属于短期零售性融资业务，贸易背景一般为消费品小批量、多批次、多客户的进出口交易。融资期限通常在半年以内，融资金额较小。而票据包买融资属于中长期批发性融资业务，通常适用于为中长期的资本性货物出口提供具有几年期限的资金融通，融资金额较大。此外，保理融资通常是部分融资，融资额一般为核定应收账款的80%，而票据包买融资则是全额融资，一次性贴现全部票面金额。

4. 追索权有无的规定不同。票据包买的本意就是权利的放弃，因而无追索权是票据包买融资的本质和特色；而保理业务分为有追索权和无追索权两种融资方式。

5. 风险承担不同。保理与票据包买在提供无追索权融资时，都承担了出口商转嫁过来的交易风险。但保理商承接的仅仅是买方信用风险，即对由于买方资信方面的原因导致的坏账承担赔付责任。而包买商买断票据后，承接了与交易有关的所有风险，不仅有买方信用风险，还有买方国家风险、政策风险、市场风险等等。从承担风险的种类上讲，票据包买业务中的风险转嫁也是较为彻底的。

在本案中，由于融资期限较短（6个月），金额较小，建议采用国际保理的方式。

思考与练习

1. 什么是国际保理？
2. 保付代理有哪些基本当事人？
3. 保付代理业务的机制有哪些不同类型？
4. 简述一个标准的双保理机制的业务流程。
5. 什么是包买票据？
6. 简述包买票据的业务流程。
7. 简述包买票据的融资成本结构。
8. 简述国际保理与包买票据的区别与联系。
9. 案例分析题：

我国某出口商就出口电视机到香港向某保理商申请100万美元信用额度。保理商在调查评估了进口商资信的基础上批准了20万美元的信用额度。出口商遂与香港进口商签订了23万美元的出口合同。发货后出口商向保理商申请融资。保理商预付16万美元，到期日进口商以货物质量有问题为由拒付（理由是该批货物与以前所购货物为同一型号，而前批货物有问题）。进口保理商以贸易纠纷为由免除坏账担保责任。出口商认为对方拒付理由不成立，并进一步了解到对方拒付的实际理由是香港进口商的下家土耳其进口商破产，货物被银行控制，香港进口商无法收回货款。因此，出口方要求香港进口商提供质检证，未果。90天赔付期过后，进口保理商仍未能付款。出口方委托进口保理商在香港起诉进口商。但进口保理商态度十分消极，仅凭香港进口商的一家之辞就认同存在贸易纠纷，结果败诉。

问题：结合该案例分析国际保理服务中出口保理商与进口保理商承担的风险差异。

第八章 结算方式的选择与贸易融资

学习目的

- □ 掌握不同国际结算方式的异同点及其综合使用
- □ 了解与结算方式联系较为紧密的几种贸易融资的概念、特点、作用及业务流程

【案例导入】

用信用证打包放款解决的“两难”问题

出口商A向英国B公司出口一批金额为1000万美元的家具，双方就如何结算存在分歧。出口商A因需要资金购置原材料，要求英国B公司预付货款后交货，特别是有鉴于本公司与英国B公司以往无贸易往来，相互间不了解，出口商更担心货到付款，对方不履约，钱货两空；而英国B公司则担心预付货款后，出口商A不履行合同规定交货，于是要求在出口商A交货后才付货款，但这样做显然不能满足出口商A的资金需求。

为了纾解上述难题，出口地一家银行建议出口商A采用信用证方式进行结算，同时为出口商在收到信用证时进行了打包放货，及时融通了资金。

（资料来源：徐莉芳：《国际结算与信贷》，上海立信出版社2004年版。）

思考：

1. 对出口商而言，信用证项下打包放款与一般货到付款在资金融通方面有哪些异同点？

2. 对于进出口商来讲，如何利用合适的结算方式在进行国际贸易的同时争取有利的融资条件？

第一节 国际结算方式的选择

前面几章分别系统地介绍了贸易汇款、跟单托收、跟单信用证、银行保函和备用信用证、国际保理服务以及包买票据业务等重要国际结算和贸易融资方式，这些方式各有特点、各有利弊。本章将从横向角度对它们加以比较分析，以便更好地了解和认识这些虽不相同但都很重要的结算和融资方式。

一、国际结算方式的比较

（一）国际结算方式的性质比较

依据国际结算方式的地位和功能不同，可将国际结算方式分成基本结算方式和附属结算方式两大类。

1. 基本结算方式

基本结算方式，即狭义国际结算方式，主要包括信用证、托收和汇款等方式，其核心是说明国际间资金划拨、转移或资金从债务人流向债权人的途径和渠道，程序性很强。但是，没有哪一种方式是完美无缺的，每种方式各有利弊。

信用证结算虽然有利于出口商降低收款风险、贸易融资方便且被广泛采用，但进口商却处于不利地位，信用证结算增加了其进口成本和风险，且结算周期较长。

托收和汇款结算虽然较为简单、快捷、便利，但出口商收款风险较大，且贸易融资不便利。为弥补单一基本结算方式的缺陷，附属结算方式便应运而生。

基本结算方式是国际结算方式的基础，是国际结算必须首先采取且可单独使用的方式。

2. 附属结算方式

附属结算方式，是指除基本结算方式以外的其他结算方式，主要包括国际银行保函、国际保理服务和包买票据业务等，其主要功能是在风险转移与贸易融资等方面弥补基本结算方式的不足。

银行保函本身不具备转移资金的功能，但当经济活动中的一方由于对另一方不信任或不了解而担心对方不能履行合约时，可要求对方提供银行保函而将信用风险转嫁给银行。银行担保的目的也不是为了发生支付，而是通过信用担保消除双方的顾虑以促使经济活动的顺利进行。

国际保理服务和包买票据业务则是以购买出口债权为手段，向出口商提供贸易融资和风险担保，以弥补 O/A，D/A 及光票托收之不足，只不过前者适用于消费品出口和短期融资，后者适用于资本品出口和中期融资。

附属结算方式是基本结算方式的补充，可根据需要选择是否采用及怎样采用，附属结算方式的使用以首先使用基本结算方式为前提，如国际保理服务是在 O/A、D/A 的基础上增加了保理商的综合服务，包买票据业务是在光票托收的基础上增加了包买商的无追索权贴现的融资服务，银行保函则是在汇款或托收基础上增加了银行的担保服务。如果脱离了汇款和托收，以上三种附属结算方式就失去了存在的基础。

（二）国际结算方式信用基础比较

根据债务人是否为银行，可以分为以商业信用为基础的结算方式和以银行信用为基础的结算方式。

1. 以商业信用为基础的结算方式

以商业信用为基础，是指债权人的收款不是取决于银行而是取决于非银行的企业或个人的资信。汇款和托收即属于这类结算方式，其债权人（出口商）的收款取决于进口商的资信。一般而言，以商业信用为基础的交易中，债权人的收款风险较大，往往会发生无力支付、无理拒付或迟付现象，这是由债务人的实力和信誉决定的。因此，对债权人来讲，决定采取该类方式收取货款时，一定要谨慎从事，通常只是在对债务人比较了解，并且其资信较好时才采用这类方式结算。

在以商业信用为基础的结算方式中，银行主要是根据委托人的指示按常规处理业务，对结算过程中的一切风险和费用不承担任何责任。

2. 以银行信用为基础的结算方式

以银行信用为基础，是指债权人的收款主要取决于银行的资信，亦即银行本身作为债务人而承担有付款的责任。在以银行信用为基础的交易活动或结算方式中，债权人的收款风险较小，因为银行一般实力雄厚、资信良好，通常不会发生或很少发生破产或无力支付、无理拒付的情况。对债权人来讲，应力争以这类方式进行结算。

跟单信用证、银行保函和备用信用证是标准的以银行信用为基础的结算方式，开证行或担保行（独立保函）承担的是第一性付款责任。保理服务和包买票据业务也可视为以银行信用为基础的结算方式，因为提供保理服务和包买票据服务的主要是国际商业银行的保理服务部和包买业务部。虽然在一些情况下提供专业服务的是专门的保理公司或包买公司，但它们都是附属于银行的金融公司或财务公司，其信用是接近于银行信用的商业信用。因此，从总体上讲，保理服务和包买票据业务的信用基础就是银行信用。

在以银行信用为基础的结算方式中，银行不再处于简单代理人的地位，而是以独立的身份和独特的方式参与进来的，且本身就是有关合同（包括信用证、担保函、保理合同、包买合同）的当事人，并以自己的信用承担风险和责任，包括提供风险担保、融通资金和接受委托办理货款收付等。这些结算方式的产生，主要是为了弥补以贸易合同为基础的商业信用的不足。

（三）国际结算方式的手续和费用比较

由于结算的方式和渠道不同，各种结算方式的手续繁简也不一样，结算费用高低不等。

汇款和托收结算方式较简单，结算手续较少、银行不承担收款风险和责任，因此，结算费用较低。

银行保函虽然在汇款和托收的基础上引进了银行担保，但担保银行通常并不发生实际支付，所以结算手续和费用并未增加多少，因此银行保函也是一种比较简单、灵活的结算方式。

保理服务和包买票据业务的结算方式就比较复杂了。保理服务是一种综合服务，且保理商又承担了信用额度内的收款风险或付款责任，因此结算费用有所增加。包买票据业务对银行或包买商而言，手续比较复杂，它包括专业性很强的文件的起草、对各方当事人（进出口商、担保行及其所在国家）信用状况的了解和评估及授信额度的确定、债权凭证的购买与出售等，工作量较大，且承担了到期收款前的一切风险，因此，收取的费用较高。

信用证是结算手续最复杂、结算费用最高的方式。银行承担了开证、验证、通知、修改、议付、审单、偿付等大量工作，并且开证行承担了第一性付款责任，因此，结算费用最高。

（四）国际结算方式的融资及便利程度比较

在融资的渠道和便利程度方面，不同的结算方式表现出很大的不同。

信用证是一种功能全面的结算方式，既能基本消除债权人的收款风险，又能为贸易双方融通资金，且融资方式多、融资简单便利。信用证项下，开证行对进口商的融资形式有：开证授信额度、进口押汇、信托收据及提货担保；出口银行对进口商的融资形式有远期信用证。出口银行对出口商的融资形式有：打包放款、出口押汇；进口方银行对出口商的融资形式有红条款信用证。

跟单托收中银行的融资作用要小得多。银行对出口商的融资形式只有托收出口押汇一种，并且由于收款风险较大，在一些银行不大愿意开展此项业务；银行对进口商的融资主要是信托收据和提货担保两种形式。

银行尚无在汇款项下向贸易双方提供融资的渠道。反过来，办理汇款业务的银行（汇出行）还要在业务过程中，在一定程度上占用汇款人的资金。

包买票据业务是为适应融资需要而产生的，是一种特定的融资方式。它主要提供以资本品出口为背景的、金额较大、期限较长的中期贸易融资，并在此基础上承担风险及完成货款的收付。

提供风险担保和融通资金是保理服务的两项最基本内容。保理服务融资主要是指保理商在确定的信用额度内提供不超过180天的短期融资，这种融资多以消费品的进出口贸易为背景。

银行保函的主要目的是提供风险担保，不过利用银行保函也可以直接或间接融通资金，如借款保函、透支保函就是为申请人直接融资服务的；海关保函、保释金保函等避免了申请人垫付资金；中长期保函的持有者（受益人）还可以利用保函（抵押或转让）向银行取得贷款。

二、不同结算方式的选择与综合运用

（一）选择结算方式应考虑的主要因素

1. 交易对手的信用因素

交易对手的信用状况是影响结算方式选择使用的决定性因素。在当代国际贸易中，“一手交钱，一手交货”的银货两讫的结算方式很少使用。由于货币的运动和货物的运动方向往往不一致，因此，买、卖双方之间总存在着授信问题，即一方为另一方提供信用。

根据信用提供者和信用接受者的身份不同，授信有三种类型：

（1）出口商授信。出口商授信指卖方对买方的授信，即卖方出于对买方的信任而先发货、后收款。采用卖方授信，意味着卖方承担了收款风险，买方则比较主动。不过，卖方通常只是在买方资信良好时，才对其授信。O/A、D/A 是典型的卖方授信结算。

（2）进口商授信。进口商授信指买方对卖方的授信，即买方先支付货款，卖方在收到货款后发货。采用买方授信，意味着买方承担了收货风险，卖方则比较主动。不过，买方也只是在卖方资信良好时才对其授信。预付货款是典型的买方授信结算。

（3）银行授信。银行授信指银行对买、卖双方或一方的授信，通常指银行承诺在一定条件下支付货款。银行开展授信业务意味着银行承担了付款责任。银行一般是根据当事人（申请人）的资信状况来确定授信额度，必要时可要求申请人缴纳部分或全部押金、提供反担保或物品抵押等。银行授信业务通常是在贸易双方互不了解或互不信任，或买方所在国有严格外汇管制或政局严重不稳时开展，其目的是以银行信用弥补商业信用的不足，促进贸易活动的顺利进行。银行授信结算方式是目前国际贸易结算的主要方式。信用证、银行保函、保理服务及包买票据业务都属于银行授信。

在选择结算方式时，无论是买方，还是卖方，首先考虑的因素就是交易对手的资信，进、出口商都不会为销货或购货而冒太大的风险。

目前，国际上绝大多数商品处于买方市场，出口商为增强出口竞争力常常向进口商提供信用，因而也就承担了收款风险；在对进口商不了解或不信任时，则希望银行能承担付款或担保责任，但这样会增加成本而对进口商不利。

2. 交易货物因素

货物的市场销售情况是影响结算方式选择的另一关键因素。如果合同货物是畅销商品，则该商品一般是求大于供，处于卖方市场状态，卖方处于有利地位，卖方不仅可以提高市场销售价格，还可以选择对其有利的结算方式，如预付货款、信用证、银行保函等方式。对买方来说，畅销商品或是赢利很大的交易，在支付方式上可以作适当让步。

如果合同货物是滞销商品，或是市场竞争十分激烈的商品，则该商品通常是供大于求，处于买方市场状态，买方处于有利地位，他不仅可以要求卖方给予价格方面的优惠，还可以选择对自己有利的结算方式，如赊销（O/A）、托收特别是承兑交单（D/A）等方式。对卖方来说，通常只有接受这些条件，才能增强市场竞争能力，达到出口销货的目的。不过，在选择以上方式结算时，卖方为降低出口收汇风险，他可要求买方提供银行保函，或申请保理服务或包买票据服务，这些方式不仅可以提供风险担保，还可以提供融资服务。

此外，价格条件和运输单据的性质不同，也是影响结算方式的重要因素。如前所述，一般只有 CIF、CFR 等价格条件适合于跟单托收；同时，也只有运输单据具有物权凭证性质并可转让时才适合于跟单托收和跟单信用证结算。

（二）国际结算方式的综合运用

在国际贸易中，买、卖双方除根据交易对方的资信条件、货物状况等因素直接从汇款、托收和信用证中选择对自己有利的结算方式外，还可以根据交易的实际情况，同时采用两种或两种以上的结算方式。

1. 采用综合性的附属结算方式

第二次世界大战后，特别是20世纪60年代以来，国际贸易结算一方面继续采用汇款、托收和信用证等传统的方式，另一方面又出现了一些新的综合性结算方式，如国际保理服务和包买票据业务等，它们的产生在一定程度上弥补了传统结算方式的不足，使国际结算方式不断朝快捷、方便、安全的方向发展。

2. 银行保函与基本结算方式结合使用

银行保函的最大特点是其灵活性，它不仅适用范围广，而且还可与各种基本结算方式结合使用。

（1）银行保函与汇款结合使用。无论是预付货款，还是货到付款，都可使用银行保函来防止不交货或不付款的情况出现。如果进口商预付了货款，就可要求出口商提供银行保函，保证按期交货，否则应退还预付款并支付利息或罚款；如果出口商拒绝，则由担保行付款。如果是货到付款；出口商有权要求进口商提交银行保函，保证进口商在提货后的规定时间内按合同付款；如果进口商拒付，担保行应承担付款责任。

（2）银行保函与托收结合使用。为了使出口商收取货款有保障，出口商在采用托收时，可要求进口商提供银行保函。如果进口商拒不付款赎单或收到单据后未在规定时间内付款，出口商有权凭银行保函向担保行索取出口货款。

（3）银行保函与信用证结合使用。成套设备或工程承包的货款一般可以分成两部分，即一般货款和预付款或保留款。一般货款数额大，可用信用证方式支取，预付款的归还或保留款的收取可使用银行保函。

3. 基本方式的结合使用

（1）信用证与汇款相结合。信用证与汇款相结合指主要货款用信用证支付，余额用汇款方式结算。例如，对于初级产品的交易，可规定大部分货款由银行根据信用证的规定在收到单据后先支付，剩下部分待货到目的地后，根据检验的结果，按实际品质或重量计算确切金额，用汇款方式支付。

（2）跟单托收与汇款相结合。为减少托收中出口商的收款风险，出口商可要求进口商先支付一定金额的预付款或押金。货物出运后，出口商可从货款中扣除已收妥的款项（预付款），其余部分通知银行托收。

（3）跟单托收与跟单信用证的结合使用。在实际业务中，跟单托收与跟单信用证的结合使用较为常见。一是部分托收与部分信用证结合。为使开证申请人减少开证费和押金，可以将合同金额的一部分（通常为合同金额的40%～70%）用信用证支付，其余部分采用托收。为保证货款的全部收回，可在信用证上加注特殊指示，规定开证行只有在收到有关托收款项后，才向进口商交单。二是全额托收与全额信用证结合。这是一种用于进料加工业务的结算方式。向国外进料可采用承兑交单（D/A）托收方式付款，成品出口可采用即期信用证收款，然后以出口货款来偿付进口货款。

第二节 国际贸易融资

一、国际贸易融资概述

（一）国际贸易融资的概念

国际贸易融资，是指围绕国际贸易结算的各个环节发生的，银行向进口商或出口商提供资金融通，以解决其资金占用问题。国际贸易融资业务集银行的中间业务和资产业务于一身，无论对银行还是对进出口商均有着积极的影响。

（二）国际贸易融资的特点

1. 贸易融资业务多与国际贸易结算方式结合

任何一种形式的贸易融资业务，总要与一定的结算方式相结合，离开具体的结算方式，贸易融资业务就失去了存在的基础。

2. 贸易融资促进国际贸易的顺利开展

从事国际贸易的企业通过办理贸易融资业务，可以利用银行的资金或授信支持，推迟自有资金支付，减少资金占压。有了银行的贸易融资支持，企业可以根据市场情况，灵活机动地签订贸易合同，抢占市场先机。

3. 贸易融资对银行的风险较小

在国际贸易结算中，代表物权的单据是通过银行传递的，如果在此同时，银行提供了贸易融资，就会相应地得到对物权的控制，这相当于客户将代表货物所有权的单据质押给银行，银行可将销售货物的款项作为第一还款来源，这对银行化解风险创造了有利的条件。

（三）国际贸易融资的种类

按照国际贸易的主体将贸易融资分为出口贸易融资、进口贸易融资两大类型。

除了前一章已介绍的国际保理服务和包买票据业务以外，与结算方式联系较紧密的出口贸易融资方式主要有信用证项下融资、出口托收项下押汇等，进口贸易融资方式主要有进口授信开证、进口押汇和信托收据、信用证代付、提货担保、汇出汇款项下的融资业务等。

二、信用证项下的融资方式

（一）打包放款业务

1. 打包放款的概念及作用

信用证打包放款（Packing Loan，Packing Credit），也称“打包贷款”，是指采用信用证结算方式的出口商在装船前用收到的信用证正本作为还款凭据，加上抵押品向银行申请贷款的融资方式。

这部分融资的期限从信用证抵押之日到出口商提供货运单据并向开证行寄单收回贷款之日。提供融资的银行承担议付行义务，收回信用证项下货款后，将贷款收回。在信用证打包放款时，银行提供的贷款不是信用证的全部金额，通常为信用证金额的70% ~90%。

需要注意的是：(1) 打包放款用于解决货物装运前的资金需求。最初，这种贷款是专门用于向受益人提供包装货物费用的资金融资，所以才被称为“打包”放款。但是目前，国内外银行的打包放款业务绝不仅仅是为受益人包装费用提供融资。(2) 打包放款一般以信用证作为抵押。在国外，打包放款有时不一定必须有信用证作为抵押，重点在于出口商的资信状况。但从国内银行开展打包放款的业务情况来看，一般需以境外（包括中国香港、澳门、台湾地区）开来的信用证作为贷款的抵押品。

打包放款是出口企业在收到国外开来的信用证后，能较容易地向银行申请短期资金融资，使公司获得短期资金周转；办理出口备货、备料、加工等，使出口贸易得以顺利进行；解决出口企业因生产或收购商品及其他从属费用而造成的资金不足问题。

2. 打包放款的特点

(1) “单独融资”。打包放款为“单独融资”后，向出口地银行提交信用证规定的单据以前。

(2) 专款专用。打包放款是出口地银行为支持受益人出口方执行出口方信用证而进行的主要用于对生产或收购商品开支及其他费用的资金融通，一般要求专款专用，不能将打包款用于固定资产的投资、归还贷款等其他资本项目的支出。

(3) 贷款期限较短。打包放款的期限较短，一般不超过360天。在大型设备出口项下，由于收款期可长达3 ~5年，因此，打包放款从理论而言，也可长达3 ~5年，但在实务中，仍然采用“分批打包，期限不超过一年”的办法。

(4) 贷款行留存信用证正本。信用证正本留存于贷款银行，以确保打包放款的申请人（即信用证的受益人出口方）在贷款银行交单，便于贷款银行监督信用证的执行情况。

(5) 有追索权。打包放款在正常情况下，以信用证项下收汇作为第一还款来源；在企业不能正常从国外收回贷款的情况下，企业必须偿还打包放款的本金及支付利息，或允许银行主动从其账户扣划打包放款的本金及利息。

3. 打包放款的业务流程及利息计算

(1) 打包放款的业务流程。打包放款的业务流程如图8 -1所示。

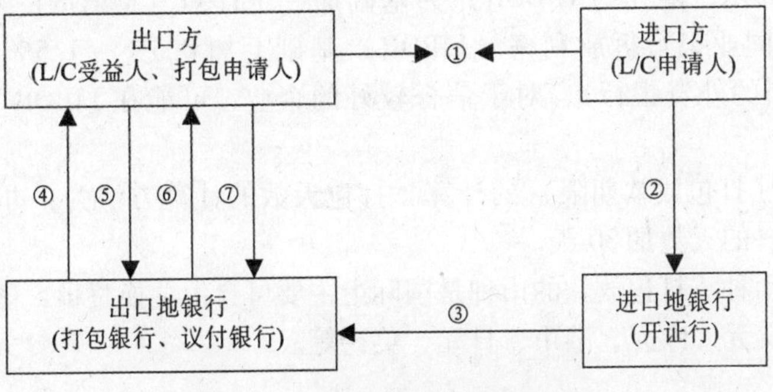

图8 -1 打包放款的业务流程图

①进出口双方签订合同，确定以信用证作为结算方式。

②进口方向进口地银行（开证行）要求开立信用证。

③开证行开立信用证并传递给出口地的银行（通知行或将来的打包放款银行、议付银行）。

④出口地的银行（通知行或将来的打包放款银行、议付银行）将信用证通知信用证的出口方（即信用证的受益人、将来的打包放款申请人）。

⑤受益人出口方凭正本信用证向出口地的银行提出申请，要求叙做打包放款。

⑥打包放款银行（出口地银行、将来的议付银行）经审核同意将打包款项给予打包放款申请人（受益人出口方）。

⑦打包放款申请人（受益人出口方）出单并交银行议付或处理归还打包放款银行的打包贷款本金及支付利息。

（2）打包放款的利息计算。

①利息的计算公式。银行办理打包放款通常不收手续费，仅收取利息，利息计算公式为：

打包放款利息 = 实际打包放款金额 × 打包放款年利率 × 打包天数/360

②打包放款金额的确定。打包放款的金额一般是根据信用证金额和打包折扣来确定，计算公式为：

实际打包放款金额 = 信用证金额 × 打包折扣

其中打包折扣，是银行根据自己的习惯和内部规定及出口企业（信用证受益人）的情况而定，在其他条件不变的情况下，出口企业的信誉越好，折扣越高，获得的打包金额越大，一般银行的打包折扣在70% ~90%之间。如，一出口信用证的金额为100万美元，则银行可以给予出口企业的打包放款金额在70万 ~90万美元之间。

③打包放款年利率。打包放款年利率可以根据贷款使用的币种，选择使用外汇贷款利率或人民币贷款利率，即，若打包放款使用外币如美元、日元等，则使用美元、日元等外币贷款利率；若打包贷款使用人民币，则使用人民币贷款利率。贷款利率按中国人民银行公布的间币种利率执行，收息一般采用“后收利息”方法，待贷款到期后本金及利息一并收取。

外币融资年利率的计算，一般根据贷款当日同期银行间业间拆放利率（如美元为LIBOR，日元为TIBOR，港元为HIBOR）为基础加一定浮点（Margin）来确定。如美元，一般银行在英国同业银行拆放利率（LIBOR）基础上加0.5% ~1.5%；也有少数银行（特别是资金充裕的外资银行），对于信誉较好的企业，可能在LIBOR利率上加0.25%左右。

④打包天数（打包放款期限）的计算。打包天数的计算方法为：办理打包放款日至信用证最迟装运日的天数加30天。

⑤打包放款币种。打包放款的币种是国际上主要可自由兑换货币。国际上主要可自由兑换货币目前有美元、欧元、港币、日元、英镑等。

（二）出口信用证押汇

1. 出口信用证押汇的概念及作用

出口信用证押汇（Negotiation under Documentry Credit），是指在出口信用证项下，受益人出口方以出口单据作抵押，要求出口地银行在收到国外支付的货款之前，向其融通资金的业务。

需要注意：一是出口信用证押汇是“单后融资”。在出口信用证押汇项下，银行提供的融资是在申请人（受益人出口方）出具信用证规定的单据以后、在收到国外银行支付的货款之前发放的融资。二是要以出口单据作抵押。

出口信用证押汇是与信用证结算方式紧密结合的一种融资手段，主要作用是企业作为信用证项下的受益人出口寄单后，能向银行申请短期融资，在国外贷款到达之前从银行得到垫款，加速资金周转，方便了出口商的资金周转，扩大了出口贸易规模。出口押汇与其他融资方式相比，由于以单据为抵押，因此，是信用证项下最为容易取得的一种融资方式，操作也较为简便。适合于出口信用证作为主要结算方式、对资金周转速度要求较高的出口企业。另外，在本国货币有升值趋势的情况下，由于押汇可以提前将外汇结成本国货币使用，因此，可以将出口押汇作为规避风险的手段之一。

2. 出口信用证押汇的特点

（1）“单后融资”。出口信用证押汇为“单后融资”，其融资的时间段为收到信用证、并且向出口地银行提交信用证规定的单据以后，在收到国外银行支付的贷款之前发放的融资。

（2）资金用途没有限制。出口信用证项下押汇的资金没有限制，企业可以将资金用于生产、收购、归还银行的打包放款或其他贷款、甚至固定资产的投资等等。

（3）融资期限较短。出口信用证押汇期限较短，一般不超过360天。在大型设备出口项下，由于收款期可长达3~5年，因此，出口信用证押汇从理论上而言，也可以长达3~5年，但在实务中，仍然采用“分批押汇，期限不超过一年”的办法。

（4）出口信用证押汇银行有限制。一般地，出口地议付行或单据的处理银行才能作为办理出口押汇的银行，否则，出口押汇的银行较难判断单据及贸易背景的真实性，从而面临较大的风险；另一方面，若出口押汇银行仅仅叙做出口押汇业务，而不做议付或单据处理，影响其综合效益，没有将资本效益最大化。因此，银行通常仅仅叙做在本行议付或做单据处理项下的出口押汇。

（5）出口信用证押汇有追索权。银行为企业办理出口押汇后，对企业有追索权。在正常情况下，出口押汇的第一还款来源为信用证项下收回的贷款；在企业不能正常从国外收回贷款的情况下，企业必须偿还出口押汇的本金及支付利息，或允许银行主动从其账户扣划出口押汇的本金及利息。

3. 出口信用证押汇的业务流程及利息计算

（1）出口信用证押汇的业务流程，如图8-2所示。

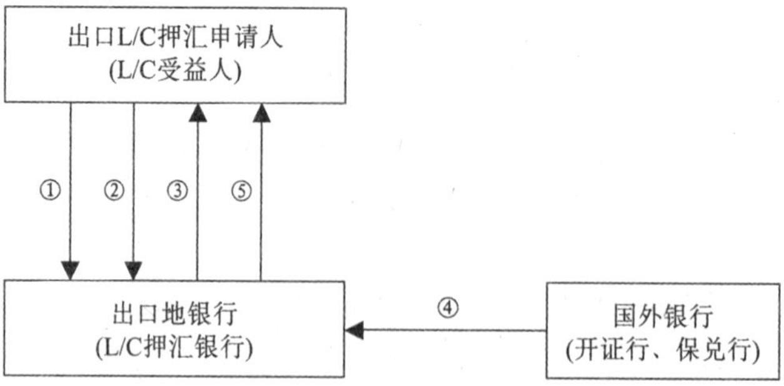

图 8－2 出口信用证押汇业务流程示意图

①出口 L/C 押汇申请人（信用证的受益人）收到国外的信用证后根据信用证制单交出口地银行议付或做单据处理。

②出口 L/C 押汇申请人（信用证的受益人）向出口地银行书面提出押汇申请要求，办理出口押汇。

③出口地银行（L/C 押汇银行）接受申请人的押汇要求，在双方签订有关押汇协议后，办理出口押汇，即押汇银行在出口商业发票（或汇票）显示的金额扣除费用、利息后入企业账户。

④国外银行（开证行、保兑行）到期向出口地银行（L/C 押汇银行）支付货款。

⑤出口地银行（L/C 押汇银行）收到货款后自动代替出口押汇申请人（信用证的受益人）做出口 L/C 押汇的还款处理，并将收到的货款与押汇金额在扣除银行其他费用后的剩余部分（若有）划入企业账户。

（2）出口信用证业务的利息计算。

①利息的计算公式。银行办理出口信用证项下押汇通常不收手续费，仅仅收取利息，利息计算公式为：

出口信用证项下押汇利息＝实际押汇金额×融资年利率×押汇天数/360

因此，出口信用证项下押汇的实得金额为：

实得金额＝押汇金额－押汇利息－银行费用

②出口信用证项下押汇金额的确定。出口信用证项下实际押汇金额，是根据出口商业发票或汇票的金额及出口信用证项下押汇申请人（受益人出口方）的要求来确定，从理论上而言，最高可达到出口商业发票或汇票金额的 100%，但由于在押汇中，通常采用“前收利息法”（即在押汇款项中先行将利息扣除），及还需扣除相应的银行费用。因此，即使押汇银行名义上给予出口信用证项下押汇申请人（受益人出口方）出口商业发票或汇票金额的 100% 的押汇，实际能到达出口信用证项下押汇申请人（受益人出口方）账户的仍然不足 100%。

在出口商业发票显示有折扣（discount）或佣金（commission）的情况下，计算押汇金额不应含折扣或佣金。例如，出口商业发票显示 Total Amount USD100000.00（总金额 10 万美元），同时又显示 commission 2%（佣金 2%），则押汇银行最多给予出口信用证项下押汇申请人（受益人出口方）的押汇金额为不超过 USD9800.00。

在实务中，因为票据在有些国家需要缴纳“印花税”，或因为暗扣或暗佣（暗佣是指不在合同中明确表明折扣或佣金的比例，而是通过佣金协议或其他不公开方式贸易双方确定折扣或佣金的比例）的原因，出口商业发票和汇票金额有时出现了不同的金额，在这种情况下，出口地押汇银行一般取二者之间的较小者作为押汇金额的参考。例如，汇票金额显示USD95000.00，出口商业发票显示USD98000.00，则押汇银行最多给予出口信用证项下押汇申请人（受益人出口方）的押汇金额为不超过USD95000.00。

③融资年利率。出口信用证项下押汇年利率可以根据押汇使用的币种，选择使用外汇贷款利率或人民币融资利率，即，若出口信用证项下押汇使用外币如美元、日元等，则使用美元、日元等外币融资利率；若出口信用证项下押汇使用人民币，则使用人民币融资利率。融资利率按中国人民银行公布的同币种贷款利率执行，收息一般采用“前收利息”方法，在押汇款项中先行将利息扣除并扣除相应的银行费用后，将余下款项入企业账户。

融资年利率的计算，一般根据押汇当日同期同业银行拆放利率（如美元为LIBOR、日元为TIBOR、港币为HIBOR）为基础加一定浮点（Margin）来确定。

④出口信用证项下押汇天数（押汇期限）的计算。办理押汇日到预计信用证的收汇日的天数加一定的宽限期（考虑到节假日，实务中一般将宽限期定为5~7天）。

（三）出口信用证贴现

1. 出口信用证贴现的概念及作用

贴现（Discount），是指银行有追索权地买入已经承兑（或承付）的远期票据（或单据）。远期票据通常是银行票据或有银行信用担保的商业票据。从理论上而言，由于有银行信用的保证，这类票据的可靠性和流通性较强，容易被银行接受。但在实务中，由于票据诈骗、伪造手段的高科技化，从事跨国票据业务的风险极大，我国各中资、外资银行为了防范风险，一般对与跟单信用证或跟单托收没有联系的、没有真实贸易背景或贸易背景不清楚的“纯票据”不予贴现。短期贸易融资项下的贴现业务通常为远期信用证项下的已承兑汇票和跟单托收项下已加具“保付”（Per Aval）签字的远期汇票，即在付款人承兑远期商业汇票的同时，由其账户行在汇票上加保付签字，对已经承兑汇票的到期付款承担担保责任。

出口信用证贴现业务是指银行在出口信用证项下，从出口商处购入已经银行承兑的到期远期汇票或已经银行承付的未到期远期债权。

需要注意：一是出口信用证贴现是“承兑后融资”。贴现是出具承兑或承付通知书以后、在收到国外银行支付的贷款之前提供的融资；二是以出口单据及出口信用证的开证行或保兑行出具的承兑或承付做抵押和保证。

出口信用证贴现的主要作用是，企业作为信用证项下的受益人出口交单、并取得信用证项下的开证行或保兑行以具承兑或承付通知书后，在国外贷款到达之前，能向银行申请短期融资，提前得到银行的垫款，加速资金周转。出口贴现与其他融资方式相比，由于以单据及出口信用证的开证行或保兑行出具承兑或承付做抵押和保证，因此，是信用证项下最为容易取得的一种融资方式，操作也较为简便，适合于以出口信用证作为主要结算方式、对资金周转速度要求较高的出口企业。另外，在本国货币有升值趋势的情况下，由于贴现可以提前将外汇结成本国货币使用，因此，可以将出口贴现作为规避汇率风险的手段之一。

2. 出口信用证贴现的特点

（1）“承兑后融资”。出口信用证贴现为“承兑后融资”，承兑后融资的时间段是在出口地贴现行收到出口信用证的开证行或保兑行出具承兑或承付通知书以后、在收到国外银行支付的货款之前提供的融资。

（2）资金用途没有限制。出口信用证贴现的资金用途没有限制，企业可以将资金用于生产、收购、归还银行的打包放款或其他贷款甚至固定资产的投资等等。

（3）融资期限较短。出口信用证贴现期限较短，一般不超过360天。在特殊情况下，如大型设备出口项下，由于国外的付款期可长达3～5年，因此，出口信用证贴现也可达3～5年。

（4）出口信用证贴现银行有限制。一般情况下，出口地议付行或单据的处理银行才能作为办理出口贴现的银行，否则，出口贴现的银行较难判断单据及贸易背景的真实性，从而面临较大的风险；另一方面，若出口贴现的银行仅仅叙做出口押汇业务，而不做议付或单据处理，影响其综合效益，没有将资本效益最大化。因此，银行通常仅仅叙做在本行议付或做单据处理项下的出口贴现。

（5）出口信用证贴现有追索权。银行为企业办理出口贴现后，对企业有追索权。在正常情况下，出口贴现的第一还款来源为信用证项下收汇款，在企业不能正常从国外收回贷款的情况下，企业必须偿还出口贴现的本金（利息已前收），或允许银行主动从其账户扣划出口贴现的本金。

3. 出口信用证贴现的业务流程及利息计算

（1）出口信用证贴现的业务流程，如图8－3所示。

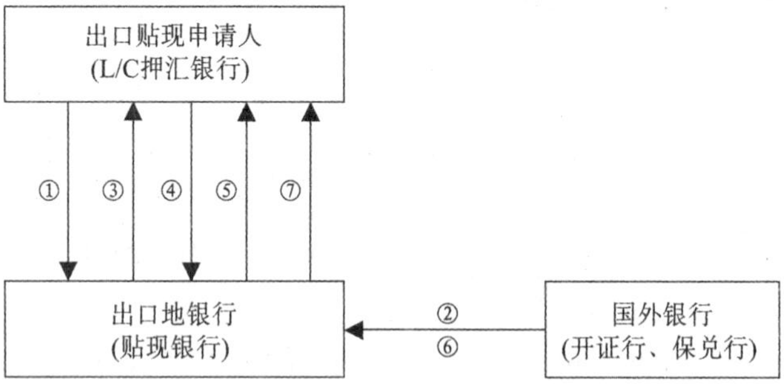

图8－3 出口信用证贴现业务流程示意图

①出口贴现申请人（信用证的受益人）收到国外信用证后根据信用证制单、交出口地银行议付或做单据处理。

②国外银行（开证行、保兑行）收到单据并确认单证相符后向出口地银行发出承兑或承付通知书。

③出口地银行将承兑或承付通知书转递给出口贴现申请人（信用证的受益人）。

④出口贴现申请人（信用证的受益人）书面提出贴现申请要求办理出口贴现。

⑤出口地银行（贴现银行）接受申请人的贴现要求，在双方签订有关贴现协议后，

办理出口贴现，即贴现银行在出口商业发票（或汇票）显示的金额扣除费用、利息后入企业账户。

⑥国外银行（开证行、保兑行）到期向出口地银行（贴现银行）支付贷款。

⑦出口地银行（贴现银行）收到货款后自动代替出口贴现申请人（信用证的受益人）做出口押汇的还款处理，并将收到的货款在扣除押汇金额、银行费用或其他费用后的剩余部分划入企业账户。

（2）出口信用证贴现的利息计算。

①利息的计算公式。银行办理出口信用证贴现通常不收手续费，仅仅收取利息，利息计算公式为：

出口信用证贴现利息 = 实际贴现金额 × 融资年利率 × 贴现天数/360

②出口信用证贴现金额的确定。出口信用证贴现的实得金额为：

实得金额 = 贴现金额 - 贴现利息 - 银行费用

出口信用证贴现金额，是根据国外银行（开证行、保兑行）收到单据并确认单证相符后向出口地银行发出承兑或承付通知书上表明的金额确定的。从理论上讲，最高可达到国外银行（开证行、保兑行）承兑或承付金额的100%，但由于在贴现中，通常采用“前收利息法”（即在贴现款项中先行将利息扣除），及还需扣除相应的银行费用，因此，即使贴现银行名义上给予出口信用证贴现申请人（受益人出口方）100%的贴现，实际能到达出口信用证贴现申请人（受益人出口方）账户的仍然不足100%。

③融资年利率。出口信用证贴现年利率可以根据贴现使用的币种，选择使用外汇贷款利率或人民币融资利率。即若出口信用证贴现使用外币如美元、日元等，则使用美元、日元等外币融资利率；若出口信用证贴现使用人民币，则使用人民币融资利率。融资利率按中国人民银行公布的同币种贷款利率执行，收息一般采用“前收利息”方法，在贴现款项中先行将利息扣除并扣除相应的银行费用后，将余下款项入企业账户。

④出口信用证贴现天数（贴现期限）的计算。出口信用证贴现天数的计算方法为：

办理贴现日到预计信用证的收汇日的天数加一定的宽限期（考虑到节假日，实务中一般将宽限期定为5～7天）。

⑤出口信用证贴现的币种。出口信用证贴现的币种为人民币和国际上主要可自由兑换货币。国际上主要可自由兑换货币目前有美元、欧元、港币、日元、英镑等。

4. 出口信用证贴现与押汇的异同点

（1）出口信用证贴现与押汇的相似处：

①二者均为出口信用证项下的短期融资；

②二者均对融资申请人有追索权利；

③二者的融资时间均在出口信用证被执行后，即均晚于打包放款的融资时间；

④二者融资额度、利息计算方法、使用币种相同；

⑤二者融资用途相同，可以用于各种费用和款项偿还银行贷款等资本项目的支出。

（2）出口信用证贴现与押汇的不同处：

①融资依据的信用证种类不同。出口信用证贴现是在远期出口信用证项下而押汇在即期、远期出口信用证项下均可办理。

②融资时间不同，出口信用证贴现是"承兑后融资"，出口信用证项下押汇是"出单后融资"，前者是在出口地银行收到国外银行（开证行、保兑行）单据并确认单证相符后向出口地银行发出承兑或承付通知书后办理。融资时间比押汇稍晚（一般为7～10天，即邮寄单据的时间加上开证行或保兑行的合理的审核单据的时间）；而后者在出口地银行收到出口地受益人的单据后，就可以做出是否为受益人办理押汇的决定（即使是在远期信用证项下，仍然不需要等候开证行或保兑行的承兑或承付通知书），因此，后者比前者的融资时间稍早。

③融资风险不同。出口信用证贴现是"承兑后融资"，出口地贴现行需要关注的仅仅是开证行的信誉和开证行所在国家的战争、政治和经济危机带来的风险，除非开证行倒闭或信誉欠佳，或开证行所在国家发生战争、政治和经济危机，不用担心本行审单的技术风险、开证行会不会无理拒付的风险。一般地，前者的融资风险较后者小，而后者在出口地银行收到出口地受益人的单据后，就做出是否为受益人办理押汇的决定，除了面临前者的开证行及所在国家的风险外，还要面临本行审单人员的技术风险（审不出不符点）、开证行无理拒付的风险，因此，后者的融资风险较前者大。

（四）出口信用证保兑

1. 出口信用证保兑业务的概念及作用

出口信用证保兑（Confirmed L/C）是指银行在开证行之外独立地对受益人出口方承担第一性付款责任。

将出口信用证保兑看作是一项融资业务，通常不为许多人特别是受益人出口方所理解，争议的焦点是，保兑行并没有像其他融资诸如押汇或贴现业务一样，在业务操作后，会立即将资金给予作为融资申请人（受益人）的企业，企业的账户会立即显现出实实在在的资金金额，而是仅给予企业一个将来的、在一定条件下的付款承诺，对于企业而言，它是"或有的"。但从另一方面特别是从银行作为融资人角度来审视，一是因为保兑项下也有融资的功能；二是即使不使用其融资功能，由于承担了付款责任（付出资金的责任），不管是即时实现的、还是将来实现的，它都已经做好了付款的准备；相反，如作为出口地银行不加保兑，出口地银行就不必承担付款责任，不必做好付款的准备。因此，将出口信用证保兑看作是一项融资业务，是金融行业内绝大多数人士，特别是从事融资（授信）业务的人士认可的。在实务中，绝大多数银行已经将对出口信用证加具保兑、开立信用证、开立保函等业务（银行作为或有债务人的业务）纳入统一授信业务的范畴。

保兑业务的作用：第一，降低风险。通过保兑可以使受益人防范开证行风险及开证行所在国家的国家风险及外汇管制风险。第二，双重保证。受益人在获得开证行有条件付款承诺之外，还获得了保兑行额外的有条件付款承诺，使受益人有双重付款保证。第三，回款保障。受益人向保兑行提交符合信用证规定的单据后获得无追索权的付款或付款承诺。

2. 出口信用证保兑业务的特点

（1）"单后融资"。从理论上讲，保兑的时间可以是在受益人收到信用证后，交单前或交单后的任何时点，但考虑到申请企业的保兑费的负担与保兑时间成正比（保兑时间越长费用越高），为了缩短有效的保兑时间，节约保兑费。企业一般要求银行在交单后加具保兑（而不是一收到信用证后就要求保兑）。因此，保兑业务大多数为"单后融资"，其融资的时间段是在出口地银行收到出口信用证项下受益人提交单据，并经审核单证相符以后才提供的融资。

（2）即期、远期均可“买断”。从理论上讲，保兑不仅仅可以“买断”远期信用证项下单据或票据所代表的债权，还可以“买断”即期信用证项下单据或票据所代表的债权。

（3）资金用途没有限制，保兑业务项下的资金用途没有限制，企业可以将资金用于生产、收购、归还银行的打包放款或其他贷款，甚至固定资产的投资等。

（4）融资期较短。保兑业务项下的期限较短，实务中一般不超过180天。

（5）叙做保兑业务的银行有限制。一般情况下，出口地议付行或单据的处理银行才能作为叙做保兑业务的银行，否则，出口地叙做保兑业务的银行较难判断单据及贸易背景的真实性，从而面临较大的风险；另一方面，若叙做保兑业务的银行仅仅叙做保兑业务，而不做议付或单据处理，影响其综合效益，没有将资本效益最大化。因此，银行通常仅仅叙做在本行议付或做单据处理项下的保兑业务。

（6）无追索权。除非因法院止付令、禁付令、冻结令或其他具有相同或类似功能的司法命令导致叙做保兑业务的银行未能获得偿付；或保兑业务的申请人（出口信用证项下的受益人）严重违反其在与叙做保兑业务的银行签署的相关协议中的声明与承诺，出售给银行的不是源于正当交易的有效债权，一般情况下，银行为出口企业办理保兑业务后，对出口企业无追索权。保兑业务的唯一还款来源为信用证项下的收汇款；在正常情况下，即使叙做保兑业务的银行未能从国外收回货款，银行也不能主动从企业账户扣划本金，企业也不必偿还保兑业务的本金。

3. 出口信用证保兑业务的种类及业务流程

（1）出口信用证保兑业务的种类。保兑业务可分为“公开保兑”业务和“沉默保兑”业务。

“公开保兑”，是指出口地银行在被开证行邀请对其开立的信用证加具保兑的情况下（一般SWIFT格式开立的信用证中明确表明“可以加具保兑”或“请加具保兑”），同意接受开证行的要求，在开证行之外独立地对出口受益人承担第一性付款责任。

“沉默保兑”，简称“默保”，是指出口地银行在未被开证行邀请对其开立的信用证加具保兑的情况下，应受益人出口方的请求，根据出口地银行与受益人的约定，出口地银行单方面对信用证加具保兑的融资业务。作为办理“沉默保兑”业务的出口地银行，出口地银行买断单据及/或开证行及其所在国家信用风险。

按承担风险不同，沉默保兑又可以分为绝对沉默保兑业务和相对沉默保兑业务两类。绝对沉默保兑业务，是指办理沉默保兑业务的银行既买入开证行及其所在国家信用风险，也买入单据风险的沉默保兑业务，办理此项业务的保兑行一旦接受单据，则承担除受益人欺诈以外的一切风险，如开证行无理拒付、不付或因单据存在不同特点而被开证行拒付等风险。相对沉默保兑业务，是指保兑行仅买入开证行及其所在国家信用风险，而不买入单据风险的沉默保兑业务。办理此项业务的保兑银行扣除受益人欺诈及/或开证行单据不符而拒付以外的风险。

按是否对受益人进行融资，沉默保兑又可分为非融资性沉默保兑业务和融资性沉默保兑业务两类。非融资性沉默保兑业务是指保兑行承担付款责任，但只在保兑行承诺的付款到期日对受益人履行付款义务的沉默保兑业务。融资性沉默保兑业务，是指根据受益人申请下，受益人提交的单据进行融资的沉默保兑业务。

由于在实务中，“沉默保兑”比“公开保兑”业务更具操作性，对出口受益人更有利，因此，本书中仅以“沉默保兑”业务为例，叙述保兑业务流程、申请人的资格和需要提交的材料、利息及费用的计算、与票据包买业务的异同、注意问题等等。

（2）沉默保兑的业务流程。信用证项下沉默保兑业务的流程如图 8－4 所示。

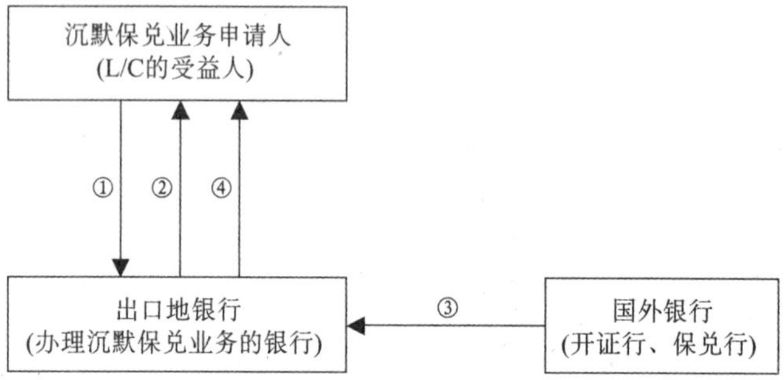

图 8－4　沉默保兑业务的流程图

①沉默保兑业务的申请人（信用证的受益人）收到国外信用证后，向出口地银行书面提出办理沉默保兑业务的要求，填写《沉默保兑业务申请书》，并根据信用证制单、交出口地银行议付或做单据处理。

②出口地银行（办理沉默保兑业务的银行）在单证相符的条件下，接受申请人的要求，与沉默保兑业务的申请人（信见证的受益人）签订《沉默保兑合同》，并经沉默保兑业务的申请人同意有关收费标准后，与其签订《沉默保兑确认书》，银行在单据金额中扣除费用、利息后入企业账户；在单证不相符的条件下，出口地银行（办理沉默保兑业务的银行）将《拒付通知书》给申请企业，解除沉默保兑责任。

③国外银行（开证行、保兑行）即期或到期向出口地银行（办理沉默保兑业务的银行）支付贷款。

④出口地银行（办理沉默保兑业务的银行）收到货款后自动代替出口申请人（信用证的受益人）归还融资款项，并叙做沉默保兑业务的销账处理，余款可入申请企业账户。

三、出口托收项下押汇

（一）出口托收押汇的含义与特点

1. 出口托收押汇的概念及作用

出口托收押汇（Advance against Documentary Collection）是指出口方收款人采用托收为结算方式并将单据交出口地托收行，在贷款收回前，要求托收行先预支部分或全部贷款，待托收款项收妥后归还银行垫款的一种贸易融资方式。

出口托收押汇的主要作用与出口信用证项下的押汇类似，出口方收款人在装运货物并向出口地银行提交有关的单据后，向出口地银行（托收行）申请短期融资，在国外贷款到达之前提前从银行得到垫款，解决了出口企业托收项下贷款尚未收妥入账前的临时资金周转问题。与其他融资方式相比，具有手续简单、融资速度快捷的特点。另外，在本国货币有升值趋势的情况下，由于押汇可以提前将外汇结成本国货币使用，因此，可以将出口托收押汇作为规避汇率风险的手段之一。

2. 出口托收押汇的特点

（1）“单后融资”。出口托收押汇为“单后融资”，其融资的时间段为出口方收款人向出口地银行（委托行、托收行、寄单行）提交合同（如有）规定的单据以后，在收到进口方付款人支付的货款之前银行发放的融资。

（2）纯商业信用作为银行融资保障。根据《托收统一规则》（国际商会第522号出版物）有关规定，出口地银行（委托行、托收行、寄单行）及进口地银行（代收行）对于进口方付款人能否支付货款，既没有直接付款的责任和义务，也没有担保进口方付款人支付货款的责任和义务，甚至在URC522中第1条就明确规定，“银行收到托收或任何托收指示或随后的有关指示，并无必须办理的义务。”进口方付款人能否支付货款完全取决于其需要和意愿，出口方的收汇没有银行保障。因此，银行在托收项下的融资完全依赖于进出口双方的商业信用，相对于信用证项下由银行直接作为付款人的各类融资，风险较大。

（3）资金用途没有限制。出口托收项下押汇的资金用途没有限制，企业可以将资金用于生产、收购、归还银行的打包放款或其他贷款，甚至可用于固定资产的投资等。

（4）融资期限较短。出口托收押汇期限较短，一般不超过360天。在大型设备出口项下，由于收款期较长，因此，出口托收押汇从理论而言，也可相应延长。

（5）出口托收银行有限制。一方面，出口托收单据的处理银行才能作为办理出口托收押汇的银行，否则，出口托收押汇的银行较难判断单据及贸易背景的真实性，从而面临更大的风险；另一方面，若出口托收押汇的银行仅仅叙做出口托收押汇业务，而不做单据处理，影响其综合效益，没有将资本效益最大化。因此，银行通常仅仅叙做在本行做单据处理项下的出口托收押汇。

（6）出口托收押汇有追索权。银行为企业办理出口托收押汇后，对企业有追索权。在正常情况下，出口托收押汇的第一还款来源为托收项下收汇款，在企业不能正常从国外收回货款的情况下，企业必须偿还出口托收押汇的本金（利息已前收），或允许银行主动从其账户扣划出口托收押汇的本金。

（二）出口托收项下押汇的业务流程及利息计算

1. 出口托收押汇的业务流程

（1）出口托收押汇的业务流程，如图8-5所示。

①出口托收押汇申请人（托收委托人、出口方收款人）根据有关合同制单、交出口地银行（委托行、托收行）做单据处理。

②出口托收押汇申请人（托收委托人、出口方收款人）向出口地银行书面提出押汇申请要求办理出口托收押汇。

③出口地银行（委托行、托收行）接受申请人的押汇要求，在双方签订有关押汇协议后，办理出口托收押汇，即押汇银行在出口商业发票（或汇票）显示的金额扣除费用、利息后入企业账户。

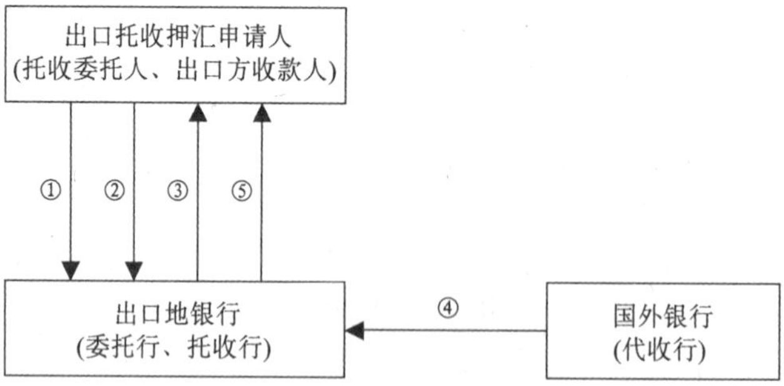

图8-5 出口托收押汇业务流程图

④国外银行（代收行）即期或到期向出口地银行支付货款。

⑤出口地银行（委托行、托收行）收到货款后自动代替出口托收押汇申请人做出口托收押汇的还款处理，并将收到的货款在扣除托收押汇金额、银行费用或其他费用后的剩余部分划入企业账户。

2. 出口托收押汇项下的利息计算

（1）出口托收项下押汇的利息计算公式。银行办理出口信用证项下押汇通常不收手续费，仅仅收取利息，利息计算公式为：

出口托收项下押汇利息 = 实际押汇金额 × 融资年利率 × 押汇天数/360

（2）出口托收项下押汇金额的确定。出口托收项下押汇的实得金额为：

实得金额 = 押汇金额 - 押汇利息 - 银行费用

出口托收项下押汇金额，是根据出口商业发票或汇票的金额及出口托收项下押汇申请人（出口方收款人）的要求来确定，从理论上而言，最高可达到出口商业发票或汇票金额的80%，但由于在押汇中，通常采用“前收利息法”（即在押汇款项中先行将利息扣除），及还需扣除相应的银行费用，因此，即使押汇银行名义上给予出口托收项下押汇申请人（出口方收款人）出口商业发票或汇票总金额的80%的押汇，实际能到达出口托收项下押汇申请人（出口方收款人）账户的仍然不足80%。

（3）融资年利率。出口托收项下押汇年利率可以根据押汇使用的币种，选择使用外汇融资利率或人民币融资利率，若出口托收项下押汇使用外币如美元、日元等，则使用美元、日元等外币融资利率；若出口托收项下押汇使用人民币，则使用人民币融资利率。融资利率按中国人民银行公布的同币种贷款利率执行，收息一般采用“前收利息”方法，在托收押汇款项下先行将利息扣除并扣除相应的银行费用后，将余下款项入企业账户。

（4）出口托收项下押汇天数（押汇期限）的计算。出口托收项下押汇天数的计算方法，与出口信用证项下的押汇类似：办理押汇日到预计托收的收汇日的天数加一定的宽限期（考虑到节假日，实务中一般将宽限期定为5～7天）。押汇天数不宜过短或过长。过短，容易造成出口托收项下押汇申请人（出口方收款人）押汇融资预期，给其带来不良影响和麻烦；过长，出口地押汇银行不容易监控风险，及时发现问题。

（5）出口托收项下押汇的币种。出口托收项下押汇的币种为人民币和国际上主要可自由兑换货币。国际上主要自由兑换货币目前有美元、欧元、港币、日元、英镑等。

（三）出口托收项下押汇与出口信用证项下押汇的异同

1. 出口托收项下押汇与出口信用证项下押汇的相同点

（1）二者的作用类似，出口商可以获得短期资金融通和通过押汇后的提前结汇规避本国货币升值风险；

（2）二者均对融资申请人有追索权利；

（3）二者的融资时间均在出口方装运货物并提交单据给出口地银行后；

（4）二者的利息计算方法、使用币种相同；

（5）二者融资用途相同，可以用于各种费用和款项，也可用于如购置固定资产还银行贷款等资本项目的支出。

2. 出口托收项下押汇与出口信用证项下押汇的不同点

（1）融资的依据不同。出口托收项下押汇的依据是出口托收项下的单据及作为纯商业信用的进口商的付款，而出口信用证项下押汇的依据是出口信用证项下的单据及在“单证相符”的情况下，作为银行信用的开证行或保兑行的付款。

（2）融资额度不同。出口托收项下押汇的额度一般不超过80%，而出口信用证项下押汇的额度最高可达100%。

（3）融资风险不同。出口托收项下押汇的第一还款来源为纯商业信用的进口商的付款，而出口信用证项下的押汇，在“单证相符”的情况下，第一还款来源为银行信用的开证行或保兑行的付款，因此，前者的融资风险较后者大。

四、进口授信开证

1. 进口授信开证的概念

开证行为开证申请人办理开证一般有两种模式：一是足额保证金开证，即申请开证的企业在提交了开证金额的100%的保证金后，银行才为企业开出信用证。在这种情况下，银行为企业开证，将占用企业的资金，影响企业的资金周转。二是授信开证，即申请开证的企业未提交保证金或未提交开证金额100%的保证金的情况下，银行为企业开出了信用证。在这种情况下，银行为申请开证的企业开证，采用为企业核定授信额度的办法，解决了企业因足额保证金开证而带来的资金周转困难。银行给予企业的开证额度，其实质是一种变相贷款，是银行给予企业的一种融资。

2. 进口授信开证的种类

一般情况下，授信开证分为可控制货权授信开证、不可控制货权授信开证。

（1）可控制货权授信开证。可控制货权授信开证，是开证行通过控制信用证项下货运单据来控制货权。开证银行可以通过控制货权约束进口商履约行为，进口商违约可能性较小。

（2）不可控制货权授信开证。不可控制货权授信开证，开证银行不能通过控制货权约束进口商履约行为，进口商违约可能性较大，开证银行承担风险较大。

3. 进口开证额度的种类

（1）普通信用证额度（General L/C Limit）。是指开证行在确定进口开证申请人的开证额度后，申请人采用“余额控制”的办法，可循环使用。

（2）一次性开证额度（One Time L/C Limit）。是指为开证申请人一个或几个贸易合同核定的一次性开证额度，不能循环使用。这通常是在企业的经营状况有较大变化的时候使用。如某开证申请人洽谈了一宗大额进口贸易，普通的开证额度不够使用，或普通额度的大量占用会影响其正常经营，开证行可根据其资信状况和抵押品的情况核定一次性开证额度，供该宗贸易合同项下使用。

五、进口信用证押汇和信托收据

（一）进口信用证押汇

1. 进口信用证押汇的概念及作用

进口信用证押汇（Inward Bill Receivables），是指开证行收到议付行或交单行寄送的单据后，为开证申请人垫付货款的一种贸易融资。

信用证一旦开立，银行负第一性的付款责任，但从其实质而言，银行是为开证申请人开立的信用证。因此，在一笔正常的开证业务中，开证申请人才是事实上的真正付款人。但在实务中，当开证行收到单据后，如单证相符，而开证申请人因资金紧张，无法在开证行付款前付款赎单，开证行仍应按国际惯例立即付款或偿付议付行，面临垫款的危险，因此，便产生了进口押汇——以该信用证项下代表货权的单据为质押，并同时提供必要的抵押、质押或其他担保，由银行先行代为对外付款，到期由开证申请人偿还的融资方式。

进口押汇的主要作用是信用证项下的开证申请人在收到信用证项下的单据后，以代表货权的单据为质押，可获得银行的短期融资，用于进口付汇，这样开证申请人就借此既推迟了信用证项下用自有资金进行付款的时间，又能收取信用证项下单据所代表的货物。与普通贷款相比，进口押汇具有手续简便、融资速度快捷的特点；与其他贸易融资相比，进口押汇的突出特点是进口押汇的用途仅限于履行信用证项下的对外付款，所得押汇款项不能入企业的结算账户而自由使用。

2. 进口信用证押汇的业务流程及利息计算

（1）进口信用证押汇的业务流程，如图8－6所示。

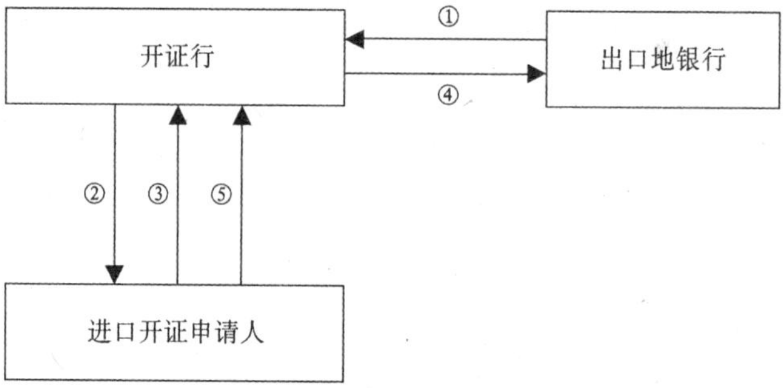

图8－6 进口信用证押汇的业务流程示意图

①出口地银行在议付或经过单据处理后，将信用证要求的单据寄送开证行。

②开证行在审核单据后通知进口开证申请人。

③进口开证申请人审核单据，确认单证相符；或在单据有不符点的情况下，确认接受单据；在付汇资金有困难的情况下，填写《进口押汇申请书》，向开证行提出要求办理进口押汇。

④开证行接受开证申请人的要求，在与开证申请人签订《进口押汇合同》及《信托收据》后，办理进口押汇，并将进口押汇所得款项直接用于向出口地银行付款。

⑤进口开证申请人在押汇到期后将款项归还开证行。

（2）进口押汇的利息计算。

①进口押回的利息计算公式。开证行办理进口押汇通常不收押汇手续费，仅收取利息，收取利息的方法不是通常押汇采用的“预收利息法”，而是普通贷款常用的“后收利息法”，即在进口押汇到期后，由进口押汇申请人归还进口押汇本金及支付利息，还款的来源完全依赖于企业经营的利润。进口押汇利息计算公式为：

进口押汇利息 = 进口押汇金额 × 进口押汇年利率 × 进口押汇天数/360

②进口押汇金额。每笔进口押汇的最高金额应不超过国外来单索汇的总金额（通常是指国外受益人提供的汇票或商业发票所显示的金额），押汇款的用途仅限于履行信用证项下的货款支付，一般在具体操作上，开证行（进口押汇银行）将押汇款直接通过出口地银行（寄单行）对受益人支付，而不再入进口押汇申请人账户。

③进口押汇年利率。进口信用证项下押汇年利率可以根据信用证使用的币种，选择外汇融资利率，即如果进口信用证使用外币如美元、日元等，则使用美元、日元等外币融资利率。

融资年利率的计算，一般根据进口押汇当日同期同业银行拆放利率（如美元为 LIBOR、日元为 TIBOR、港币为 HIBOR）为基础加一定浮点（Margin）来确定。

④进口押汇天数。进口押汇天数通常不需要进行复杂的计算，一般是根据开证申请人的资金周转需要而定，如开证申请人需要 30 天才能筹措到信用证项下的付汇资金，则进口押汇天数可以为 30 天；如需要 60 天才能筹措到付汇资金，则进口押汇天数可以为 60 天，但是一般不能超过 90 天。

⑤使用币种。进口押汇一般使用原币（即信用证及单据使用的货币）直接对外付款，不可兑换（结汇）成人民币使用。进口押汇货币一般为美元、欧元、英镑、日元、澳元、港币等可自由兑换货币。

（二）信托收据

1. 信托收据的概念及作用

信托收据（Trust Receipt，或 T/R）是进口商与代收行之间的关于物权处理的契约，是将货物抵押给银行的确认书。从理论上讲，银行可以不需要担保、抵押等而仅凭信托收据办理融资业务。但在实务中，由于仅凭信托收据办理融资业务风险较大，因此，通常不单独使用，而是在进口融资业务中，银行为从法律上保证其对货物的所有权，防范风险的一种手段而使用。如在进口信用证业务项下的进口押汇业务、提货担保业务、进口代收押汇业务中，银行均需与企业签订信托收据。

进口商与银行签订信托收据，并办妥其他有关手续后，进口商在未付讫进口项下的货款前，能向开证行或代收行借出单据，从而及时报关、提货、销售等，但由于物权是开证行或代收行的，进口商仅是“借单行事”，处于代管货物的地位，是代保管人（Bailee），因此，进口商取得的货款归开证行或代收行所有。进口商只能向开证行或代收行付款，并赎回信托收据后，物权才归其所有。因此，进口商与银行签订信托收据的实质是开证行或代收行对进口商提供的一种资金融通便利。

2. 进口商与信托人的权利和义务

（1）进口商的权利和义务。进口商作为被信托人（Trustee）和代保管人，其义务是：

①将信托收据项下的货物和其他货物分开存仓、保险，其物权属于开证行或代收行，货物一旦出险，保险所得赔偿也应归开证行或代收行所有。

②货物销售后，所得贷款应属于开证行或代收行，若远期付款交单尚未到期，该款由开证行或代收行保管或另外开立保证金账户，与进口商的自有资金分开，或提前付款，赎回信托收据，利息按借单的实际天数计算，或由开证行或代收行协商解决。

③由于物权在未付款前并不属于进口商，进口商不得将该货物抵押他人，为防止进口商擅自将该货物抵押他人这类事件的发生，开证行或代收行在借出单据时，应在提单上加盖“under Lien to xxx Bank”的字样，表明该银行对货物持有留置权，并随时接受开证行或代收行的监督与查看。

（2）信托人的权利。由于信托收据是由进口商向开证行或代收行提供的，接受与否，由开证行或代收行视进口商的信誉等而定。因此，开证行或代收行只要接受了信托收据，借出了单据，开证行或代收行即成为信托人（Truster），其权利是：

①可以随时取消信托，收回借出的商品。

②如商品已经被销售，可以随时收回货款。

③如进口商破产、倒闭清算，信托人对货物贷款有优先权。

3. 信托收据的主要内容

信托收据的主要内容通常包括：

（1）确认已经收到代表货权的单据或实际货物；

（2）确认单据或货物所有权归银行；

（3）同意按银行的委托销售或处理货物，所得货款将全部交付银行；

（4）同意对货物办理保险，承认银行对货物的存仓费、保险费或其他费用不负责；

（5）银行拥有随时注销这一收据，并收回货物或出售货物所得货款的权利；

（6）不能因进口商清盘、破产、分离、重组以及人员死亡等原因减轻其应负的责任。此外，信托收据还应注明每笔业务的船名、货名、唛头、金额、信用证号以及签署日期、签字等。

在进口结算中，信托收据除以信用证方式使用外，还可使用托收方式。在远期付款交单条件下，进口商承兑汇票后，在未付款前是拿不到货运单据的。在这种情况下，进口商可以信托收据的方式预借单据提货，并于汇票到期日付清货款。

课堂练习 8-1

某贸易公司向国外客商出口货物一批，以远期 D/P 方式付款。合同订立后，出口方及时装运出口，开出以买方为付款人的 60 天远期汇票连同所有单据一起交到银行，委托银行托收货款。单据寄抵代收行后，进口商办理承兑手续时，货物已到达了目的港，且行情看好，但付款期限未到，为及时提货销售，进口商向代收行出具信托收据借取货运单据提前提货。不巧，在销售过程中，因保管不善导致货物被火烧毁，进口商又遇其他债务关系而倒闭，无力付款。结果代收行在付款到期日仍需向出口商付款，并承担由此而来的信贷损失。

问：此案中代收行应该如何控制自身的风险？

六、信用证代付

（一）信用证代付的概念及作用

信用证代付业务，是指在进口信用证业务中，由境内开证行委托其境外的分支机构对境内开出的信用证在到期日先予以垫付，到约定期限开证申请人通过境内开证行归还该垫款的业务。由于“代付”是由境外（海外）银行完成的，因此，实务中也习惯称作“海外代付”。

在信用证代付业务中，开证申请人用于信用证项下的付汇资金直接来自开证行的境外分支机构。开证行未垫出资金，而仅仅是起了开证申请人与自己的境外分支机构之间的借款、还款的“桥梁”作用，因此，开证行是开证申请人的直接融资银行。实质上，海外代付业务是信用证项下的进口押汇的另一种形式或“变种”。

信用证代付的作用主要表现在两个方面：一是为开证申请人提供短期资金融通。信用证代付与信用证项下的进口押汇类似，银行以垫付的形式为开证申请人提供短期资金融通，使开证申请人不必在提货前对外付款，缓解了资金的压力。二是融资利率较低。通常由于国外闲置资金较多、资本市场发达等因素，因为资金成本低，便可以基于企业较低的融资利率；另外，由于使用的是境外银行的外汇资金，融资过程在海外完成而不受国内对外汇贷款利率规定的约束，规避了政策上的风险，因此，企业可以通过叙做该业务享受较低的融资利率，从而降低融资成本，降低财务费用支出，提高经营效益。

（二）信用证代付的业务流程及利息计算

1. 信用证代付的业务流程

信用证代付业务流程如图 8-7 所示。

①开证申请人向开证行申请开立信用证，并要求叙做信用证代付业务，以降低利息，节约财务成本。

②境内开证行经审核同意为申请人开立信用证及叙做信用证代付业务后，要求申请人出具“信用证代付业务申请书”，并与申请人逐笔签订进口代付合同、信托收据等文件。

③境内开证行与开证行的境外分支机构签订《信用证项下的代付业务协议》。

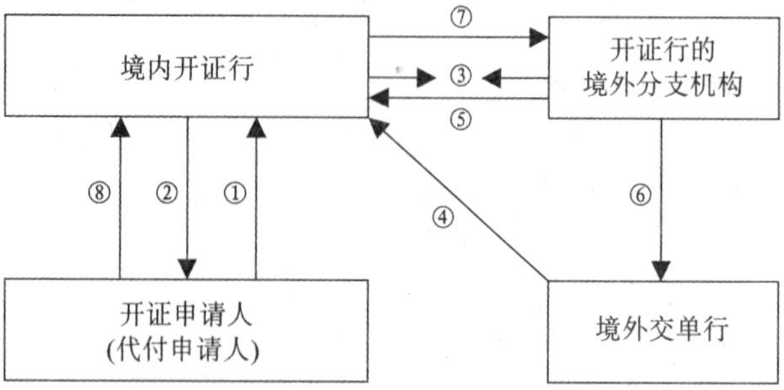

图 8－7 信用证代付业务流程示意图

④境外交单行将信用证要求的单据寄境内开证行并要求根据信用证条件付款。

⑤境内开证行在收到境外交单行的单据和付款指示后，将表明代付金额、付款给交单行的到期日、代付到期的还款日等内容的“授权付款指示”以电讯方式通知其境外分支机构。

⑥开证行的境外分支机构根据境内开证行的“授权付款指示”到期将款项付给境外交单行。

⑦在约定的时间内，境内开证行将款项归还给其境外分支机构。

⑧开证申请人到期将进口付汇的款项及利息支付给境内开证行。

2. 信用证代付的利息计算

（1）信用证代付的利息计算公式。开证行办理信用证代付通常不收手续费，仅收取利息，收取利息的方法与进口押汇相同，通常采用“后收利息法”，即在代付到期后，由代付申请人归还代付本金及其利息，还款的来源完全依赖于企业经营的利润。信用证代付利息计算公式为：

信用证代付利息 = 代付金额 × 代付年利率 × 代付天数/360

（2）代付金额。每笔代付的最高金额不应超过境外交单行的来单索汇的总金额（通常是指受益人提供的汇票或商业发票所显示的金额），代付款的用途仅限于履行付款，一般在具体操作上，开证行的境外分支机构根据境内开证行的《授权付款指示》到期直接将款项付给境外交单行，而不再入代付申请人账户。

（3）代付年利率。进口信用证项下代付年利率可以根据信用证使用的币种，选择外汇融资利率。

（4）代付天数。代付天数通常不需要进行复杂的计算，一般是根据开证申请人的资金周转需要而定，如开证申请人需要 30 天才能筹措到信用证项下的付汇资金，则进口代付天数可以为 30 天；如需要 60 天才能筹措到付汇资金，则进口代付天数可以为 60 天，但是一般不能超过 90 天。

（5）使用币种。代付一般使用原币（即信用证及单据使用的货币）直接对外付款、不需要、也不可以兑换（结汇）成人民币使用。除此之外，代付货币还必须是开证行的域外分支机构所在国家使用和流通的货币，常见的有美元、日元、欧元等可自由兑换货币。

七、提货担保

（一）提货担保业务的概念及作用

提货担保（Delivery against Bank Guarantee），是指进口信用证项下货物早于运输单据抵达港口时，开证申请人向开证行提出申请，凭开证行加签的提货担保书向船公司办理提货手续的业务。

由于申请人在未付款之前就取得了代表货物所有权的单据，因此，它的实质也是开证行对申请人的一种融资。在正常的情况下，收货人应该凭正本提单向船公司办理提货手续。但由于近海航行，航程过短，货物常常先于单据到达，如收货人急于提货，可采用提货担保方式，即请开证行出具书面担保，请船公司凭以先行放货，保证日后及时补交正本提单，并负责交付船公司的各项费用及赔偿由此而可能遭受的损失。

（二）提货担保的业务流程及费用

1. 提货担保的业务流程

提货担保的业务流程如图8-8所示。

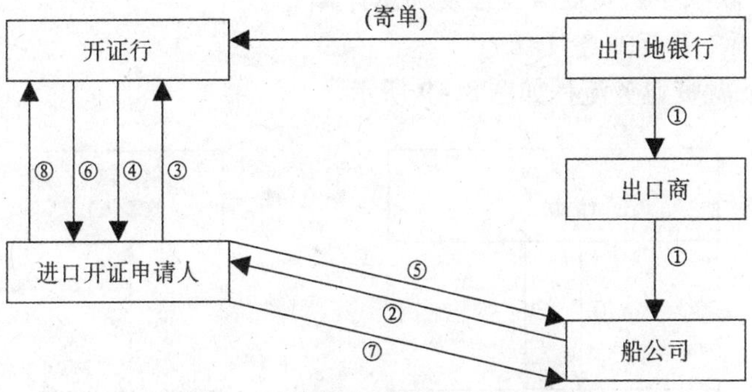

图8-8　提货担保业务流程示意图

①出口商将货物交船公司并委托其运输至指定的港口，同时将单据交出口地银行议付或处理。

②船公司接受出口商的委托，将货物运抵信用证指定的港口，在货物到港后通知开证申请人（一般为提单的收货人或被通知人）。

③进口开证申请人在开证行尚未收到包括提单在内的单据时，向开证行申请办理提货担保。

④开证行根据具体情况，有条件地为进口开证申请人办理提货担保，并出具“提货担保书”。

⑤进口开证申请人在签订相关协议后，凭开证行出具的“提货担保书”向船公司提取货物。

⑥开证行在收到出口地银行寄送的包括提单在内的单据后通知进口开证申请人，并要求收回“提货担保书”。

⑦进口开证申请人持提单去船公司将开证行出具的“提货担保书”换回。

⑧进口开证申请人将“提货担保书”归还开证行。

2. 提货担保业务的费用

开证行为提货担保申请人出具提货担保不收取利息，仅收取手续费，收费标准由各银行自己制定。有的银行无论金额大小，均按笔数收费（如每笔收取500元人民币）；也有的银行设置了相应的费率，与进口开证的计费办法相同，费率低于进口开证（如按提货担保金额的0.05%收取）。

八、汇出汇款项下的融资业务

（一）汇出汇款项下融资业务的概念及作用

汇出汇款项下融资，是指在货到付款结算方式下，汇出行（进口地银行）根据进口商申请，并凭以提供的有效凭证及商业单据先行对外垫付，到期申请人（进口商）自筹资金归还的一种短期资金融通。

汇出汇款项下融资的主要作用是指在货到付款结算方式下，进口商可获得汇出行的短期融资，加速资金周转。其特点是融资款的用途仅限于汇出汇款，所得融资款项不能入企业的结算账户而自由使用。

（二）汇出汇款项下融资业务流程及利息计算

1. 汇出汇款项下融资业务流程

汇出汇款项下融资业务流程如图8－9所示。

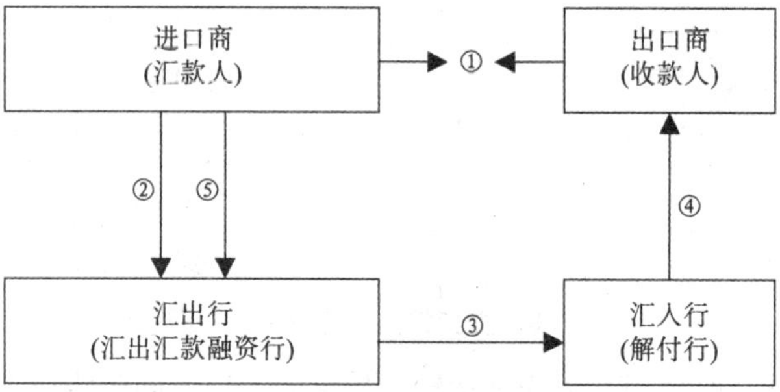

图8－9 汇出汇款项下融资业务流程示意图

①进出口贸易双方签订合同或协议确定以货到付款为贸易结算方式。

②进口商（汇款人）资金周转有困难，向汇出行（进口地银行）提出办理汇出汇款项下融资业务的申请，并提交银行格式化的《汇出汇款项下融资申请书》。

②汇出行（汇出汇款融资行）经审核同意后，与进口商（汇款人）签订《汇出汇款项下融资合同》，凭进口商（汇款人）提交的《购汇/用汇申请书》、国外出口商寄交的进口商业发票副本及提单副本、进口贸易合同、货物进口报关单等外汇管理局要求的其他单据向汇入行汇出货款。

④汇入行将货款解付给出口商（收款人）。

⑤进口商（汇款人）在汇出汇款融资到期将本金归还汇出行（汇出汇款融资行）并支付相应的利息。

2. 汇出汇款融资的利息计算

（1）汇出汇款融资的利息计算公式。汇出行办理汇出汇款融资通常不收融资手续费，仅收取利息，收取利息的方法不是通常押汇采用的“预收利息法”，而是普通货款常用的“后收利息法”，即在汇出汇款融资到期后，由汇出汇款融资申请人归还汇出汇款融资本金并支付其利息，还款的来源完全依赖于企业经营的利润。

汇出汇款融资利息的计算公式为：

汇出汇款融资利息 = 汇出汇款融资金额 × 汇出汇款融资年利率 × 汇出汇款融资天数/360

（2）汇出汇款融资金额。每笔汇出汇款融资的最高金额应不超过汇出的总金额（通常是指汇款人提供的国外出口商寄交的进口商业发票所显示的金额），汇出汇款融资款的用途仅限于履行汇出汇款项下的对外付款，一般在具体操作上，汇出行将汇出汇款融资款直接对外付款而不再入汇出汇款融资申请人账户。

（3）汇出汇款融资年利率。汇出汇款融资年利率可以根据汇款使用的币种，选择外汇融资利率外币如美元、日元等，则使用美元、日元等外币融资利率。融资年利率的计算，一般根据汇出汇款融资当日同期同业银行拆放利率为基础加一定浮点来确定。

（4）汇出汇款融资天数。汇出汇款融资天数通常不需要进行复杂的计算，一般是根据汇出汇款融资申请人的资金周转需要而定，如汇出汇款融资申请人需要 30 天才能筹措到汇出汇款融资项下的资金，则汇出汇款融资天数可以为 30 天；如需要 60 天才能筹措到付汇资金，则汇出汇款融资天数可以为 60 天，但一般最长不能超过 90 天。

（5）使用币种。汇出汇款融资一般使用原币（即汇出汇款使用的货币）直接对外付款，不可兑换（结汇）成人民币使用。汇出汇款融资货币一般为美元、欧元、英镑、日元、澳元、港元等可自由兑换货币。

应用训练

【案例】

中国大连的一位进口商通过中国香港地区的代理商从越南进口了一批货物。交易采用背对背信用证方式，越南出口商在发出货物后向香港的银行提交了单据。由于单据存在不符点，香港的银行拒收单据并将单据返还给越南出口商。该越南出口商把退还的单据卖给了另一位越南商人，同时，货物抵达大连，大连进口商凭银行出具的提货担保书提走了货物。两天后，越南商人飞抵大连，出具正本提单要求提货。

试分析在使用提货担保时，银行应注意哪些问题？

【分析】

在近洋贸易中，有时会出现货物比运输单据先到的情形，进口商需要持有银行开立的提货担保书才能提取货物。银行在保证书中保证日后补交正本提单，并负责缴付船公司的各项应收费用并保证赔偿船公司由此可能遭受的损失。因此，银行在为进口商开立提货担保之前，一般都要求客户出具书面保证：单据到达后，无论是否存在不符点，均不拒收单据。同时，银行在出具提货担保时必须查明单据是在哪里议付的，单据是何时寄出的，并确保单据不被第三方获得，否则会构成对第三方的侵权行为。

思考与练习

1. 什么是出口押汇?
2. 出口托收押汇与出口信用证押汇的区别是什么?
3. 什么是打包贷款?
4. 什么是开证授信额度?
5. 简述出口贸易融资的基本做法。
6. 简述进口贸易融资的基本做法。
7. 案例分析题:

出口商A是银行B的客户。A收到了以其为受益人的信用证，在备货过程中资金不足，向B申请信用证下的打包贷款。B同意发放打包贷款，贷款金额为信用证金额的80%，贷款期为30天。双方约定，当A发运货物后，即以全套单据向B议付，B从A应得的议付款中扣除打包贷款本息。在贷款期内，A因经营不善倒闭，不再发运货物，因而无法提交单据，A也无力以另外途径向B偿还打包贷款。

问题:

在打包贷款业务中，银行承担的信用风险与银行在出口押汇业务中承担的信用风险有什么区别?哪个风险更大?为什么?

第九章 国际结算单据

学习目的

- □ 了解单据的定义、种类、作用以及单据的缮制和审核要求
- □ 掌握发票、运输单据、保险单据的概念、作用、特点与种类
- □ 熟悉其他如检验证明书、领事发票、包装单等单据

【案例导入】

甲银行开立了一张不可撤销信用证，经由通知行 A 通知给了受益人。该信用证对单据方面的要求如下：

1. 商业发票；
2. 装箱单；
3. 由 SSS 检验机构出具的检验证明书；
4. 海运提单表明货物从 PPP 港运至 DDD 港，提单做成开证行抬头。

受益人在货物出运后将全套单据送至 A 行议付，A 银行审单后指出下列不符点：

第一，检验证书的出单日期迟于货物装运日，并且未能指明具体货物的检验日期。

第二，装箱单上端末印有受益人公司、地址等文字，且装箱单未经受益人签署。

第三，提示了运输行收据而不是信用证上所要求的提单。

A 行将上述不符点通知受益人，受益人要求其电传甲银行求其授权付款。

甲银行与申请人联系后，申请人不愿取消此不符点。因为他不能确定该批货物是否确已适当检验过？货物是否已出运？除非授权其在货到后检验货物，检验结果表明货物完好无损，否则他将拒绝付款。甲银行告诉 A 银行其拒绝付款的决定，并保留单据听候指示。

（资料来源：http：//www. worlduc. com/。）

思考：

1. 商业发票、装箱单、检验证书、海运提单等有关单据在贸易结算中有什么作用？
2. 国际结算单据涉及的有关当事人权利和义务关系如何？

第一节 国际结算单据概述

一、国际单据的含义及作用

（一）国际单据的含义

单据（Documents），是与商品交易相关的一切凭证和证明文件，包括金融类单据和商业单据。金融单据指汇票、本票、支票或其他用于获得货币付款的相似票据；**商业票据**，主要指非金融单据的其他所有单据，包括运输单据、物权凭证或其他相似单据等。本章介绍国际结算中常见的发票、运输单据、保险单和检验单据等商业类单据。

（二）国际单据的作用

在国际结算和国际贸易中，单据起到了十分重要的作用。

1. 国际结算单据是国际贸易结算的基本工具

单据是随着国际贸易的发展而发展的，从易货贸易到现金结算，从现金结算再到非现金结算。19 世纪末 20 世纪初，凭单付款的结算方式已基本完善。货物的单据化使得商品买卖可以通过单据交换来实现，尤其是在象征性交货的情况下，卖方交单意味着交货，而买方也是凭单付款。商品交换单据化大大便利了国际贸易中商品货权的让渡或转移，因而单据是国际结算的基本工具。

2. 国际结算单据是出口方履行合同的证明，也是其收取货款的凭证

在国际贸易中，出口商必须按照进出口商双方签订的合同履行出口的义务。当货物按进口商的要求离开出口国国境后，出口商会从运输公司获得相关的出口单据，如海运提单、空运提单等，出口商只有把这些单据寄至进口商所在地或提交给相关银行，才能证明已顺利履行了出口合同规定的义务，同时这些单据也成为其向买方收取货款的凭证。

3. 国际结算单据是进口商付款提货的依据

进口商在获得代表货物所有权的相关单据如海运提单、空运提单时，必须支付货款，完成付款义务后，才可以用相关的单据换取货物，否则无法提货。

4. 国际结算单据是进口报关、纳税的重要凭证

在货物通关过程中，进出口商报关的时候需要提交给当地海关相关的单据，如形式发票、装箱单、提单、外销核销单等。这些单据需要提交给海关审核，如需要缴纳关税，还需要完税后才可以离境。

二、国际结算单据的种类及制作基本要求

（一）国际结算单据的种类

国际结算中涉及的单据很多，每一笔国际结算要求提供的单据的种类取决于交易的性质、交易所涉及的商品和服务、交易双方之间的关系以及交易所涉及的国家。从不同的角

度划分，单据可以有不同的分类。

1. 根据单据的性质，国际结算单据可以分为金融单据、商业单据和官方单据

金融单据，指汇票、本票、支票等代表货物的支付凭证，又称票据、资金单据。金融单据代表一种资金请求权，是出口商取得货款支付的重要凭证。

商业单据，指由出口商自制或其他与贸易有关的商业性质的服务企业签发的，说明有关商品情况的单据，如商业发票、装箱单、保险单、运输单据等。

官方单据，指由政府机关、社会团体签发的各种证明文件。如领事发票、原产地证书、商检证书、普惠制产地证、出口许可证等。

2. 根据单据的作用，国际结算单据可分为基本单据和附属单据

基本单据，是根据货物成交的贸易条件确定的，必须由出口方提供的单据，主要是商业发票、运输单据和保险单据。这三种基本单据根据不同的标准还可以进一步细分为不同的种类。

附属单据，是根据贸易合同约定，或者信用证条款中的要求和规定，须向进口方或授权付款银行提供的、除基本单据以外的其他单据，如产地证明、卫生检疫证明、质量检验证明、装箱单、重量单、进口许可证、海关发票等等。附属单据有些是官方所要求的，以满足海关盘查的需要或政府有关贸易法律政策的规定；有些则是买方要求的，以便核查货物的具体状况。

3. 根据单据的签发单位分类，国际结算单据可分为出口商自制单据、商业协作单位签发的单据、由政府机关和社会团体签发的单据

出口商自制单据，即由出口商自行缮制签发的单据，如出口商证明、商业发票、装箱单、重量单、装运通知、外销合同等。

商业协作单位签发的单据，如由承运人签发的各种运输单据、由保险公司签发的保险单等。

由政府机关和社会团体签发的单据，如出口许可证、产地证、外汇管理局签发的出口收汇核销单等。

此外有些交易还需国外有关单位提供相应的单据。例如，由国外船公司或其代理提供的船龄证明、船籍证明，由进口商的代表或其检验人员签发的品质证书等。

（二）国际结算单据制作的基本要求

信用证结算中，单据的质量如何不仅关系到能否安全迅速收汇，同时也从一个侧面反映出一个国家的科学文化水平。所以出口单据不能随便缮打，必须符合国际商业习惯和实际需要。各种出口单据应达到什么要求？概括起来可用10个字来表达，即：**正确、完整、及时、简明、整洁。**

1. 单据的正确性

单据的正确是出口单据工作的根本原则，是单据工作的前提和出发点。单据的正确性具体体现在以下两个方面：

（1）单据必须与有关国际惯例和进出口国家的法规相符；

（2）各种单据必须做到“**四个一致**”：

①“单证一致”，即单据与信用证一致。信用证上所规定的一切条款必须与单据完全

一致，并在单据上落实。这是信用证支付方式本身对单据的要求，若单据与信用证有丝毫的不符，将可能遭到银行的拒付。

②“单单一致”，即单据与单据之间某一相应的项目一致，各种单据的内容只能相互补充，不能彼此矛盾。

③“单货一致”，单据上所叙述的各有关项目必须与实际货物情况完全一致。单货一致体现出口商的信誉。

④“单同一致”，即单据所表示的内容与合同要求完全一致。单据与合同一致表明出口商严格履约。

这四个“一致”中，“单证一致”占重要地位。

2. 单据的完整性

单据的完整性，一般包括下列三层意义：

（1）单据种类完整。每个跟单信用证都规定有各种不同的单据，如发票、提单、保险单、商检证等，遗漏一种单据，就是单证不完整。

（2）单据内容完整。每一种单据都有一定的格式、名称、项目、签章等方面的要求，一些必要项目缺失就会使单据内容不完整，遭到银行拒付。如果信用证要求提交“Signed Commercial Invoice”，但受益人提交的商业发票却是没有签章的，或者是空白指示提单（Consigned To Order）未经托运人背书即提交，都构成单据内容的不完整。

（3）单据份数完整。信用证一般规定了向银行议付是必须提交的单据的份数，应如数提供，不能短缺。为此必须了解信用证中对单据份数的表示方法，一般有下列两种：

In Duplicate	或 In 2 folds	一式两份
In Triplicate	或 In 3 folds	一式三份
In Quadruplicate	或 In 4 folds	一式四份
In Quintuplicate	或 In 5 folds	一式五份
	……	

此外，即使信用证未规定具体份数，如提单本身显示提单共签发正本三份，若只提供其中的一份或两份议付，除非信用证另有规定，也是单据不完整。

3. 单据的及时性

单据工作的时间性很强，各种单据都要有一个适当的出单日期。及时出单包括两方面含义：一方面是指各种单据的出单日期必须合理、可行，即出单日期不超过信用证规定的有效期限或按贸易习惯形成的合理期限；另一方面是指向银行交单议付的日期不能超过信用证规定的交单有效期，或未规定交单期限时，不迟于运输单据出单后21天内交单。对出口商而言，只有及时制单、交单才能及时收汇。

4. 单据的简明性

单据的内容应按照信用证规定及国际惯例填列，单据整洁，要求单据格式的设计和缮制力求标准化和规范化，单据内容的排列行次整齐、字迹清晰，重点项目突出、醒目。应尽量减少甚至不应该出现差错涂改的现象。各种单据的涂改都要有一个限度，同时，不允许在一份单据上做多次修改。若出错过多，则应重新缮制。涂改处一定要盖校对章。对有些单据如汇票的付款人和金额等项目绝对不能涂改，一旦出错，必须重新缮制。

5. 单据的整洁性

单据的表面应该清洁、美观、大方，单据的各项内容应清楚、易认。个别错误可以更正，但必须在更正处加以签署或加盖更正章，不能遗漏。

第二节 商业发票

一、商业发票

（一）商业发票的概念

商业发票（Commercial Invoice），简称发票（Invoice），是记账单据，也是出口方凭以向进口方索取其所提供的货物或服务的价款的依据，是出口方签发给进口方的发货价目清单。它虽然不是物权凭证，但在国际贸易结算中，是卖方必须提供的主要单据之一。

商业发票是出口贸易结算单据中最重要的单据之一，在制单的顺序上，往往首先缮制商业发票，所有其他单据都应以它为中心来缮制。

就广义而言，发票包括商业发票、海关发票、领事发票、样品发票、厂商发票、证实发票等。就狭义而言，通常是指商业发票。

（二）商业发票的作用

1. 商业发票是出口商履约的证明

发票是卖方制作的为说明履约情况而提供的单据，是卖方对装运货物的全面情况，包括：品质、数量、价格，有时还有包装，详细列述的一种货款价目的清单。买方可以据此内容核对价格和所购货物以了解出口商履约的情况，因而商业发票在全部票据中起着中心票据的作用，是交易的合法证明文件，是卖方向买方发送货物的凭证，也是买卖双方计算和支付佣金的依据。

2. 商业发票是进出口商收付货款和记账的依据

出口商通过发票表明合同的履行和交易的总体情况，并凭以收取货款，进口商通过发票了解货物是否符合合同条款的规定，并凭以付款。

发票是出口商的销售凭证和进口商的购货凭证，进出口商都需要根据发票内容记账、核算盈亏。

3. 商业发票是进出口商报关纳税的依据

在货物通关过程中，发票无论在出口地还是进口地都是作为向海关提交的重要文件之一。海关根据发票列明的型号、数量、金额来核对进出口收发货人报关的货物实际状况，并将货物的数量和金额作为缴纳税收的依据。

4. 商业发票是出口商缮制其他出口单据的依据

商业发票较全面地反映交易的细节，在所有的单据中起中心作用，其他单据如运输单据、保险单据、包装单等都只是反映交易某一方面的细节，这些单据在制作时要以发票为中心，在内容上与它保持一致。

5. 商业发票可代替汇票起付款凭证的作用

在信用证不要求提供汇票的情况下，开证行根据发票金额付款。西欧一些国家在使用汇票时，要缴纳较高的印花税，因此这些国家的进口商便在即期付款信用证方式下，要求提供发票代替汇票。

6. 发生货损时，商业发票是重要的索赔依据

各国保险公司办理保险，计算保险金额，往往以发票载明的价格为依据。它常常是保险索赔必须提供的单据，往往也是计算损失价值的基础。

（三）内容和缮制

商业发票没有规定的格式，每个出具商业发票的单位都有自己的发票格式。其格式虽然不一样，但其主要项目和基本内容是一致的。其主要项目可以分为三部分：首文、正文和结文，见表 9－1。

表 9－1　国内某外贸企业发票样式

ISSUER FAREAST TRADING CO. LTD. ZHONGSHAN MANSION RM001 NO. 85 ZHONGSHAN RONAD, NANJING 210005, P. R. CHINA TEL: 86－25－45673452 FAX: 82－25－45673453	COMMERCIAL INVOICE	
TO N. E. ORIENTAL TRADING CO. LTD. P. O. BOX 12378 CODE 55500 T－3456789 RIYADH KINGDOM OF SAUDI ARABIA	NO. 2001SDT001	DATE Sep. 30. 2001
TRANSPORT DETAILS SHIPMENT FROM XIANGGANG PORT TO DAMMAM PORT BY SEA	S/C NO. NEO2001/026	L/C NO. DES505606
	TERMS OF PAYMENT L/C AT SIGHT	

Marks and Numbers	Number and kind of package Description of goods	Quantity	Unit Price USD	Amount
N/M	CFR DAMMAM PROT, SAUDI ARABIA ABOUT 4400 CARTONS MELON IAM 340 GMS X 24 TIN MALING BRAND AT USD. 6. 10 PER CARTON	4400CARTONS	USD6. 10	USD26840. 00
Total:		4400CARTONS		USD26840. 00

SAY TOTAL: USD TWENTY SIX THOUSAND EIGHT HUNDRED AND FORTY ONLY.

We hereby certify that the contents of invoice herein are true and correct.

FAREAST TRADING CO. LTD

1. 首文部分

首文部分具体应包括：

（1）发票名称。发票名称即“发票”字样，一般用“INVOICE”或“COMMERCIAL INVOICE”醒目的表示在上方。

（2）出口商的名称和地址。列明出口商的名称、地址、联系方式，与合同中出口商的名称地址一致。如果是信用证的结算方式，应与信用证上受益人的名称地址一致（转让信用证除外）。

（3）抬头人的名称和地址。通常发票以进口商或信用证开证申请人为抬头人（转让信用证除外）。有时信用证或合同规定以进口商以外的第三者作为发票的抬头人，则应按规定填写。在转让信用证的情况下，第二受益人出具的发票一般以第一受益人为抬头，第一受益人收到第二受益人提交的全套单据后，会用自己的发票、汇票替换第二受益人的单据，这时第一受益人出具的发票是以开证申请人为抬头的。

（4）发票号码、发票日期、合同号码、信用证号码。这些内容通常位于发票的右上角。

发票号码由出口公司自行编制，一般采用顺序号，便于查对。发票日期就是发票的制作日期，也是签发日期。UCP600 规定：“单据的出单日期可以早于信用证开立日期，但不得迟于信用证规定的提示日期。”

发票是出口方履行合同的证明，也是进口方核对货物的依据，在发票上列明合同号码（S/C NO.）或订单号码（P/O NO.）便于使用。信用证号码并非发票绝对必须要的，但因为出口商是用一整套单据证明履约情况的，因此在发票上列示信用证号码以方便核查。

（5）运输细节。应注明运输工具名称、运输方式、装运港港名、卸货港港名，如需中转货物，还需加注转运港港名。

2. 正文部分

正文是说明履约情况的部分，主要是通过对货物和货价的描述提供履约证明。

（1）唛头（Shipping Mark）。又称运输标记，为了防止货物运输途中的错发错运而提示承运人和收货人认真识别货物而刷制的指示性标志和警告性标志。唛头通常由字母、数字及简单的文字组成，有的还伴有几何图形。单据之间的唛头应相互一致，如果没有唛头，则填写“N/M”。

（2）货物的描述。发票中的货物描述一栏包括商品名称、规格、包装和数量等内容，必须与合同或信用证严格一致。

（3）单价、总值及价格术语。货物单价应与合同相符。在信用证项下，则必须与信用证规定一致，包括计价单位、计价货币、单价金额和价格术语。总价应与汇票金额相同，在信用证项下，除非另有规定，一般不超出开证金额。

价格术语是发票最为重要的项目之一，不可遗漏，它涉及买卖双方的责任及风险。

有些来证价格包含佣金和折扣，还应具体分析处理。通常情况下，对折扣项，如信用证未做出具体要求，发票中不应扣除这项；如信用证中有对折扣项、佣金项、港口费等项的具体要求或说明，一般的处理方法是在发票上具体显示再减掉折扣项、佣金项再加上港口费用项。

（4）其他内容。若信用证有特殊条款，发票要加注某项内容或某种声明等，应照规定在发票上记载，不可遗漏。例如，要求加注生产单位、许可证号、其他参考号，或者对发票内容的正确性、真实性及货物原产地声明等。在缮制这类声明文句时要注意文句正确、通顺。一般可将这些内容打在发票商品栏以下的空白处。有的还应注意此时应将发票末端印就的“E. & O. E”（Errors & Omissions Excepted，错漏当查）字样去掉。

3. 结文部分

结文部分内容包括出口商签章、进出口许可证号、外汇批准号、税号、出具汇票文句等。其中最重要的内容是出口商的签章，信用证结算方式下由受益人签发商业发票。UCP600规定商业发票无需签字，但大部分的信用证均要求受益人提交“Signed Commercial Invoice”，在这种情况下，发票必须有签章。有的信用证还要求受益人提交“Manually Signed Commercial Invoice”，这时有权签字人必须对发票手签，否则视为无效发票。出口上提交的发票张数必须与信用证要求一致。

二、其他类型的发票

（一）海关发票

海关发票是出口方应进口商所在国海关要求出具的一种单据，基本内容同普通的商业发票类似，一般由进口国海关统一制定并提供，主要用于进口国海关统计、核实原产地、查核进口商品价格的构成等。

1. 海关发票常见的名称

Customs Invoice;

C. C. V. O. （Combined Certificate of Value and Origin）;

Certified Invoice in Accordance with ×××（进口国名称）Customs Regulations;

Appropriate Certified Customs Invoice;

Signed Certificated of Value and Origin in Appropriate From.

2. 海关发票的作用

海关发票是进口国海关为掌握进口商品的价格构成和原产地情况而制定的一种具有特定格式的发票，它是一种海关证明文件。其作用在于：

（1）供进口国海关作估价完税的依据。

（2）供进口国海关核定货物的原产地，按照差别税率征税。

（3）供进口国海关审核有无低价倾销。

（4）供进口国海关作统计的依据。

（二）形式发票

形式发票，又叫预开发票或估价发票，是在交易达成前卖方应买方的要求，将拟报价出售的货物名称、规格、单价、价格条件、装运期及支付方式等一一列明的一种非正式发票，作为买方向本国的贸易管理当局或外汇管理当局申请进出口许可证或批汇的依据。严格地说形式发票不能凭以结算，票面上注明的价格也只是卖方根据当时市场行情的估计价，对买卖双方均无约束，只供买方参考。正式成交时，卖方仍需另行开具商业发票。

(三) 领事发票

领事发票，又叫“领事签证发票”，是出口方根据进口国驻出口国领事馆制定的固定格式填写并经领事馆签章的发票。

领事发票或领事签证发票的作用和功能有：

(1) 证明进口货物的产地与原产地相同。

(2) 证明领事发票上所填写的货物名称、价格和数量属实。

(3) 是进口商品征税的依据。

(4) 防止出口国廉价倾销出口商品。

(四) 样品发票

样品发票，出口商为了说明推销商品的品质、规格、价格，往往在交易前发送实样，以便客户挑选。样品发票不同于商业发票，只是为了让客户了解商品的价值、费用等，以便向市场推销和报关取样。

(五) 厂商发票

厂商发票，又称制造商发票，顾名思义，就是生产厂商直接开具的载明货物或服务价目清单的发票。进口商来证要求提供厂商发票，其目的是检查出口商是否有低价倾销行为，以便确定应否缴纳“反倾销税”。

(六) 证实发票

证实发票，是载明所载内容真实、正确的一种发票，证实的内容视进口商的要求而定，如：发票内容真实无误、货物的真实产地、商品品质与合同相符、价格正确等等。有些国家对证实发票规定有一定的格式，作为货物进口清关课以较低关税或免税的证明。有些地区的进口商凭证实发票代替海关发票办理清关或取得关税优惠。有些进口商凭证实发票证明佣金未包括在货价内，借以索取价外报酬。除非信用证规定出口商提供单独的证实发票，出口商必须按信用证规定行事。信用证没有特殊规定，在发票上加注“We hereby certify that the contents of this invoice are true & correct”，证明发票内容真实正确即可。

(七) 收讫发票

收讫发票，亦称“钱货两讫发票”，在即期付款信用证下多采用，其目的是以商业发票代替货款收据，而不需再开立汇票。因汇票在有些国家需贴印花税票，一些进口商为免除印花税负担，也要求提供这种发票。通常在发票结文签字处加注货款已收讫条款：“Value/payment received under L/C No. × × × issued by × × × bank”。

第三节 运输单据

运输单据，是证明货物载运情况的单据，当出口商将货物交给承运人办理装运时，由承运人签发给出口商的证明文件，证明货物已发运或已装上运输工具或已接受监管。

按运输方式不同可将运输单据分为海运提单、航空运单、快邮和邮寄收据、铁路运单、多式联运单据、公路运单等。由于在国际贸易中，80%以上的货物是通过海运方式来运输的，所以海运提单在运输单据中地位尤为重要，它是重要的物权凭证之一。

一、海运提单

（一）提单的定义和作用

1. 海运提单的定义

海运提单（Ocean Bill of Lading）简称提单（B/L），是指在海上运输方式下，承运人或其代理人收到货物后签发给托运人的证明托运的货物已经收妥或已完成装船，约定将货物运往最后目的港并交与提单持有人的一种具有法律效力的证明文件。

2. 海运提单的作用

（1）货物收据。提单是承运人签发给托运人的收据，确认承运人已收到提单所列货物并已装船，或者承运人已接管了货物，以待装船。

（2）海上货物运输合同的证明。托运人向承运人或其代理人租船订舱办理托运，承运人和托运人之间的运输合同即告成立，提单是运输合同成立的证明。一份标准格式的提单背面印有运输合同条款，规定了承运人、托运人、收货人和提单持有人之间的权利和义务关系。

（3）货物所有权凭证。提单的正本代表货物的所有权，是物权凭证。谁持有提单，谁就有权要求承运人交付货物，并其享有占有和处理货物的权利，提单代表了其所载明的货物。作为一种物权凭证，提单可以转让，提单的转让代表着提单上所载明的货物的转让。

（二）提单的基本当事人及关系人

提单的基本当事人是托运人和承运人，其关系人主要是收货人和受让人等。

1. 承运人

承运人（Carrier），即船方。是接受托运人的委托，将货物运往目的港的一方。承运人可能是船舶所有人，也可能是租船人。

2. 托运人

托运人（Shipper），委托承运人将特定货物运往目的港的一方，即合同中的卖方、买方或第三人。

3. 收货人

收货人（Consignee），又称提单的抬头人。抬头人可以是托运人本人，也可以是买方或第三人，通常是买方。

4. 受让人

受让人（Transferee or Assignee），提单抬头栏决定了提单能否转让，如为指示性抬头或空白抬头，即意味着提单的所有权可以转让，接受转让提单的人即为受让人。受让人有权凭提单提货，也可把提单权利再做转让。

（三）提单的基本内容

各国受国际公约及国内立法的约束，对提单上的记载内容作了明确规定从而确保提单效力。各船公司都有自己印就的提单格式。虽然各船公司格式不一，但其具体内容和项目基本一致。《UCP600》第20条对海运提单的内容做出了具体的规定。一份正本海运提单的内容分为正面内容和背面内容。海运提单式样见表9－2。

表9－2　　　　海运提单样式

Shipper	B/L No.
Consignee or order Order of shipper	中国外运青岛公司 SINOTRANS GUANGDONG COMPANY OCEAN BILL OF LADING
Notify address	SHIPPED on board in apparent good order and condition (unless otherwise indicated) the goods or packages specified herein and to be discharged at the mentioned port of discharge or as near thereto as the vessel may safely get and be always afloat. The weight. measure, marks and numbers, quality, contents and value, being particulars furnished by the Shipper, are not checked by the Carrier on loading. The Shipper, Consignee and the Holder of this Bill of Lading hereby expressly accept and agree to all printed, written or stamped provisions, exceptions and conditions of this Bill of Lading, including those on the back hereof. IN WITNESS whereof the number of original Bills of Lading stated below have been signed one of which being accomplished the other (s) to be void.

Pre-carriage by	Port of loading
Vessel	Port of transshipment
Port of discharge	Final destination

Container. seal No. or marks and Nos.	Number and kind of package	Description of goods	Gross weight (kgs.)	Measurement (m^3)
1/500	500 boxes			

Freight and charges	REGARDING TRANSHIPMENT INFORMATION PLEASE CONTACT

Ex. rate	Prepaid at	Freight payable at	place and date of issue
	Total prepaid	Number of original Bs/L	Signed for or on behalf of the Master As Agent

1. 提单正面内容

（1）承运人（或代理人）的名称和地址。承运人可能是船舶所有人，也可能是租船人。

（2）托运人（或代理人）的名称和地址。托运人可以是合同中的卖方、买方或第三人。

（3）收货人。又称提单的抬头，有三种不同的填写方法，分别为记名收货人、空白抬头和指示性抬头。记名收货人提单上填写实际收货人的名称地址，空白抬头提单收货人一栏空白，指示性抬头提单带有“to order”或“to order of ×××”字样。

（4）被通知人（Notify Party），不是提单的当事人，它只是收货人的代理人，是被承运人通知之人。之所以在提单上填写被通知人，是因为空白抬头的提单无收货人的名称和地址，故须有被通知人的记载，以便货到目的港后，承运人可以通知被通知人，由他转告实际收货人及时办理提货报关手续，这是承运人给予货主的一种便利。

（5）船名和航次（Vessel and Voyage No.）。应填写承运船只的船名和航次。

（6）装货港（Port of Loading）和卸货港（Port of Discharge）港名。装货港应填写实际装船港口的具体名称，卸货港填写货物自所载船只（即第一程船只）卸下的地点。若是直达运输，填写目的港。

（7）前段运输（Pre－carriage by）和收货地点（Place of Receipt）。如货物需转运，前段运输中填写第一程的船名；如不需转运，这一栏空白。如货物需转运，收货地点中填写收货港名称；如不需转运，这一栏空白。

（8）货物描述（Description of Goods）。货物描述这一栏的内容包括货物唛头、件数、包装种类、数量或重量、货物名称、货物表面状况，一般由托运人提供。

（9）运费交付情况（Freight）。提单上一般不填写运费的实际金额，而是表明运费是否已经支付，常见的有运费已付（Freight Prepared）、运费代收（Freight to Collect）或运费在目的港支付（Freight Payable at Destination）。

（10）提单正本份数（Number of Original B/L）。提单正本份数一般按信用证要求出具。实务中正本提单通常签发一式三份。正本提单无论有多少张，在其中任何一张提货后，其他各张正本提单即告失效。

（11）提单签发地点和日期（Place and Date of Issue）。提单签发地点和日期是承运人接管和装运货物的地点和日期。

（12）契约文句（Received）。即承运人表示收到货物的正面印定的契约文字。一般包括：

①承运人已收到表面状况良好货物且等待发运的条款。

②货方承认接受该提单条款。印明托运人、收货人、提单持有人接受并同意本提单和它背面所载的一切印刷、书写或打印的规定、免责事项和条件。

③承运人不知悉货物详情条款。说明重量、尺码、标志、号数、品质、内容和价值是托运人所提供的，承运人在装运时并未核对。

④正文签署条款。表明提单正文一式几份，持正本提货后，其余备份自行失效。

（13）承运人或其代理人签字（Stamp and Signature）。

2. 提单背面内容

（1）首要条款。说明该提单使用的法律条款和规则。

（2）定义条款。对提单中有关术语的含义和范围做出明确规定。

（3）司法管辖权条款。规定当事人之间的争议或纠纷受哪国法律管辖。

（4）承运人责任和免责条款。责任人条款明确承运人承运货物过程中应承担的责任；免责条款说明了在约定的特定情况下，承运人对货物所遭受的损失免除责任。

（5）承运人责任期间条款。明确承运人对货物运输承担责任的开始和终止时间。

（6）赔偿条款。明确承运人对货物的灭失和损坏负有赔偿责任应支付赔偿金时，承运人对每件或每单位货物支付的最高赔偿金额的条款。

（7）特定货物条款。明确承运人在运输一些特定货物时应承担的责任和享有的权利，如危险货物、散装货物、高价值货物、舱面货物等。

此外，还有其他多样条款，如共同海损与救助、互有过失碰撞责任、留置权等等。

（四）海运提单的种类

1. 按提单签发时货物是否已装船分为已装船提单和待运提单

已装船提单（Shipped on Board B/L）是指货物装上指定船舶后，由承运人或其代理人签发给托运人的提单。提单上印就“货物已装船”或“货已装具名船只”等字样。这种提单的特征是载明货物由某某船装运和装运日期，并由船长或其代理人签字。由于这种提单对进口方及其收货人按时收获有保障，故进口商订立合同或开立信用证时，通常都规定出口方提供已装船提单。

待运提单（Received for Shipment B/L）是指承运人已收到货物，在等待装船期间应托运人的要求而签发的提单。提单上不写明装船的日期和肯定的船名。货物装上船后，承运人可收回待运提单，再签发已装船提单。但通常情况下，是在原待运提单上加注“已装船”，即装船批注，内容包括：on board 及 date。由于这种提单没有载明装货日期，也没有注明船名，将来能否装运、何时装运都难以预料，故进口方一般都不接受待运提单。

2. 按对所运货物和包装状况是否有不良批注分为清洁提单和不清洁提单

清洁提单（Clean B/L）指在装船时货物外表良好，承运人在签发提单时未加货损或包装不良等情况批注的提单。进口方为了收到完好货物、维护自身权益，通常要求出口方提供清洁提单。

不清洁提单（Unclean B/L）指承运人在提单上做了货物及包装状况不良或存在缺陷等批注。如：“某件损坏”、“包装不良”等。对于不清洁提单，银行将拒绝接受，无法议付。

课堂练习 9-1

某日，我议付行收到国内受益人交来的全套单据，审单员审单后认为全套单据已做到“单单一致、单证一致，”于是毫不犹豫地付了款。但当此单据寄对方开证行索偿时，却遭到了拒付。开证行认为：我方提交的单据中含有一张海运提单，该海运提单上原先与货物描述一起打上的“洁净已装船”批注中的“洁净”字样被删除，这样就不符合信用证提供“已装船洁净提单”的要求。由此推定提单是不洁净的。

问题：根据《UCP600》的相关规定，开证行不接受的理由是否成立？为什么？

3. 按提单的抬头分为记名提单、不记名提单、指示提单

记名提单（Straight B/L），在抬头人栏载明特定的收货人名称，只能由该特定的收货人提货。此类提单是不可以流通转让的，因而可以避免提单转让带来的风险，但同时也失去了通过转让提单来转让货物的便利性。实务中较少使用。

不记名提单（Open B/L），是在抬头人栏载有“提单持有人”字样或空出不写的提单。这种提单在转让时，无需背书，交付即可转让，而承运人则是见单放货。虽然流通性充分但安全性较差，一旦丢失，无从补救，在实务中也较少使用。

指示提单（Order B/L），在抬头人栏载有“指定人”字样，经抬头人背书后可以转让，由受让人持提单向轮船公司提货。指示提单在国际贸易中被广泛使用。

4. 根据提单内容的完整性区分，可以分为全式提单和简式提单

全式提单（Long Form B/L），指不但有齐全的正面条款，而且在背面也印有完整的规定承运人和托运人之间有关权利义务等条款的提单。实务中使用的通常是全式提单。

简式提单（Short Form B/L），就是仅有正面提单内容和正面条款，在背面没有或只有部分有关承运人和托运人之间权利义务的责任条款。简式提单大多是美国船公司签发的，其在美国较为流行。

5. 按是否转换运输工具或转换船只分为直运提单、转船提单和联运提单

直运提单（Direct B/L）是指货物从装运港直接到达最终目的港，中途不转船，承运人签发给托运人的提单。

转船提单（Transshipment B/L）是指货物在中途的港口要换船才能最后到达目的港时，由第一承运人签发的包括运输全程的提单。由于转运会增加货物受损的风险与装卸费用、延长货物在途时间，有的信用证明确规定不允许转运。

联运提单（Through B/L）用于第一程为海运的两种或两种以上运输方式的联合运输，由第一程承运人签发的包括运输全程的提单。

6. 按船舶营运方式不同分为班轮提单、租船提单和运输代理行提单

班轮提单（Liner B/L）是指货物由班轮运输时，由班轮运输公司作为承运人向托运人签发的提单。班轮提单有印就的格式，合同条款相对固定。班轮运输有固定的航线、固定的停靠港口、固定的船期和固定的费率。

租船提单（Charter Party B/L）是货主向船东租赁船只，将货物运往目的地，船东根据租船合约签发的提单。租船提单是一份简式提单，租船运输没有固定的航线、停靠港口、船期及运费。所以除非信用证许可，一般银行和收货人不接受租船提单。

运输代理行提单（Horse B/L）是运输代理行以承运人身份签发的提单。

7. 根据提单有关时间区分，分为倒签提单、预借提单和过期提单

倒签提单（Anti-dated B/L）是指承运人应托运人的要求，在货物装船以后，以早于该批货物实际装船完毕的日期作为签发日期所签发的提单。目的在于设法使提单的日期符合合同或信用证规定的装船日期。根据国际贸易惯例，倒签提单是违约的欺骗行为，进口方可以同时追究托运人和承运人的责任。

预借提单（Advanced B/L）是指承运人应托运人的要求，在货物尚未装船或装船尚未完毕的情况下，预先签发的“已装船”提单。这种提单的后果和倒签提单一样。

过期提单（Stale B/L），通常指提单晚于货物到达目的港，主要发生在近洋航线，实际收货人要提货，一般须向承运人出具银行保函。另外，提单超过签发后的 21 天或规定的时间提交给银行，这样的提单也是迟期提单。银行可全部接受此类提单。

8. 集装箱提单

集装箱提单（Container B/L）是指采用集装箱装载货物时，由承运人签发的提单。集装箱提单上会显示“集装箱装运”（Containerized）或有集装箱号码（Container No.）和封箱号（Seal Number）。

集装箱提单上常见的术语有：

CY（container yard）：集装箱堆场；

CFS（container freight station）：集装箱货运站；

FCL（full container load）：整箱货；

LCL（less container load）：拼箱货。

（五）约束提单的国际公约

1.《海牙规则》

《海牙规则》全称是《关于统一提单的若干法律规定的国际公约》，于 1931 年 6 月 2 日正式生效。其基本精神是确定了承运人的最低责任限度。

2.《维斯比规则》

《维斯比规则》全称是《关于修改统一提单的若干法律规定的国际公约议定书》，于 1968 年 2 月 23 日在布鲁塞尔外交会议上通过，自 1977 年 6 月 23 日生效。因该议定书的准备工作在瑞典的维斯比完成而得名。它是在《海牙规则》的基础上所做的修改和补充，但并未对《海牙规则》的基本原则作实质性的修改，只是提高货物损害的赔偿标准。

3.《汉堡规则》

《汉堡规则》全称是《1978 年联合国海上货物运输公约》，《汉堡规则》对《海牙规则》做了全面的修订，扩展了承运人的责任，对船货双方的权益和责任做了较为合理的规定，是一个比较公平合理的公约。

二、其他运输单据

在国际货物运输中，除了海洋运输，还有空运、铁路运输、公路运输、多式运输等多种不同的运输方式。不同的贸易方式可以选择不同的运输方式，也就出现了不同形式和内容的运输单据，如航空运单、铁路运单、公路运单、邮包收据、多式运输单据等。它们之间的共同点是都是运输单据，但其功能和海运提单不尽相同。

（一）多式运输单据

国际多式联运是近年来国际货运业务中为了适应成组化运输，特别是集装箱运输广泛发展的需要而兴起的。

1. 国际多式联运（International Multimodal Transport）

国际多式联运，简称“多式联运”，是一种以实现货物整体运输的最优化效益为目标的联运组织形式。是指一个经营人组成两种或以上不同的运输方式完成货物在两国（或地区）间的全程运输，实现一次收费，一票到底，全程负责的运输方式。

多式运输的关系人有多式经营人（MTO）、承运人、托运人、收货人等。构成一项国际多式联运的基本条件如下：

（1）必须有一个多式联运合同；

（2）必须使用包括全程的运输单据，如联合运输提单；

（3）必须是国际间的货物运输；

（4）必须采用两种或两种以上不同的运输方式来完成国际间的货物运输；

（5）多式联运经营人负全程运输责任；

（6）联运经营人以单一费率向货主收取全程运费；

（7）国际多式联运一般利用集装箱作为媒介，这样有利于各种运输方式之间的交接。

2. 多式联运单据（Multi－modal Transport Document）

在使用多种联运方式时，由多式联运经营人签发的证明多式联运合同及多式联运经营人接管货物并负责按合同条款交付货物的单据，又称为“联合运输单据”（Combined Transport Document）。

3. 多式运输单据的作用

（1）可流通形式的多式运输单据的部分运程为海运，其作用也与海运提单相同，既具有货物收据、运输合同、物权凭证的作用，还可以背书转让。

（2）不可流通形式的多式运输单据只起到货物收据和运输合约的作用，不是物权凭证。

4. 多式运输单据和联运提单的比较

（1）运输的组成方式不同。联运提单限于海运和其他运输方式的联合运输使用，其第一程运输一定是海运；而多式运输单据既可以用于海运与其他运输方式的联运，也可用于不包括海运的其他方式的联运。

（2）单据签发人的责任不同。联运提单中不同的承运人分段负责各自的运输，第一程承运人签发的提单包括全程运输，收货人可凭该提单在目的地提货，但提单的签发人只对第一程海运负责，对后续的运输不承担任何责任；多式运输单据由多式联运经营人签发，并对全程负责，即不论货物在哪种运输方式下发生属于承运人责任人范围内的损失，都应对托运人负责赔偿。

（二）不可转让的海运单

1. 海运单

海运单（Seaway Bill），又称“海上货运单”，是证明海上货物运输合同和承运人接收货物或者已将货物转船的不可转让的单证。海运提单的正面内容与提单基本一致，但印有不可转让字样。海运单不是提货凭证，收货人在目的港提货时仅凭能证明其身份的有效证件即可，而无需持有海运单。

2. 不可转让的海运单与提单的区别

（1）不可流通转让的海运单不是物权凭证，收货人栏内必须写上明确的收货人，不能做成指示性抬头，不能背书转让。提单则是物权凭证，可以背书转让，可以做成指示性抬头。

（2）不可流通转让的海运单除单据上写明的收货人外，他人不能提货。提单则可以转让给任何一个受让人凭以提货。

(3) 海运单不是提货凭证，收货人在目的港提货时仅凭能证明其身份的有效证件即可，而无需持有海运单。提单是提货凭证，提单的合法持有人凭提单在目的港向承运人或其代理提取货物。

(4) 不可流通转让的海运单项下银行不能取得货物控制权，因此不可流通转让的海运单对银行的债权没有保障，而提单对银行的债权是有保障的。

(三) 航空运单

空运单（AWB，Airway Bill），是航空承运人或其代理人受托运人的委托以飞机作为运输工具来运载货物时，由承运人签发给托运人的货运单据。航空运输由于速度快，货物在途时间短，货物损坏率低等优点，特别适用于运送鲜活易腐商品、季节性商品、贵重物品等。

空运单是承运人收到货物的收据，也是托运人和承运人之间的运输契约，但不具有物权凭证的性质，因此空运单是不可转让的。另外空运单是海关查验放行的一项基本单据。

航空运单根据出单人的不同分为航空总运单（MAWB，Master Air Waybill）和航空分运单（HAWB，House Air Waybill）。航空总运单是由航空公司签发的，它是航空公司（承运人）和托运人或航空货运代理公司（作为托运人）之间订立的运输契约，是航空公司接受和发运货物的依据。航空分运单是由航空货运代理公司签发的航空运单，是航空货运代理公司办理集中托运业务时签发给每一个托运人的收货凭证。它是航空货运代理公司和托运人之间订立的运输契约。

(四) 公路、铁路或内河运输单据

公路、铁路或内河运输都是运输的重要方式，它们皆为内陆运输具有共性，所以《UCP600》把它们划为一大类单据。

1. 铁路运单（Railway Bill）

铁路运输是目前运量仅次于海洋的运输方式，铁路运输单据是国际铁路运输中使用的运输单据，是由铁路运输承运人或其代理人签发的证明托运人、收货人和承运人运输合同的凭证。

2. 公路运单（Roadway Bill）

公路运单是利用汽车运输时，由承运人或其代理人签发的，作为收到货物的收据和运输合同的证明。

3. 内河运单（Inland Waterway Bill）

内河运输是水上运输的重要组成部分，它是连接内陆腹地与沿海地区的纽带，在运输和集散进出口货物中起着重要作用。内河运单是运输合同的证明，是承运人已经接收货物的收据。

和空运单类似，公路、铁路或内河运输单据不是物权凭证，仅是货物收据和运输合约，它把货物直接运交给记名收货人，不能背书转让。另外它不是提货凭证，收货人在目的地提货时仅凭能证明其身份的有效证件即可。

第四节 保险单据

货物运输保险是国际贸易中不可缺少的环节，在货物长途跨国运输中，各种事先无法预料的自然灾害或意外事故都可能使货物遭受损失。为了在货物受损后获得经济补偿，货主在货物出运前通常要向保险公司投保相关险别来最大限度地保障自身利益。根据运输方式的不同，货运保险有海洋运输保险、航空运输保险和陆上运输保险等。但因海运是国际货物运输中最主要的运输方式，而且遭受风险的可能性也最大。所以我们这里主要介绍海洋运输货物保险。

一、保险单的概念和作用

（一）保险单的概念

保险单（Insurance Policy），是指保险人在收取保险费后，向被保险人签发的对其承保的书面证明。

（二）保险单据的作用

1. 保险单是保险合同的证明

保险单据是保险人与被保险人之间所签订的保险合同的证明。按保险业的习惯，只要保险人在被保险人填写的保险单据上签了字，保险合同就告成立，保险单据上所规定的双方的权利和义务就具有法律约束力。

2. 保险单是保险公司理赔和被保险人索赔的依据

保险合同是一种赔偿性的合同，根据保险合同的规定，被保险人支付保险费后，保险人即对货物在遭受合同范围内的损失承担赔偿责任，被保险人即可凭保险单据向保险人索赔，因此保险单据是赔偿权的证明。海上货物运输保险单也可像提单一样转让，被保险人背书转让保险单无须经过保险人同意，但一旦货物出险，保险人对善意持有人要求赔偿的合理请求不得拒绝。

3. 货款结算的凭证

在国际贸易中几乎所有的进出口货物都办理运输保险，几乎所有的贸易合同和信用证中都订有保险条款。保险单据是货物装船文件的构成要素。出口商只有按合同或信用证要求提供保险单据，才有可能办理议付等，以获得出口货物的货款。

（三）保险单据的当事人

1. 保险人

保险人，简称“承保人”，通常为保险公司及其代理人，是收取保险费并按保险合同的规定负责赔偿损失的人。

2. 被保险人

被保险人，也称“投保人”或要保人，是与保险人订立保险契约并缴付保费的人。在保险标的物遭受损失时，被保险人有权向保险人索赔，并接受保险利益的全部或部分赔偿。根据保险惯例，只有被保险人持有善意并且对保险标的物享有可保权利时才有资格取得赔款。

3. 保险代理人

保险代理人，是受保险人委托，在规定授权范围内代保险人招揽保险业务，出立暂保单或保险单，查勘损失及理算损失的中间商。对保险公司自己无法完成的业务，保险公司通常通过签订代理协议，请海外机构办理，保险代理人的代理费由保险公司支付，其代理行为所产生的权利与义务的后果直接由保险公司承担。

4. 保险经纪人

保险经纪人，是保险人与被保险人之间的中间人，代理保险人投保并赚取佣金。

二、海上货物运输损失风险及损失的界定

（一）海洋运输过程中的风险

1. 海上风险

海上风险，又称“海难”，指船舶、货物在海运中所遭受的自然灾害和意外事故。

（1）自然灾害。指特定的不以人的意志为转移的自然界力量所引起的灾害。如恶劣气候、雷电、海啸、洪水、地震等。

（2）意外事故。指船舶等运输工具由于偶然的、非意料之中的原因引起的事故。如搁浅、触礁、沉没、互撞、失火、爆炸等。

2. 外来风险

外来风险，是指海上风险以外的由于外来原因产生的损失。外来原因引起的损失后果不同，又可细分为：

（1）一般外来风险，指一般外来原因引起的风险，其导致的损失后果较轻。如货物运输途中由于偷窃、短少、钩损、雨淋、串味、受潮受热等原因所造成的损失。

（2）特殊外来风险，指特殊外来原因（如一国政局变化或法令变化）引起的风险，其导致的损失后果较为严重。如战争、罢工、交货不到、拒收等。

（二）海洋运输过程中的损失

海上损失又叫“海损”（Average），是货物或船舶在海运中由于海上风险或外来风险所造成的损失或灭失。按损失程度的不同，海损分为全部损失和部分损失；按货物损失的性质，分为共同海损（General Average）和单独海损（Particular Average）。

1. 全部损失

简称“全损”，是指被保货物全部灭失或等同于全部灭失，有两种情况：

（1）实际全损（Actual total loss），又称“绝对全损”，是指货物全部灭失，或已失去原来用途。如因火灾而全部被烧光或货物霉变等。

（2）推定全损（Construction total loss），又称“商业全损”，是指货物遇到风险后，虽还没达到完全灭失的程度，但全损已不可避免，而进行施救、复原并继续将货物运到目的港的费用之和已超过货物完好状态时的价格。

2. 部分损失

部分损失，是指货物损失程度较轻，只有部分货物遭受损失。部分损失按其性质可分

为共同海损和单独海损。

（1）共同海损，是指船舶在航行过程中遇险，威胁到船舶和货物的共同安全时，船方为了船、货等的共同安全，或者为了使航程继续完成，有意识、合理地做出的牺牲或所引起的特殊费用。这部分损失应由船方、货方、保险公司等有关当事人共同承担。

（2）单独海损，是指只涉及载货船或货主单方面利益的损失，所以单独海损从属性来说只能是特定方的损失，不能分摊。

三、保险条款及保险单的主要内容

（一）保险险别

1. 基本险

基本险又称“主险”，可以单独投保，是保险人对承保标的承担的最基本的险别。包括：

（1）平安险（Free from Particular Average F. P. A），又叫“单独海损不赔险”。这是保险人责任最小的基本险。主要负责海上风险造成的全损，海上风险造成的共同海损和意外事故造成的单独海损。

（2）水渍险（With Particular Average W. P. A），除负责平安险所承保的全部责任外，还负责货物在运输途中因自然灾害所致的单独海损，又称单独海损理赔险。

（3）一切险（All Risks），是保险人承包责任最大的一种基本险，承保范围是除平安险和水渍险的责任外，还包括被保险货物在运输途中山一般外来原因所造成的全部或部分损失。

2. 附加险

承保范围是基本险之外的其他外来原因所造成的损失。附加险不能单独投保，只有在投保一种基本险的基础上才能投保附加险。

（1）一般附加险，指保险人对一般外来原因所引起的全部损失或部分损失负责赔偿。

（2）特殊附加险，指保险人对特殊外来原因所造成的损失也负责赔偿的附加险。具体险种见表9－2。

表9－2

附加险	具体险种
一般附加险	①偷窃、提货不着险（TPND）；②淡水雨淋险（fresh and rain water damage）；③短量险（risk of shortage）；④碰撞破碎险（risk of clashing and breakage）；⑤混杂沾污险（risk of contamination）；⑥串味险（risk of odour）；⑦受潮受热险（damage caused by sweating and heating）；⑧钩损险（hook damage）；⑨锈损险（risk of rusting）；⑩包装破裂险（loss and damage caused by breakage）；⑪渗漏险（risk of leaking）。
特殊附加险	①战争险（war risk，W. R）；②罢工险（risk of strike riot and civil commotions，S. R. C. C）；③交货不到险（failure to deliver）；④进口关税险（import duty risk）；⑤舱面险（on deck risk）；⑥拒收险（rejection risk）；⑦黄曲霉素险（aflatoxin risk）；⑧存舱火险扩展条款（F. R. E. C）。

（二）保险条款

1.《中国保险条款》

《中国保险条款》（China Insurance Clause，CIC），由中国人民保险公司（PICC）制定。货物运输保险分为基本险和附加险两大类。我国企业按 CIF 或 CIP 条件出口时，一般按《中国保险条款》投保，但如果国外客户要求按《协会货物条款》投保，一般也予接受。

2.《协会货物条款》

《协会货物条款》（Institute Cargo Clause，简称 ICC），共有六种险别：

（1）协会货物条款（A）[简称 ICC（A）]；

（2）协会货物条款（B）[简称 ICC（B）]；

（3）协会货物条款（C）[简称 ICC（C）]；

（4）协会战争险条款（货物）（IWCC）；

（5）协会罢工险条款（货物）（ISCC）；

（6）恶意损害险（Malicious Damage Clause）。

以上六种险别中，（A）险相当于中国保险条款中的一切险，其责任范围更为广泛，故采用承保“除外责任”之外的一切风险的方式表明其承保范围。（B）险大体上相当于水渍险。（C）险相当于平安险，但承保范围较小些。（B）险和（C）险都采用列明风险的方式表示其承保范围。六种险别中，只有恶意损害险，属于附加险别，不能单独投保，其他五种险别的结构相同，体系完整。因此，除（A）、（B）、（C）三种险别可以单独投保外，必要时，战争险和罢工险在征得保险公司同意后，也可作为独立的险别进行投保。

（三）保险单据的主要内容

保险单各项内容必须和商业发票及其他单据相关内容一致。在 CIF 或 CIP 条件下，报检单的形式和内容必须符合合同的要求，在信用证方式下，还必须符合信用证的有关规定。一份正本的保险单包括正、反两面，正面是基本内容，反面是印就的保险条款，说明保险人和被保险人的权利义务。保险单据式样见表 9－3。

正面的内容包括：

（1）保险人的名称。

（2）被保险人，在信用证交易中，被保险人一般填写受益人，即出口商。

（3）保险单据名称（Named of Document）。

（4）保险单编号（Policy No.）。

（5）唛头和号码（Marks and Numbers），应与提单、发票一致。

（6）包装及数量（Packing and Quantity）。

（7）保险货物名称（Description of Goods），《UCP600》规定，商业发票中对货物的描述必须与信用证保持一致，其他一些单据则可使用货物的统称，但不能与信用证相抵触。

（8）保险金额（Amount Insured），一般按发票毛额加一成来填写。如信用证对保险金额有规定，则按规定来办理，如未作规定，则最低按下面的原则来掌握：

①从单据表面可以确定 CIP 或 CIF 时，CIP 或 CIF 加 10% 就是最低的投保金额；

②从单据表面不能确定 CIP 或 CIF 时，可从信用证受益人要求支付/承兑/议付的金额的 110% 或发票毛额的 110% 选一个最大的作为最低保险额。

表 9－3

中保财产保险有限公司

The People Insurance（Property）Company of China. Ltd

发票号码　　　　　　　　　　　　　　　　　　　　　　　　保险单号次

海 洋 货 物 运 输 保 险 单

MARINE CARGO TRANSPORTATION INSURANCE POLICY

被保险人：

Insured：

中保财产保险有限公司（以下简称本公司）根据被保险人的要求，及其所缴付约定的保险费，按照本保险单承担险别和背面所载条款与下列特别条款承保下列货物运输保险，特签发本保险单。

This policy of Insurance witnesses that the People's Insurance（Property）Company of China，Ltd.（hereinafter called "The Company"），at the request of the Insured and in consideration of the agreed premium paid by the insured，undertakes to insure the undermentioned goods in transportation subject to the conditions of the Policy as per the Clauses print overleaf and other special clauses attached hereon.

保险货物项目 Description of Goods	包装　单位　数量 Packing　Unit　Quantity	保险金额 Amount Insured

承保险别　　　　　　　　　　　　　　　　　　　　　　　　货物标记

Conditions　　　　　　　　　　　　　　　　　　　　　　　Marks of Goods：

总保险金额：

Total Amount Insured：________________________________

保费　　　　　　　　　运输工具　　　　　　开航日期

Premium ____As arranged____ Per conveyance S. S ________ Sig. on or abt ________

起运港　　　　　　　　　　　　　　　目的港

From ______________________________ To ________________

所保货物，如发生本保险单项下可能引起索赔的损失或损坏，应立即通知本公司下述代理人查勘。如有索赔，应向本公司提交保险单正本（本保险单共有 2 份正本）及有关文件。如一份正本已用于索赔，其余正本则自动失效。

In the event of loss or damage which may result in a claim under this Policy，immediate notice must be given to the company agent as mentioned hereunder. Claims，if any，one of the Original Policy which has been in ssured in 2 Original（s）together with the relevant documents shall be surrendered to the Company. If one of the Original Policy has been accomplished，the others to be void.

中保财产保险有限公司

赔款偿付地点

Claim payable at ________________

日期　　　　　　　　　　在

Date ________________ at ________________

地址：

Address：

保险单背书：

表示保险金额的货币应与信用证上的货币一致；保险金额小写表示，保留整数。

（9）总保险金额，这一栏填入保险金额的大写形式，计价货币也应以全称形式填入。

（10）保费和费率，除非信用证另有规定，否则，保险费（Premium）和费率（Rate）一般不用具体数字表示，仅注明“As Arranged”（按约定）即可。

（11）运输工具和开航日期，海运必须注明船名和航次，与提单一致。一般开航日期根据提单中提单签发日期填写，也可以填入“As Per B/L”。

（12）运输起讫点（From - To），运输起讫点指装运港和目的港的名称，应与运输单据记载一致。若货物需转船时，须注明 W/T 或 VIA，如：from Shanghai to Dubai W/T Hong Kong。

（13）承保的险别（Terms and Conditions），应严格按照合同或按信用证规定的险别投保，明确保险的种类及附加险。

（14）检验或理赔代理（Agent），受保险公司委托在货物出险后处理理赔事宜的代理人，一般为目的地代理人。保险单上会详细注明代理人的名称地址，以便收货人联系查找。

（15）赔付地点（Claim Payable at），一般选择目的地，如果合同或信用证另有规定，按要求填写。

（16）保单签发日期（Date of Issue），保单签发日期应早于运输单据的日期，除非保单上明确注明保险责任最迟于提单日起讫。

（17）保险人签字盖章（Authorized Signature），由签发保单的保险公司或其代理人签字盖章。

四、保险单据的种类

1. 保险单

保险单，俗称“大保单”，是保险公司签发的，承保一定航程内的某一批货物的风险和损失的一种保险单据。它是一种正规的保险单据，包括保单本身的条款、附带条款、特约条款和书写条款等内容，载明被保险货物基本情况、保险险别、理赔地点和偿付办法，是使用最广泛的一种保险单据。

2. 预约保单

预约保单，又称“预保合同”，是一种长期的总括性的货物运输保险合同。凡属于其承保范围内的货物一开始运输即自动按照预约保单的内容条件承保。预约保单可以减少逐笔签订的保险合同，并可以防止货物因遗漏或迟保所造成的损失，适合有长期国际贸易业务的进出口商。

3. 保险凭证

保险凭证，又称“小保单”，是简化了的保险契约，它仅载明投保货物名称、金额、数量、险别等内容，而无须逐条规定保险双方的责任、义务及其他方面的条款。它与“大保单”有同等效力，但在信用证要求使用保险单时，则不能以保险凭证代替。

4. 保险声明

保险声明，预约保单项下的货物一经确定装船，要求被保险人立即以保险声明书的形式，将该批货物的名称、数量、保险金额、船名、航次、开航日期、起讫港口等通知保险人，银行可以将保险声明书当作一项单据予以接受。

5. 联合凭证

联合凭证，是一种简化了的保险凭证，保险公司仅将承保险别、保险金额及保险编号加注在出口公司的商业发票上，并加盖保险公司印章，是最简单的保险单据，仅适用于我国大陆对港、澳地区的部分交易。

6. 暂保单

暂保单，是由保险经纪人出具的一种非正式的、临时的保险单。它是保险人、被保险人不了解货物装载船名及起航日期的情况下预先签发的，投保人获知船名及起航日期或立即通知保险人，再换取正式保单。暂保单有效期为30天，30天内如果保险人出具保险单，暂保单即自动失效。除非信用证特别要求，银行不接受暂保单。

五、保险单的背书转让

保险单据可以经背书而转让，保险单据的转让无须征得保险人的同意，也无须通知保险人。背书有两种：空白背书和记名背书。

1. 空白背书

空白背书由背书人签字并盖章，只需在保险单背面注明被保险人公司的名称或盖上公章即可。如信用证无明确规定哪种背书时，即使用空白背书。保险单据作成空白背书意味着被保险人或任何保单持有人在被保险货物出险后享有向保险公司或其代理人索赔的权利。

2. 记名背书

记名背书需在保险单背面注明被保险人名称和经办人的名字后打上“Delivery to (the order of) ×××”。信用证下，保险单据记名背书必须以银行或公司为被背书人，记名背书大都开给开证行。由于记名背书不便于转让，因此较少使用。

第五节 其他单据

一、检验证书

（一）检验证书的概念

检验证书（Inspection Certificate），简称商检证，是检验机构对进出口商品的品质、数量、重量、卫生、疫情等进行检验或鉴定后，根据实际检验结果出具的书面证明文件。

（二）检验证书的作用

（1）议付货款的单据。如果检验证明中所列的项目或检验结果与信用证规定不符或与出口商提交的其他单据不符，有关银行可以拒绝议付货款。

（2）作为买卖双方交接货物的依据。国际贸易买卖中，卖方有义务保证提交的货物与合同规定相符。因此合同或信用证中往往规定卖方交货时须提交检验证书以证明所交货物与合同相符。

（3）索赔和理赔的依据。

（4）作为海关通关验收、征收关税的必要证明。

（三）商检证的种类

检验书种类繁多，常见的有以下几种：

（1）品质检验证书（Inspection Certificate of Quality）。

（2）重量或数量检验证书（Inspection Certificate of Weight or Quantity）。

（3）包装检验证书（Inspection Certificate of Packing）。

（4）卫生或健康检验证书（Sanitary/ Healthy Inspection Certificate）。

（5）兽医检验证书（Veterinary Inspection Certificate）。

（6）消毒检验证书（Disinfection Inspection Certificate）。

（7）温度检验证书（Inspection Certificate of Temperature）。

（8）熏蒸检验证书（Inspection Certificate of Fumigation）。

（四）商检证的主要内容

各类商检证书内容不尽相同，但必要项目是相同的。主要包括：

（1）出证机关、地点及证书名称。

（2）发货人名称及地址，填写时要符合信用证规定。

（3）收货人名称及地址，与信用证和其他单据的收货人保持一致，一般是进口商。

（4）品名、报检数量/重量、包装种类及数量、到达口岸、运输工具、唛头，应与商业发票、提单内容一致。

（5）检验结果。

（6）商检证书的签发日期，应略早于提单的签发日期。

（7）出证机构签章。

课堂练习 9－2

国内 A 公司向德国 B 公司出口化工原料，单据提交议付行审核后未发现不符点，于是议付行将单据寄给德国某开证行，开证行审单后，发现检验证书没有注明检验日期，遂提出拒付。

问题： 开证行拒付的理由是否成立？为什么？

二、原产地证书

（一）原产地证书的概念

原产地证书（Certificate of Origin），也称“产地证”或“产地证明书”，是出口商应进口商的要求出具的证明货物原产地或制造地的一种证明文件，是进口国通关验放和征收、减免关税的必要证件。

（二）原产地证书的作用

（1）原产地证书是进口国确定差别关税的主要依据。因为进口国海关往往会针对来自不同国家或地区的商品来采用不同税率的差别待遇政策。

（2）实行进口限制。进口配额一般分为全球配额和国别配额，前者通常无需产地证书，后者则需产地证书，以便海关凭证查核进口的货物是否在其国别配额内。

（3）保障商品符合卫生条件。对于进口的动植物、医药产品，通过原产地证可以确定从该国进口的产品是否符合卫生或检疫条件。

（4）确定商品的品质。交易双方商定以产地作为商品品质标准时，产地证就是货物品质的证明。通过证明货物的原产地来符合进口配额的要求。

（三）原产地证书的种类

1. 一般原产地证书

一般原产地证书（Certificate of Origin，C/O），又称“普通产地证”，通常不使用海关发票或领事发票的国家，要求提供产地证明可确定对货物征税的税率。根据签发者的不同，有国家质量监督检验检疫总局签发的产地证、中国国际贸易促进委员会签发的产地证和出口商自己出具并签发的产地证。一般原产地证书式样见表9－4。

2. 普惠制原产地证书

普惠制原产地证书（Generalized System of Preference，GSP），是发达国家或地区对从发展中国家或地区输入的商品，特别是制成品和半制成品普遍给予关税优惠待遇的一种普遍的、非歧视的、非互惠的制度。根据大多数给惠国的规定，享受普惠制必须持受惠国政府指定的机构签署的普惠制证书，作为给惠国海关减免关税的依据。其书面格式名称为“格式A”（Form A）。我国普惠制产地证的签发机构是各地的进出口商品检验局（简称商检局）。普惠制原产地证书见表9－5。

三、包装单据

包装单据（Packing Documents），是指一切记载或描述商品包装情况的单据，是商业发票的补充单据，也是货运单据中一项重要单据。除了一小部分货物属于散装货物或裸装货物外，绝大多数货物都需要包装。因此，在通常情况下，包装单据是必不可少的文件之一。进口地海关验货、公证行检验、进口商核对货物时，都以包装单据为依据，从而了解包装内的具体内容，以便其接收、销售。

根据不同商品有不同的包装单据，常用的有以下几种：

表 9 – 4　　一般原产地证书

1. Exporter (full name and address)	Certificate No. **CERTIFICATE OF ORIGIN** **OF** **THE PEOPLE'S REPUBLIC OF CHINA**
2. Consignee (full name, address, country)	
3. Means of transport an	5. For certifying authority use only
4. Destination port	

6. Marks and Numbers of packages	7. Deacription of goods: number and kind of kind of packages	8. H. S. Cods	9. Quantity or weight	10. Number and date of invoices

11. Declaration by the exp	12. Certification
The undersigned hereby declares that the above details and statements are correct, that all the goods were produced in China and that they comply with the Rules of Origin of the People's Republic of China.	It is hereby certified that the declaration by the exporter is correct. CHINA COUNCIL FOR THE PROMOTION OF INTERNATIONAL TRADE (SHANGHAI) Shanghai 李远达
Place and date signature and stamp of certifying authority	Place and date

China Council for the Promotion of International Trade is China Chamber of International Commerce.

表 9－5 普惠制原产地证书

ORIGINAL

<table>
<tr><td colspan="3">1. Goods consigned from (Exporter's business name, address, country)</td><td colspan="3" rowspan="2">Reference No.

GENERALIZED SYSTEM OF PREFERENCES
CERTIFICATE OF ORIGIN
(Combined declaration and certificate)
FORM A
Issued in THE PEOPLE'S REPUBLIC OF CHINA
(country)

See Notes, overleaf</td></tr>
<tr><td colspan="3">2. Goods consigned to (Consignee's name, address, country)</td></tr>
<tr><td colspan="3">3. Means of transport and route (as far as known)</td><td colspan="3">4. For official use</td></tr>
<tr><td>5. Item number</td><td>6. Marks and numbers of packages</td><td>7. Number and kind of packages; description of goods</td><td>8. Origin criterion (see notes, overleaf)</td><td>9. Gross weight or other quantity</td><td>10. Number and date of invoices</td></tr>
<tr><td colspan="3">11. Certification
It is hereby certified, on the basis of control carried out, that the declaration by the exporter is correct.

____
Place and date, signature and stamp of certifying authority</td><td colspan="3">12. Declaration by the exporter
The undersigned hereby declares that the above details and statements are correct; that all the goods were produced in CHINA (country) and that they comply with the origin requirements specified for those goods in the Generalized System of Preferences for goods exported to

____
(importing country)

____
Place and date, signature of authorized signatory</td></tr>
</table>

（一）装箱单

装箱单（Packing List），又称包装单，它列明货物包装及每个包装单位的详细内容，如每件货物的规格、花色、样式等，故也被称为内容明细表。除散装货物外，一般都要求提供装箱单。它的作用在于补充发票内容之不足，通常可以将其内容加列在商业发票上，但是在信用证有明确要求时，就必须严格按信用证的约定制作。装箱单的内容一般包括合同号、发票号、唛头、货名、体积、进口商或收货人名称、地址、船名、目的港，等等。装箱单由出口商制作，其内容应与货物实际包装相符，并与发票、提单所列一致。装箱单式样见表 9－6。

表 9－6　　国内常见外贸企业装箱单

装箱单
PACKING LIST

客户
To Messers: ____________　　日期
Date: ____________

船名
Shipped by: ____________　　由 From　至 To　　合同号
Contract No.: ____________

箱号 Ctn. No.	货物及名称 Description	总箱数 Ge. Crate	总数量 Ge. Quantity	总毛重 G. W.:	总净重 N. W.:
合计 Total					

盖章签字

（二）重量单

重量单（Weight List/weight Note），又称磅码单，由卖方或第三者提供，表明货物重量情况的单据。凡是按照装货重量成交的货物，出口商在装运货物时，需向进口商提供重量单，以供买方收货时核对。它的内容除在编号、日期、商品名称、唛头等方面与装箱单一致外，还应列明每件货物的毛重、净重以及货物的总毛重和净重。

重量单可以由出口商、商品检验机构、公证行、重量鉴定人出具。

与装箱单一样，重量单也是发票附属单据，出具时需注意其各项内容应与发票、提单等有关项目保持一致，重量单的出单日可以与发票相同，但不得早于发票日。

（三）尺码单

尺码单（Measurement List），是一种偏重于说明货物每件的尺码和总尺码的包装单据，它是在装箱单的基础上再重点说明每件、每种规格项目的尺码和总尺码，如果包装内不是统一尺码的货物则应逐一加以说明。可按信用证的要求，用长×宽×高来表示，或用立方米来表示，便于安排运输、装卸和存仓。

应用训练

【案例】

信用证要求保险单据对规定的风险提供CIF价之110%的保险。如果提交的保险单据未提供相同的保险百分比，而是提供了诸如115%或120%的保险加成，试问该保险单是否为合格交单?

【分析】

该保险单应视为合格交单，这是因为，按照《UCP600》第28条的规定，信用证对于投保金额为货物价值、发票金额或类似金额的某一比例的要求，将视为对最低保额的要求。

思考与练习

1. 单据在国际结算中有哪些作用?
2. 国际结算的单据有哪些不同的种类?
3. 单据的缮制有什么基本要求?
4. 解释记名提单、不记名提单和指示提单?
5. 海运提单和海运单的区别?
6. 保险单据有哪些类型?
7. 商检证书有哪些不同的种类?
8. 产地证的种类和作用?
9. 案例分析题:

某日，一开证行开出了一张以 FOB 术语开立的信用证，信用证要求的单据中包括全套以开证申请人为抬头的“已装船”海运提单。并在海运提单上表明“运费已付”字样。信用证的受益人在备货出运后，将全套单据递交议付行议付，议付行审核单据后发现：受益人提交的提单上标有“运费已付”和“已装船”字样，认为这样的做法违反了国际贸易术语解释规则，于是拒绝付款。

问题：请分析议付行的拒付是否合理？为什么？

第十章 非贸易结算

学习目的

- ☐ 掌握国际非贸易结算的内容
- ☐ 了解侨汇、外币兑换业务、旅行支票和旅行信用证
- ☐ 熟悉信用卡使用方法及几种主要的国际信用卡

【案例导入】

李明要去英国旅游，他现在正在烦恼究竟应该选择哪种金融消费方式，是旅行支票，还是旅行信用证，还是国际信用卡？

思考：

1. 什么是旅行支票、旅行信用证、国际信用卡？
2. 旅行支票、旅行信用证、国际信用卡之间有哪些异同点？
3. 目前国际上主要有哪几种信用卡？

第一节 侨汇与外币兑换

一、侨汇

（一）侨汇的含义

侨汇，华侨汇款的简称，是指国外侨胞、外籍华人和港澳台地区的同胞汇入国内的款项。侨汇按其用途，可分为赡家侨汇、建筑侨汇、捐赠侨汇和投资侨汇。

（二）侨汇的汇入方式

1. 侨汇的汇入方式

侨汇主要方式有信汇、电汇、票汇和约期汇款等。

(1) 信汇。信汇指我国港澳地区或国外联行制妥一整套包括信汇委托书、正收条、副收条、汇款证明书及信汇通知书等的规范格式，邮寄给通汇行的侨汇。

(2) 电汇。电汇指港澳地区或国外联行以电报方式汇入的侨汇。这种汇款多数是急需款，应从速解付。

(3) 票汇。票汇指海外华侨、港澳台地区的同胞向国外或港澳联行购买汇票，自带或邮寄给他们国内指定的解付行兑付的汇款。

(4) 约期汇款。约期汇款指华侨和港澳台地区的同胞与汇出行约定，在一定时期（如每月一次或每两月一次）汇给国内侨眷一定金额的汇款。由汇出行寄出凭证，汇出行通知国内解付行按日期填制汇款收条，解付给收款人。

2. 侨汇收条的处理

信汇、电汇全套汇款收条包括正收条、副收条、汇款证明书和汇款通知书一式四联。

正收条应在解讫侨汇后，及时寄还汇出行，等候汇款人领取，以清手续。正收条上要有收款人签章、现金付讫章和解付日期章。

副收条是解付侨汇后银行留存的主要凭证。副收条上同样要有收款人签章、现金付讫章和解付日期章，并要有收款人身份证件号码的详细记录。如果个别汇款须加盖公章，应盖在副收条上，以备日后查考。

汇款证明书是解付侨汇时，交给收款人持有的一联，凭以查对收款金额。

汇款通知书有收款人的详细地址，以便通知收款人取款，它是解付侨汇的依据。

（三）侨汇的查询

解付行在收到汇出行或转汇行寄来的侨汇总清单、侨汇转汇委托书及附件后，发现收款人姓名有误、地址不详、密押或报单签章不符时，应及时向汇出行或转汇行查询，查复后才能解付。

（四）侨汇的退汇

汇入的侨汇，一般不应随便退回，但在下列情况发生时，可以办理退汇：

1. 汇出行出具了“退汇通知书”

已汇入的侨汇，若汇出行同意汇款人的要求，主动来函或寄来“退汇通知书”，请求国内解付行办理退汇，而此款尚未解付时，可以办理退汇。

2. 收款人姓名地址不详

收款人姓名地址不详，经多方调查仍无法解付者，或收款人死亡又无合法继承人代收款时，经与国外汇出行联系，收到其退汇通知书时，可以办理退汇。

3. 收款人拒收

收款人拒收侨汇，要求退回，经劝解仍不收款者，解付行应与汇出行联系，经征得汇款人同意后，方可由解付行办理退汇。

二、外币兑换

（一）外币兑换的概念

外币兑换（Foreign Currency Exchange）的概念有狭义和广义之分。狭义的外币兑换专指外币现钞的兑换。广义的外币兑换不仅包括外币现钞的兑换，还包括收兑旅行支票、旅行信用证、信用卡及买入外币票据等项业务。这里主要介绍狭义的外币兑换业务。

（二）外币兑换的相关规定

根据我国《外汇管理条例》的规定，在中国境内的一切中外机构或个人所持有的外国货币不得在我国境内自由流通使用，所有汇入或携入的外币或外币票据，除另有规定外，均须结售或存入经营外汇业务的银行。银行对凡属外汇收兑牌价表内的各种外国货币均予收兑。国家因公或因私对个人或单位批准供给的外汇，都应按外汇牌价持等值的人民币，交指定的外汇银行兑换成外汇。外国人、华侨入境后凭护照或身份证将其外币兑换成人民币在境内使用，离境时，未用完的人民币，凭护照或身份证及原外币兑换水单，交指定的外汇银行兑成外币携出国境。非法换取外汇，攫取国家应收的外汇，都属于非法的套汇行为。

（三）兑换外钞的基本过程

1. 鉴别外钞

首先，鉴别各国钞票的主要内容。通常钞票上包括：发行机构名称、面值、币别、金额、印刷年份、连续编号、发行机构的标记和负责人签字、法律有效词句、票面上各种人文景物的装饰图案和花纹等。

其次，从各国钞票的纸张特征、印刷方法和油墨质量等方面鉴别真伪。由于世界各国或地区印刷钞票的要求很高，都力求使用最新、最好和最可靠的印刷技术，如纸钞上加红蓝纤维丝、安全线、水印、荧光等以防止伪钞。因此，在查钞时，要特别注意这三方面的标准。

最后，可利用现代化设备和仪器鉴别伪钞。

2. 兑换外钞的具体操作

（1）兑入外币。凡属国家外汇管理局“外币收兑牌价表”内所列的外国货币，经营外汇业务的外汇银行均可凭持兑人的身份证办理收兑业务。收兑时，必须坚持“先收后付”的原则。外汇银行接到客户交来的外钞时，先鉴别真伪并清点数目，确定为合格外币后，与客户核对，再按当天现钞买入价兑付，填制“外币兑换水单”和内部传票，经复核无误后交出纳，点收外币和支付人民币。

外币兑换水单一式四联。第一联为兑入外币水单，由兑入行加盖业务公章交给持兑人收执；第二联为外汇买卖科目外币贷方传票；第三联为外汇买卖科目人民币借方传票；第四联为外汇买卖统计卡，留存作备查之用。

（2）兑出外币。一般是对入境后准备离境的外国人和批准出国的中国人办理。兑出外币时，必须根据外汇管理部门在“非贸易外汇申请书”上批准的余额办理，并填制“外币兑换申请书”一式两份。

兑出外币水单一式四联。第一联为兑出外币水单，由兑出行加盖业务公章后交申请人收执；第二联为外汇买卖科目人民币贷方传票；第三联为外汇买卖科目外币借方传票；第四联为外汇买卖统计卡，留存作备查之用。

第二节 旅行支票和旅行信用证

一、旅行支票

（一）旅行支票的概念与关系人

旅行支票，是由银行或公司为方便旅游者安全携带和使用而发行的一种固定金额的支票，专供旅行者在途中购买物品、支付旅途费用。1891 年 4 月 25 日，美国运通公司发行了全球第一张旅行支票。旅行支票样张见图 10－1。

旅行支票最初见于美国运通公司，该公司在 1891 年首创了一种购票人自己证明身份的美元旅行支票，以后又逐渐发行了英镑、加拿大元、瑞士法郎、日元 5 种货币的旅行支票。第二次世界大战后，随着旅游事业的发展，旅行支票逐渐被其他银行采用与推广。由于它具有方便、安全的优点，很快便成为国际旅游者常用的支付凭证之一。

图 10－1 美国运通美元旅行支票 100 美元

旅行支票上有五个关系人：出票人、售票人、购票人、兑付人、受让人。

1. 出票人

旅行支票的出票人，即发行人，是旅行支票的发行机构。旅行支票正面印有发行机构的名称和地址。由于旅行支票通常是发行机构负责付款的，所以出票人也就是付款人。因旅行支票的出票人（发行机构）与付款人（付款机构）是同一人，故旅行支票又具有本票的性质。

2. 售票人

如出票人自己售出旅行支票，则出票人、付款人、售票人三者合而为一。如发行机构以外的代理行售出旅行支票，售出者就是代售行，代售行只是代发行机构推销其旅行支票，付款责任由发行机构承担。

3. 购票人

购票人，向旅行支票发行机构或代售机构付足金额和一定的手续费，购买旅行支票的购票人在旅行支票上签了名，即成为持票人。旅行支票上为购票人（持票人）留有两个签名空位，购票人购票时第一次签名是初签，第二次以持票人身份签名为复签。

4. 兑付人

兑付人即兑付旅行支票的银行。

5. 受让人

接待旅行者的商店等服务部门接受旅行支票，并被旅行者在抬头人栏写上该服务部门的名称，被记名的单位便成为受让人。受让人背书后送交兑付行兑现。

（二）旅行支票的特点

1. 面额固定，形似现钞

旅行支票均有不同的固定面额，如 5 英镑、10 英镑、20 英镑、50 英镑、100 英镑，10 美元、20 美元、50 美元、100 美元、1000 美元的旅行支票。购买者可以根据自己的需要来选择购买。

2. 兑取方便

旅行支票一般不受时间和地区的限制，在世界各地广泛接受。发行机构为扩大旅行支票的流通，往往在世界各大城市和旅游地特约许多代兑机构，持票人不但可以在发行机构的代理行兑取票款，而且可以在酒店、餐厅、商场、机场等地随时兑付。

3. 携带安全

旅行支票在购买时需在发行银行柜台上预留签字，使用时需要复签。兑付行只有在两者一致的情况下才可付款。因此旅行支票遗失或被窃时不易被冒领，可以去银行办理挂失补偿手续，办理退款或补发新的旅行支票，比携带现金安全。

4. 可挂失补偿

旅行支票的发行银行规定，旅行支票不慎遗失或被盗，可提出“挂失退款申请”，只要符合发行机构的有关规定，挂失人就可得到退款或补发新的旅行支票。

5. 流通期限长

旅行支票多数不规定流通期限，可以长期使用，并具有“见票即付”的特点，即持票人可以在发行机构的国外代兑机构凭票立即取款。

6. 发行机构有利可图

通常旅游者从购票到国外兑付票款需要较长时间，因此，发行机构不仅可以在发行时收取手续费，而且还可以无息占用这笔资金。故发行旅行支票是吸揽资金的一种方法。

（三）旅行支票的代售

旅行支票代售是指银行代旅行支票签发机构出售旅行支票的业务。代售行向客户收取款项后，将旅行支票出售给客户，同时将款项付给旅行支票签发机构。

旅行支票的签发机构在世界各地都有代售机构，我国的大部分银行都办理代售旅行支票业务。国内单位或个人购买旅行支票，代售行一般按购买金额的 1% 收取手续费（购买面值 3 万美元以上，手续费按 5‰计收）计入本行中间业务收入账户。我国银行目前出售的旅行支票币种主要为美元、欧元、日元、英镑、加拿大元等。

出售旅行支票时，银行要求购买者作如下事情：①提供有效签证和护照；②缴纳购买旅行支票所需的外汇款项和手续费；③填写购买合约，填写其姓名、护照号码、地址并签名；④当面在旅行支票初签位置上签字。

（四）旅行支票的兑付

我国银行目前兑付的旅行支票主要是VISA、MASTER、CITICORP和国际运通公司等旅行支票，持票人可以在银行营业网点兑付旅行支票。

兑付行兑付程序如下：

（1）兑付行要求持票人提供护照和购买合同。

（2）识别旅行支票的真伪。兑付旅行支票时，要认真审视支票的支付范围、有效期、发行机构名称、面额、币别、版面、纸质及记载的文字等，若有疑问，应查看原票样。对没有票样的旅行支票，原则上不买入。同一银行开出的旅行支票票面花纹相同，但有币别和金额不同，应注意识别。

（3）检视兑付范围。对不同币种的旅行支票要检视其是否有地区限制，若有不允许在我国兑付者，就不能受理。此外，对规定有效期的旅行支票，检视其是否逾期，逾期则不能接受。

（4）核对初签和复签。核对旅行支票上的复签与初签是否一致，这是兑付支票的关键环节，也是发行行检验兑付行是否正确履行付款手续的唯一依据。旅行支票的复签必须在取款时当面签署，以便兑付行准确确定持票人身份，完成安全兑付。

（5）兑付手续。兑付行填制兑换水单一式两联，抬头人姓名按护照上全名写清楚，留底一联要注明支票号码、护照号码，以便发生疑问时查验。另请持票人填写《购买外钞申请书》一式两份，注明旅行支票的行名、号码和面额。兑付时，兑付行自行垫付资金，按当日人民币对该货币的买入价折算，扣收票面额7.5‰的外币贴息后对外支付。

（6）索偿。兑付后的旅行支票应在票面上加盖兑付行名的特别画线章，并在背面作兑付行的背书，迅速寄往国外发行机构索偿票款以补回垫款。

凡有下列情况之一者，银行一般不办理兑付：①没有初签的旅行支票。②转让的旅行支票。③规定了有效期但已逾期的旅行支票。④限制在英镑区、法郎区或其他有限制兑付条款的旅行支票。

（五）旅行支票的挂失与补偿

旅行支票一旦遗失或被窃，购买者可立即通过旅行支票签发机构设在世界各大城市的24小时服务电话与其补偿中心取得联系，说明金额、支票号码等有关情况。然后按补偿中心的指引到就近的代售行办理挂失手续，购买者向代售行提供原购买合约和身份证件，填写旅行支票挂失表格。经代售行审核无误，并向补偿中心取得授权后，即可获取新的旅行支票。但如果顾客无法提供购买合约，或申请超过限额、或遗失支票未初签或遗失前已经复签的不能办理补偿。

二、旅行信用证

（一）旅行信用证概念

旅行信用证（Traveler's Letter Credit），是指银行为便利旅行者出国旅游时支付费用而开立的，允许其在一定金额及有效期内，沿途向指定的银行支取款项的信用证。

（二）旅行信用证特点

（1）旅行信用证的开证申请人与受益人为同一人，旅行信用证属于汇款方式。

（2）开证行开证时，根据客户的旅行地点，在证上列明代理行或联行的名单。旅行信用证只能在银行兑付，凡列人名单的银行才能兑付款项，不如旅行支票兑付方便。

（3）旅行信用证是由开证行保证支付一定金额，可在数处指定的兑付行一次或分次支取款项，每次支取金额由旅游者自定，灵活方便。

（4）旅行信用证只有受益人本人才能领取。开证时，银行要求受益人当面在“印鉴核对卡”上签名并预留印鉴；也可以规定凭护照签名核对，并在证上加注护照号码。

（5）旅行信用证不得转让，只可由受益人使用。

（6）旅行信用证不附带任何单据，属于光票信用证。

（三）旅行信用证的业务程序

1. 开立

申请人申请开立信用证时需交足押金，并在信用证的印鉴卡上当面签字，预留印鉴。当申请人已确定好旅游目的地时，开证行据此开证后，将旅行信用证的副本及申请人的签名样本寄旅游目的地的联行或代理行，以供支取款项时核对。当申请人事先没有确定目的地时，银行开证后，由持证人凭其后附的世界各主要地区兑付点的地点名称，可到其中的任意地点兑现。

2. 兑付

（1）审核。应审查旅行信用证的各项内容，如指定的兑付行是否为本行、有无涂改、信用证上的签字与签字样本相符与否、信用证是否在有效期内，并有足够余额。

（2）填单。经审核确认可以兑付时，由受益人在柜台当面填写。取款收据一式两联。第一联是正收条，随报单寄开证行；第二联是副收条，由兑付行作借方传票附件备查。

（3）兑付。兑付行将支款日期、金额及本次支付后的金额、行名在信用证上背书并加盖兑付行行章，将信用证及应付外汇折成等值人民币一并交还持证人。同时将收据或汇票寄开证行索偿，由开证行偿还垫款。兑付行自己垫款可以扣收贴息，向开证行收取手续费，也可根据约定不收费用。

（4）注销。信用证金额用完后，兑付行信用证上加盖“用完”或“注销”戳记，不再退回持证人，而是将其连同取款收据或汇票一并寄开证行注销原证。

3. 挂失

受益人若将信用证丢失，可直接向开证行挂失或通过当地的兑付行转通知，由开证行告知所有的兑付行止付。

（四）旅行信用证与汇款、现钞、旅行支票的比较

汇款是汇入行一次性地将款项解付给收款人；旅行信用证则是开证行保证支付一定金

额，可在数处指定的兑付行一次或分次支取，其未用完的余额自动退还给开证行。

外钞即外币现款，而旅行信用证是银行保证的支付凭证。外钞遗失、被窃即告损失；旅行支票和旅行信用证只有受益人本人才可领取，他人拾得很难冒领。

旅行支票可以转让他人，也可以支付旅游费用；旅行信用证只有受益人一人使用，不能转让。旅行信用证零整支取皆可，旅行支票是定额面值，一次支完。

总之，从安全的角度看，汇款最优，旅行信用证第二，旅行支票第三，外钞第四；从使用的方便灵活角度看，则外钞最优，旅行支票第二，旅行信用证第三，汇款第四。

第三节 国际信用卡

一、国际信用卡的概念与特点

（一）国际信用卡的定义

信用卡（Credit Card），是银行或专业机构向消费者提供短期消费信贷而发放的一种信用凭证。持卡人可凭卡向发卡单位及其附属机构存取款及转账和凭卡在特约商户消费。

目前，信用卡已经成为世界范围内跨地区、跨国境使用的一种支付工具。国际信用卡可以在世界上大部分国家和地区消费或提取现金，解决了客户携带现金的烦恼。

（二）国际信用卡的特点

（1）通用性。我国各商业银行发售的各类信用卡，持卡人均可在全国各地的银行分支机构存取款。

（2）安全性。信用卡本身设计了多处防伪标识，每张信用卡配有相应的密码，这些都保证了支取款项的安全。另外信用卡遗失后即可向发卡银行申请挂失。

（3）便利性。信用卡既可以存取现金，办理转账结算，还可以在特约商户直接消费。

（4）快捷性。信用卡使用手续简单、清算及时；与现金相比，除具有安全性外，它不需要清点，而且用计算机辨认真伪，因而节省了大量时间。

二、国际信用卡的种类

根据不同的标准，信用卡可以分为不同的类型：

（一）根据发卡机构的不同，可以分为零售信用卡、旅游信用卡、银行卡

零售信用卡，由零售百货公司、石油公司等商业机构发行，持卡人凭卡在指定的商店购物或汽油站加油等，定期结账。该种信用卡发行量最大，约占世界信用卡总数的45%。但零售信用卡的流通领域受到很大限制，适用范围较窄。

旅游信用卡，由航空公司、旅游公司等服务业发行，用于购买火车票、飞机票、船票以及用餐、住宿、娱乐等，如运通卡和大莱卡。

银行卡，银行发行的信用卡。持卡人可在发卡银行的特约商户购物消费，也可以在发

卡行所有的分支机构或设有自动柜员机的地方随时提取现金。如万事达卡，维萨卡等。

（二）根据资金的清偿方向不同，可分为贷记卡和借记卡

贷记卡（Credit Card）的持卡人无需事先在发卡机构存款就可以享有一定的信贷额度使用权，即“先消费，后还款”。目前国际上流通使用的大部分是这类信用卡。

借记卡（Debit Card），也称记账卡，持卡人必须在发卡机构存有一定的款项，用卡时需以存款余额为限，不允许透支，即“先存款，后消费”。目前，我国银行发行的信用卡以借记卡居多。其主要品种有转账卡、提款卡。

（三）根据发卡对象的不同，分为公司卡和个人卡

公司卡，是指面向企业、事业单位、部队、团体等发行的信用年卡。

个人卡，面向个人发行的信用卡。公司卡和个人卡又分为主卡和附属卡。

（四）根据持卡人的信誉、地位 、收入、财产等资信情况不同分为普通卡、金卡和白金卡

普通卡是发卡机构所发行的最低级别的信用卡，金卡和普通卡的主要差别在申请资格上的限制，及信用额度之高低。

金卡是一种缴纳高额会费、享受特别待遇的高级行用卡，发卡对象为信用度较高、偿还能力较强或有一定社会地位者。

白金卡是发卡机构为区别于金卡客户而推出的信用卡，并提供了比金卡更为高端的服务与权益，一般采取会员制度，有客户服务电话专线服务和倍显尊崇的附加值服务。

（五）根据持卡人所处的地位和清偿责任的不同分为主卡和附属卡

主卡是由持卡人本身对自己所持有的信用卡的所有支付款项承担清偿责任的信用卡。

附属卡的持卡人一般并不对自己所持有的信用卡承担清偿责任，而是由其主卡的持卡人承担这一责任。

主卡和附属卡的功能作用虽然相同，但都是以主卡持卡人的名义申领，所以，主卡的持卡人有权终止其附属卡持卡人的使用权。

（六）根据流通范围的不同分为国际卡和地区卡

万事达卡国际组织、维萨国际组织、美国运通公司、JCB 信用卡公司、大莱信用卡公司分别发行的万事达卡（Master Card）、维萨卡（Visa Card）、运通卡（American Express Card）、JCB 卡（JCB Card）和大莱卡（Diners Club Card）多数属国际卡。中国银行发行的外汇长城万事达卡也属于国际卡；而我国其他商业银行发行的各类信用卡大部分属于地区卡，也有一部分属于国际卡。

1. Visa 国际组织

维萨国际组织是目前世界上信用卡和旅行支票组织 Visa 的前身，是 1900 年成立的美洲银行信用卡公司。1974 年，美洲银行信用卡公司与西方国家的一些商业银行合作，成立了国际信用卡服务公司，并于 1977 年正式改为 Visa 国际组织，成为全球性的信用卡联合组织。维萨卡无论发行数量和交易额都居世界首位。

2. 万事达卡国际组织

万事达卡国际组织（Master Card International）是全球第二大信用卡国际组织。1966 年美国加州的一些银行成立了银行卡协会（Interbank Card Association），并于 1970 年启用 Master Charge 的名称及标志，统一了各会员银行发行的信用卡名称和设计，1978 年再次更名为现在的 Master Card。万事达卡国际组织拥有 Master Card、Maestro、Mondex、Cirrus 等品牌商标。万事达卡国际组织本身并不直接发卡，Master Card 品牌的信用卡是由参加万事达卡国际组织的金融机构会员发行的。

3. 大莱信用卡公司

大莱信用卡公司，1950 年由创业者 FrankMCMamaca 创办，是第一张塑料付款卡，最终发展成为一个国际通用的信用卡。

4. JCB 信用卡公司

1961 年，JCB 作为日本第一个专门的信用卡公司宣告成立。此后，它一直以日本最大的信用卡公司的姿态发展至今。其业务范围遍及世界各地 100 多个国家和地区。JCB 信用卡的种类成为世界之最，达 5000 多种。

5. 美国运通公司

美国运通公司成立于 1850 年的运通公司，最初的业务是提供快递服务。随着业务的不断发展，运通于 1891 年率先推出旅行支票，主要面向经常旅行的高端客户。1946 年介入信用卡领域，1958 年开始发行运通卡，迄今为止运通已在 68 个国家和地区以 49 种货币发行了运通卡，构建了全球最大的自成体系的特约商户网络，并拥有超过 6000 万名的优质持卡人群体。

三、国际信用卡的业务操作

（一）基本当事人

（1）发卡人：发行信用卡的银行或机构。

（2）持卡人：持有信用卡的客户。

（3）特约商户：特约单位。与发卡人（或代办人）签订协议，受理持卡人使用指定的信用卡进行购物或支付费用的服务性质的单位。

（4）代办行：受发卡人委托，负责某一地区内特约商户结算工作的银行。

（二）申请

在国外，信用卡是银行对消费发放的小额消费信贷，由于申请人一般不需要在银行开立存款账户或预交保证金，或提供抵押品，因此发卡行必须对申请人进行资信调查。申请人在申请领卡时，首先填写“信用卡申请表”，详细注明本人的姓名、地址、职业、家庭、教育、经济收入、个人财产和担保人的姓名、地址、收入等。交发卡银行审核，发卡行要审查申请人的收入、信誉、担保等情况，符合条件者发卡行就批准立卡，并决定卡种、有效期及消费信贷额度等，同时收取一定年费和手续费。领卡时，申请人应当着银行工作人员的面在信用卡背后预留签字，以便特约商户或代办行办理业务时核对。

（三）使用

1. 支取现金

持卡人凭卡支取现金，可去指定的代付行办理，填写一式三联的取现单，连同信用卡一起交代付行审查。审查内容包括：信用卡的真伪；该卡是否属已委托代办的信用卡；信用卡是否在有效期内；有无区域限制；卡号有无被委托行和发卡行列入取消的“黑名单”；持卡人的护照或身份证姓名是否与信用卡姓名一致。核对无误后，将信用卡的卡号、持卡人姓名、有效期压在取现单上，由经办人员根据持卡人所取金额（在该卡规定取现的最高限额内），加上按协议规定的附加手续费，分别填写在取现单的有关栏目内，交予持卡人签字确认。经核对其签字与信用卡预留印鉴相符，即行兑付其所需的资金。然后将取现单的“顾客联”和信用卡交还持卡人，另将一联取现单连同一联总计单寄发卡行索偿。若持卡人支取现金超过了最高用款限额时，代付行必须先用电传与发卡行联系，取得授权后，将授权号码填入取现单，办理兑付。

2. 直接购物消费

持卡人去特约商户消费时，其收银员需要对信用卡进行仔细审核。审核无误后，收银员填写一式四联的签购单，并将信用卡相应信息压印在签购单上。核对持卡人签字和信用卡预留签字相符后，收银员把信用卡连同签购单的第一联交还持卡人。特约商户汇总当日（或一周）多笔签购单作一笔总计单一式三联，根据总计单上的余额缮制银行送款单或转账进账单，并附总计单和购货人的签购单送交代办行。代办行收到特约商户送来的信用卡单据后，应审核各项单据的金额及有关内容的完整与正确。审查无误后，代办行从发卡行在代办行开设的备用金账户支款，将扣除相应手续费后的净额支付给特约商户。然后代办行根据总计单，编制信用卡备用金账户借记报单一式两联，将其中一联连同总计单的“发卡行存单联”和签购单的“发卡行存根联”寄送发卡行。发卡行按总计单金额汇款存入备用金账户并向持卡人收取相应的款项。

（四）挂失止付

持卡人对其信用卡提出挂失或止付要求时，应直接与发卡机构联系。若代办行受理信用卡挂失申请书，应立即将持卡人的姓名、卡号等以电传或电报通知发卡机构办理挂失止付，并以最快的方式通知各代办行和特约单位停止受理挂失的信用卡，并将信用卡挂失申请书寄往发卡机构。

在办理业务过程中，若发现有被注销或止付的信用卡要求兑付，应立即予以扣留收回，并寄往发卡机构。

（五）关于免息期

从银行记账日（也称账单日）至发卡银行规定的还款到期日之间为免息还款期。信用卡在用于透支消费等非现金交易（即直接用卡支付或网上转账，而不是提取现金时），享有20~50天（有的是25~56天）的免息待遇，即在规定的还款日前全额归还欠款，将免收利息。如果没有全额还款，则不享有免息待遇，银行将收取全部透支利息，而且还要罚息。透支现金不享有免息待遇。

应用训练

【案例】

2010年12月25日，甲公司财务人员到乙银行A分行营业部要求兑付9张由美国丙公司发行的旅行支票，每张面值1000美元。该银行业务人员审核后发现，这些旅行支票与运通公司的票样相比，支票的印刷粗糙，估计是彩色复印机所制；票面金额、徽标等没有凹凸感；复签底线也不是小字母组成，而是一条直线，估计是复印机无法分辨原票样的细微字母；票面在紫光灯下泛白色，没有水印。经仔细查询审核，该行确认这些旅行支票为伪造票据，予以没收。经查，这些伪造的旅行支票是B公司出具给甲公司抵债用的，甲公司准备兑付后还贷款。

【分析】

本案例是利用伪造旅行支票进行诈骗的。

1. 银行业务人员在兑付旅行支票时，要认真审视支票的支付范围、有效期、发行机构名称、面额、币别、版面、纸质及记载的文字等，若有疑问，应查看原票样。对没有票样的旅行支票，原则上不买入。同一银行开出的旅行支票票面花纹相同，但有币别和金额不同，应注意识别。

2. 要向企业宣传外汇票据知识，使企业能够掌握一般的外汇票据鉴别技术。企业遇有难以识别的外汇票据要通过银行进行查询，以免误收假票据而遭受损失。

思考与练习

1. 什么是非贸易结算？非贸易结算有哪些方式？
2. 简述信用卡的特点。
3. 简述旅行信用证的特点。
4. 简述旅行信用证和旅行支票的含义和区别。

主要参考文献

References

1. 张东祥：《国际结算》（第三版），武汉大学出版社 2004 年版。
2. 张东祥：《国际结算》，首都经贸大学出版社 2005 年版。
3. 梁琦：《国际结算》（第二版），高等教育出版社 2009 年版。
4. 白力威：《国际结算》（第 2 版），南开大学出版社 2002 年版。
5. 苏宗祥、徐捷：《国际结算》（第五版），中国金融出版社 2010 年版。
6. 蔡慧娟：《国际结算》，清华大学出版社 2010 年版。
7. 陈莹、李质甫：《国际结算》，经济管理出版社 2010 年版。
8. 李杰善：《国际结算与贸易融资》，中国石油大学出版社 2009 年版。
9. 叶陈云、叶陈刚：《国际结算》，复旦大学出版社 2007 年版。
10. 熊晴海：《国际结算》，北京大学出版社 2010 年版。
11. 张晓芬、李劲涛：《国际结算》（第 2 版），北京大学出版社 2011 年版。
12. 程祖伟、韩玉军：《国际贸易结算与信贷》，中国人民大学出版社 2001 年版。